东海发展研究

DONGHAI FAZHAN YANJIU

（2017）

ECSDI

浙江海洋大学东海发展研究院

海洋出版社

2018年·北京

图书在版编目（CIP）数据

东海发展研究. 2017 / 黄家庭，王颖主编. —北京：海洋出版社，2018. 3

ISBN 978 -7 -5210 -0048 -1

Ⅰ. ①东… Ⅱ. ①黄… ②王… Ⅲ. ①经济发展 - 研究 - 华东地区 - 2017②社会发展 - 研究 - 华东地区 - 2017 Ⅳ. ①F127. 5

中国版本图书馆 CIP 数据核字（2018）第 044571 号

责任编辑：司贺园　侯雪景
责任印制：赵麟苏

海洋出版社　出版发行

http://www. oceanpress. com. cn
北京市海淀区大慧寺路 8 号　邮编：100081
北京文昌阁彩色印刷有限公司印刷　新华书店经销
2018 年 3 月第 1 版　2018 年 3 月北京第 1 次印刷
开本：787 mm × 1092 mm　1/16　印张：10. 5
字数：220 千字　定价：58. 00 元
发行部：62132549　邮购部：68038093　总编室：62114335

前　言

东海是中国海洋文化的发祥地，也是中国古代“海上丝绸之路”的起点之一。东海航线的开辟和延伸，直接联动日本列岛、朝鲜半岛的社会文化发展，形成了东亚文化圈。

中国青瓷（Celadon）是古代东亚“海上丝绸之路”运载的主要物品。宋元时期，以浙江龙泉青瓷为代表的中国青瓷大量输出，直接推动和影响了高丽瓷、日本瓷的繁荣发展。由此形成了著名的东亚青瓷文化。

在当前中国与周边国家共同建设“一带一路”的国际背景下，回顾东海航线在开辟东亚“海上丝绸之路”和东亚文化圈形成中的历史地位，探讨东海区域海洋文化的传播与发展，对促进中国与有关国家文化交流和命运共同体建设，具有十分重要的意义。

由浙江海洋大学和浙江大学共同主办的“第五届中国东海（国际）论坛”于 2016 年 10 月 21—22 日在浙江省舟山市举行。来自中国海洋大学、中国社会科学院、中国发展改革研究院、日本早稻田大学、日本新潟大学、日本爱媛县文化财中心、韩国东国大学、韩国木浦大学等国内外近 30 所高校、研究机构的 40 多位专家、学者与会。

本书收录的论文主要是从这次论坛所提交的论文中精选出来的，并大多在论坛上进行了交流。这些论文主要以"'一带一路'视野下的东海文化交流"为主题，以东海航线和青瓷文化为视点，围绕"东亚文化交流与东亚海洋命运共同体建设""东海航线的历史与未来""东亚青瓷文化交流与发展""青瓷文化振兴与东海区域海洋文化发展"等论题展开深入的讨论。这些论文内容广泛，视野开阔，史料丰富，促进了东海区域海洋文化研究的进一步繁荣；部分论文关注现实，建言献策，为解决东海区域经济社会的可持续发展所面临的理论问题进行了有益的探索。

黄家庭

2017 年 12 月

CONTENTS

目录

◎ 东亚文化交流研究

◎ 青瓷文化研究

◎ 海洋文化研究

东亚文化交流研究

论东亚和谐海洋秩序的构建

侯　毅
（中国社会科学院　中国边疆研究所）

摘　要　发展海洋经济，维护海上安全，谋求公平合理的国际海洋秩序，是东亚各国政府和人民的共识和共同的战略抉择。只要我们着眼长远，既尊重历史，又照顾现实，正确处理现实利益与长远利益的关系，东亚海洋争端总体是可控的；各国在平等协商的基础上，有效地推进双方的交流与合作，东亚海上和谐秩序的构建是完全可能的。

关键词　东亚；海上丝绸之路；和谐海洋；交流与合作

一、古代东亚海上丝绸之路的历史贡献及启示

东亚国家作为天然的地理邻居，有几千年的互动交流历史，通过经贸往来、人文交流、科技互动，彼此互学共鉴、互通有无、共同发展。东亚各民族共同铸造的东亚海上丝绸之路是相互交流的重要通道，有着不可替代的作用。

首先，东亚海上丝绸之路开创性地打通了区域通道，推进了文明技术的交流。东亚各国人民经历了长期艰难曲折的过程，探索和开辟各国之间的海上交通，编织成一张密集的交通网。这些航路将中国、朝鲜半岛和日本连接起来，为各国之间交流互动提供了必要的交通保障，通过海上交往，增进了各国人民的交往互动。

其次，东亚海上丝绸之路推动了科学技术的交互传播，推动了沿线国家与地区生产进步和社会变革。中国古代造纸术、铸造技术、医药、活字印刷术等技术通过海上丝绸之路传播到朝鲜、日本，这些技术不仅提升了沿线国家和地区的社会生产力，而且大大加深了彼此的沟通与认知，促进了交流。

再次，东亚海上丝绸之路促进了东亚各国家、各民族之间政治、经济、文化、宗教的交流，树立了不同民族、不同国家和平交往的典范。在经济技术交流的同时，东亚国家宗教文化之间的互动也十分频繁。佛教传入中国后，又由中国传入日本，开创了日本佛教的新格局。隋唐时期，日本遣隋使、遣唐使、留学生和留学僧学习中国文化，回日本后他们借用汉字的偏旁部首，创造了日文片假名和平假名。这些示例不胜枚举，正是有了这种交流互动，东亚形成了独特的文化圈。

回顾东亚海上丝绸之路的历史，我们可以得到很多现实启示。历史告诉我们，没有哪个民族的智慧足以支撑整个人类的进步和发展，开放包容、合作交流是解决

人类难题的唯一途径。对外开放、互学互鉴是国家强大、社会进步的重要保障。自我封闭、盲目自大，必然导致落后。不同民族、不同文化只有取长补短、互通有无才能创造出引领时代的文明成果，才能赢得世界的尊重。

二、东亚海上合作的成绩

近代以来，西方列强侵入东亚，东亚地区战乱频发。客观地说，无论是战争的发动者，还是被侵略国家都饱受战乱痛苦，人民流离失所，家国衰破不堪。“二战”结束后，东亚地区逐步恢复了和平，东亚的海洋秩序开始重构。总的来看，在以下几个方面取得了良好的效果。

（一）环保、科技等领域海上合作效果良好

冷战后期，随着国际局势的缓和，东亚地区海洋科技环境合作快速展开，在东亚各国政府的引导和支持下，多方面、多层级的海洋科技及环保合作陆续展开。1986 年，在中国外交部、国家海洋局，日本外务省、科技厅、海上保安厅、水产厅、气象厅的大力支持下，中日联合进行了黑潮联合调查和西北太平洋环流调查，拉开了两国海洋科技合作的大幕，此后两国在相关研究领域建立了长效合作机制，互动频繁。1990 年起，中国水产科学研究院、日本水产综合研究中心、韩国国立水产科学院共同开展科研人员学术交流工作，每年举办一次中日韩水产科技研讨会，截至 2016 年已召开了 27 届。近年来，中日韩三国在渔业增养殖研究、气候变化对海洋环境及资源影响研究、水产品的安全性研究、大型水母的研究、低碳节能型社会构建的研究、沿岸生态系统与资源保护及可持续利用技术研究等方面展开合作研究，并形成了良好的合作机制和研究平台，探索出双边联合展开合作研究的新模式，这不仅对三国渔业资源养护和海洋生态环境保护等领域的科研和管理工作起到了积极的促进作用，而且对推动三国其他海上领域合作起到了示范作用。应该说，东亚各国在海洋科技领域的合作前景仍非常广阔，例如海水淡化、海洋环境保护，潮汐发电、波浪发电等具有良好的合作前景，有很多新的项目可以开展，有很多新的领域可以开拓。

在环保领域，1994 年 9 月，韩国举行的“西北太平洋行动计划第一次政府间会议”及第四次专家会议正式通过了《西北太平洋行动计划》，与会代表共同制定了《西北太平洋地区海洋环境报告》。1997 年，纳霍德卡溢油事故后，各国看到了溢油事件对海洋环境的严重污染，充分认识到了海洋环保问题的急迫性，区域海洋环境合作的制度建设工作明显加快，建立了东北亚次区域环境合作项目和中日韩三国环境部长会议等多个合作交流机制，大大推动了东亚海洋区域环保合作的发展。尽管由于种种因素，东亚海区的环保合作发展存在各种问题，但应该看到，随着海洋环境问题的恶化，东亚区域海洋环境保护合作得到各国广泛的重视，区域海洋环境保护合作是大势所趋，也将成为东亚区域海洋合作未来发展的重点领域。

（二）海上救助、海难救援合作取得一定成效

东亚地区是世界经济增长最快的地区，船舶流量大、密度高，但海域相对狭窄，

自然灾害频发，海上救助需求高。1953年，中国渔业协会和日本日中渔业协议会签订了《关于黄海、东海渔业的协定》，其中对渔船因紧急事故寄泊对方海港和遭遇海难后互相求助的办法等问题作了明确规定。1965年，中国渔业协会和日中渔业协议会再次签订了《关于黄海、东海渔业的协定》，协定第五条规定，一方渔船如果遭遇海难和其他不可抗拒的灾害或者船员负重伤或患急病，有必要紧急避难或者需要救助时，另一方渔协和在渔场上的渔船应尽力地予以协助和救助。同时还规定，一方渔船因发生紧急事故，无法或来不及返航时，可驶至对方指定的港口停泊。近年来，东亚各国在海上救助方面展开密切合作，在海难救助、失踪人员搜索上相互支助，取得了明显成效，并形成了一些合作机制。从1996年开始，中、日、韩、俄四国海上搜救部门每年都要举行搜救合作操作级别会议，由四国轮流举办，旨在加强北太平洋和东北亚地区的搜救合作。2007年，中韩两国正式签署了《中华人民共和国政府与大韩民国政府海上搜寻救助合作协定》，这是东亚国家政府间第一个在海上搜寻救助合作领域签署的协定，具有里程碑意义。2011年第四次中日韩领导人会议期间，三国领导人就强调为保障海上安全，加强中日韩海上搜救合作等问题达成协议。此外，还就中、日、韩三国海上搜救部门经常性举行联合演习达成共识，以提升海上搜救协同、配合的能力。

（三）海上执法合作开始初步探索

近年来，东亚各国在海上执法打击偷渡等海上犯罪、制止越界捕捞等问题上开始进行探索。1998年中国公安部同韩国海洋警察厅（已撤销）就偷渡、走私、海盗等方面的信息交换和合作签署了合作协议；2015年第四轮中日海洋事务高级别磋商期间，中国公安部边防局和日本海上保安厅同意继续就共同打击走私、偷渡、贩毒等跨境犯罪加强合作；2016年第五轮中日海洋事务高级别磋商期间，双方召开了政治和法律、海上防务、海上执法与安全、海洋经济四个工作组会议，就东海相关问题交换意见，并探讨了开展海上合作的具体方式。东亚各国还通过参加亚太海事安全国际会议、国际警察长协会会议、北太平洋海上治安机关长官会议等国际会议来表达各自立场，进行沟通交流，为进一步开展合作提供了前提基础。尽管东亚各国在海域划界、海岛归属问题上存在争端，但东亚各国共同应对犯罪的形势是客观存在的，只要各方能本着相互理解、相互尊重的精神，实现合作方式多样化，必然会不断提高海上执法合作层次，达到理想的效果。

三、东亚和谐海洋秩序构建的前景

目前东亚地区海洋问题还很突出，许多问题尚待解决，和谐海洋秩序构建任重道远。除海岛主权归属问题外，海域划界也是一个重要的议题，现行的国际海洋秩序是“二战”后确立的，1958年和1960年，联合国先后两次召开海洋法会议，着手研究、制定新的海洋法公约，以解决海洋权属问题，签署了《领海及毗连区公约》《公海公约》《捕鱼及养护公海生物资源公约》和《大陆架公约》，明确了沿岸国家对海域资源享有的权利，并对200海里的海洋权问题展开讨论，这些条约的签署大大刺激了菲律宾妄图占有南海诸岛岛礁的野心。

1973 年，第三次联合国海洋法会议召开，经过九年的艰苦谈判，1982 年，签署了《联合国海洋法公约》（以下简称《公约》），《公约》确立了人类利用海洋和管理海洋的基本法律框架，但其是不同利益集团之间博弈所取得的结果，很多条款是相互妥协的产物。因此，在诸多问题上存在缺陷，其中以历史性权利、相邻国家间海域划界等方面的规定最为突出，而东亚地区海域的特殊地理构造和历史恰恰是《公约》无法解决的矛盾点。因此，要构建东亚和谐海洋秩序，就必须要重新审视东亚地区的海洋秩序。为此，我们需要提出带有创新性、前瞻性的战略思想来维护亚太区域和平稳定，推动东亚和谐海洋秩序的建设。

首先，和平与发展依然是当今世界的时代主题，发展海洋经济、维护海上安全、谋求公平合理的国际海洋秩序是东亚各国政府和人民的共识和共同的战略抉择，基于此，东亚地区和谐海洋秩序的基础是存在的。

其次，东亚海洋争端总体是可控的。尽管近年来东亚海洋争端呈现高位运行的态势，但总体可控，只要双方秉持善意，充分沟通，排除外来势力的干扰，争端进一步升级是完全可以避免的，这是东亚地区和谐海洋秩序的必要前提。

再次，东亚各国政府与党际对话交流的渠道是通畅的，和平发展的政治纽带是客观存在的，通过政界党际的交流，及时化解矛盾，遏制不稳定因素，是东亚地区和谐海洋秩序的重要保障。

总之，我们应着眼长远，既尊重历史，又照顾现实，正确处理现实利益与长远利益的关系。对于一些敏感问题可以暂时搁置，待时机、条件成熟时再做打算。各国应在平等协商的基础上，有效地推进双方的交流与合作。这样，东亚海上和谐秩序的构建是完全可能的。

关于东海琉球群岛及相关海域的基本概念和称名问题

曲金良[1]
（中国海洋大学　海洋文化研究所）

摘　要　东海琉球群岛及相关海域问题，既是中国史、东亚史及其相互关系史研究的重要学术问题，也因其历史的复杂性与现状的复杂性，尤其是关涉中日东海划界和相关岛屿的主权问题，成为需要从根本上加以厘清和解决的政治问题。在对此进行的史学研究和现实政治关注上，中外学界特别是中国学界做出了不懈努力，成果多有可嘉。然而，因其中一些基本概念、理念、称名等问题尚未厘清，滞碍了对其中一些基本的也是根本性的、关键性的问题的认识和解决。其中关于琉球群岛自1879年被日本称为“冲绳”所导致的概念混乱及造成的多方面后果，就是一个重要案例。

关键词　琉球群岛；冲绳海槽；琉球国；明清属国；历史权利

对事物的称名，源于对事物的概念及其性质的认定。称名错了，说明对该事物的认知的基本概念错了，对其性质的基本判断和认定也错了。关于琉球群岛及相关海域的基本概念和称名问题，也是如此。此事非同寻常，关系到对我国的历史、相关国家历史的基本认知，关系到对相关事物本身的历史与现状的基本判断与认定，关系到我国作为一个泱泱大国的国家形象和民族尊严，关系到中日关系、中国与相关国家的关系，也关系到今日我国和相关国家政、经、学界和民间社会对历史的尊重，更关系到我国东海的岛屿主权和海洋权益。

如果我们对琉球群岛及相关海域的基本概念和称谓是否正确不加以检视，对其错者不究，这不但说明我们对历史和现实真相无知，而且说明已经被他人使用的概念游戏所洗脑、所欺骗——其结果都只能是一个：在相关海洋与岛屿权益问题上失去话语权，已吃大亏、已输大棋而不自知。因此，我们不可不查。其中关于琉球群岛自1879年被日本称为“冲绳”所导致的概念混乱及造成的多方面后果，就是一个重要案例。

“冲绳海槽”，是现代海洋地理、海洋地质学界对琉球群岛内侧（西侧）海底大

---

① 作者简介：曲金良，中国海洋大学教授，博士生导师，海洋文化研究所所长，国务院特殊津贴专家。

壑——历史上称之为“海沟”的现代称谓用语，用英文表述是日语发音与英文“海沟”的组合词“okinawa trough”。中国政府在对日谈判、在国际文件中也据以使用了这一称谓。

中国对“冲绳海槽”的通常说法是：冲绳海槽是东海大陆架的边缘，位于琉球群岛和中国钓鱼岛之间，是因琉球海沟的岩石圈扩展而形成的弧后盆地，大部分深度逾 1000 米，最大深度 2716 米。冲绳海槽把中国的钓鱼台列屿和琉球群岛分开。历史上是中国和琉球王国的天然分界线。根据中国政府的一贯主张，中国在东海的大陆架自然延伸到冲绳海槽，从中国大陆领海基线量起超过 200 海里；而从中国台湾岛基线量起只不过百余海里。

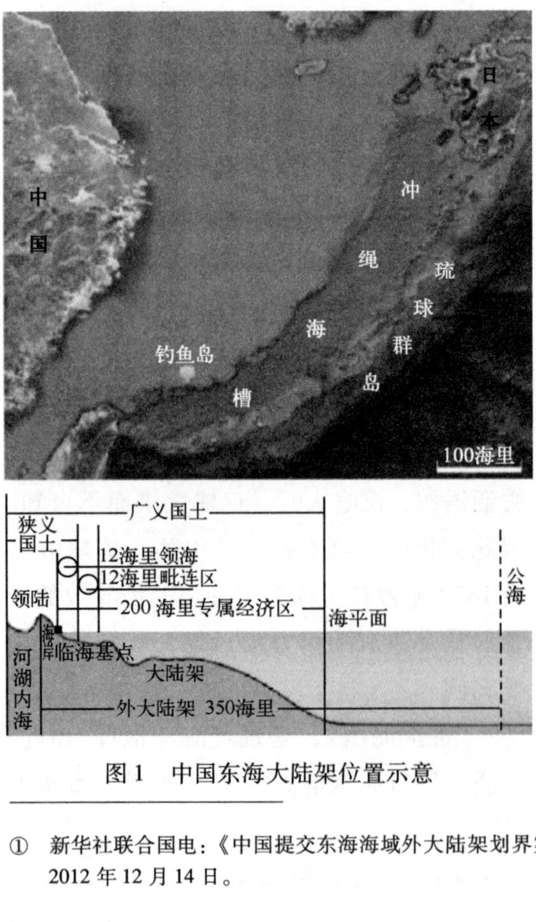

图 1　中国东海大陆架位置示意

2012 年 9 月，中国政府对外宣布，决定向《联合国海洋法公约》设立的大陆架界限委员会提交东海部分海域 200 海里以外大陆架划界案，主张中国在东海的大陆架自然延伸到冲绳海槽。2012 年 12 月，中国常驻联合国代表团代表中国政府向联合国秘书处提交了东海部分海域 200 海里以外大陆架外部界限划界案。该划界案指出，地貌与地质特征表明东海大陆架是中国陆地领土的自然延伸，冲绳海槽是具有显著隔断特点的重要地理单元，是中国东海大陆架延伸的终止。中国东海大陆架宽度从测算中国领海宽度的基线量起超过 200 海里。① 中国政府之所以提交这一划界案，是缘于中日在东海划界问题上的争端。争端形势若何？图 2 是常用的示意图。

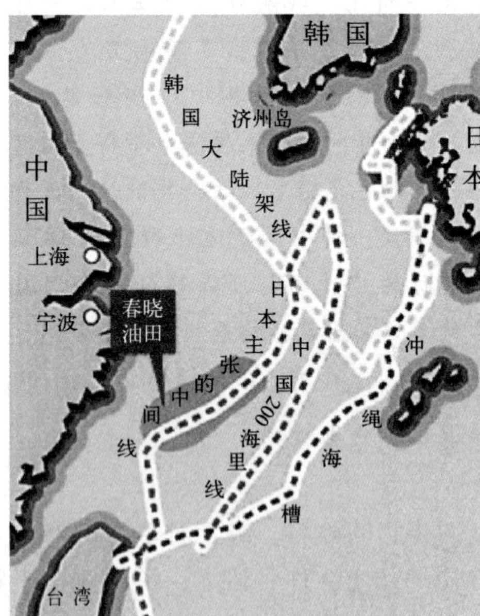

图 2　中日有争议海区地图

① 新华社联合国电：《中国提交东海海域外大陆架划界案，该划界案指出：冲绳海槽是我东海大陆架延伸的终止》，2012 年 12 月 14 日。

图2中“冲绳海槽”右侧紧邻着琉球群岛。这一群岛在明代之前是个独立的岛屿地区，隋朝政府曾经派人对其招抚，但未归附；至明朝初年，琉球群岛有中山、南山、北山三个政权，都主动遣使入明朝贡、请封，自此（后三山合一，为中山）一直是中国明清两朝的属国。日本“维新”的明治政府1868年一成立，就欲侵吞琉球，1872年强行宣布“册封”中国的琉球中山王为日本的“琉球藩王”，进而不顾中国政府强烈反对、抗议和交涉，于1879年强行吞并琉球，设为“冲绳县”。在此之前，其作为群岛地区名、中国属国的国名一直都是“琉球”（明清之前也写作“流求”），而从未用过“冲绳”之名。

这就是说，“冲绳”是日本强行加在琉球王国头上，吞并琉球为“县”而使用的日本概念、日本称谓。中国称名该群岛地区仍用“琉球群岛”，而称其海底大壑却为“冲绳海槽”，显然是对“冲绳”的来历没有概念，只是无意识地随着日本人称呼而已。但这样带来的问题是，在中国说者的潜意识里，这个地方是“冲绳”，这是个日本名，这个地方是日本的；既然“冲绳”是日本的，我们就不便于将其划入我们主张的管辖岛屿和海域之中，这也就是我们现在只主张、强调钓鱼岛是我们的，而未主张、强调琉球群岛是我们的，因而我们提出的大陆架所自然延至的“冲绳海槽”，指的只是琉球群岛西侧的较浅的海沟（大部分深度逾1000米，最大深度2716米），却没有主张琉球群岛东侧的更深的海沟大壑（万米之深）是更深更大的“冲绳海槽”（实为“琉球海槽”）的缘故了。

日本对琉球的侵略和吞并，晚清政府没有阻挡得住，中日谈判未果，日本一直强行霸占着，这是中国晚清的耻辱，也是中国近代历史的耻辱。而且日本将琉球群岛地区设为“冲绳县”，国际社会也一直未予承认，因此才有了“二战”日本无条件投降后不得不将琉球群岛交出来成为联合国托管地，而以美国为托管当局实施托管的结局。而且，美国托管琉球之后，也一直未使用“冲绳”“冲绳县”“冲绳人”“冲绳民”等日本概念，美国在托管期间成立的琉球地方政府，也称为“琉球民政府”。

2015年我国划出的东海防空识别区，也只是划到了我国所主张的200海里专属经济区。日本之所以竟敢“不承认”，其“依据”就是基于日本视琉球群岛为“日本的”，因而主张以“日本的”琉球群岛之“领海基线”为“起点”与中国划东海“中间线”。但事实上琉球群岛根本就不属于日本，因此其基于琉球群岛与中国划“中间线”，是荒唐的；其阻挡我国按照大陆架自然延伸划界，同样毫无道理。日本的领土是《中美英三国促令日本投降之波茨坦公告》《开罗宣言》规定了的，日本无条件投降后接受并承诺信守的，北纬30°之南没有日本的一滴海水、一寸土地，何来琉球群岛、钓鱼岛与我之争？

由此可见，中国使用“冲绳海槽”还是使用“琉球海槽”，不仅是个称名、用语的问题，而且是概念、观念问题。无论从尊重历史来说，还是从中日东海划界的现实和潜在意义来说，都应当摒弃使用“冲绳海槽”，而一律使用“琉球海槽”。对以前的研究成果、相关文件中使用“冲绳海槽”的，今后使用时应加注说明。在未将国际上使用“冲绳海槽”的“习惯”改过来之前，可以加注“（日本称之为‘冲绳海槽’）”。

中国中世时期由宁波出航的使臣船与贸易船

姜凤龙
（韩国木浦大学　岛屿文化研究院）

摘　要　1123 年与 1324 年，使臣船“神舟”和贸易船“新安”均从宁波起航，中间正好相隔了 200 年。前者是以外交目的开往高丽的使臣船，后者是以日本为最终目的地，而在朝鲜半岛西南新安郡海域沉没的贸易船。神舟只在文献《宣和奉使高丽图经》中有记录却没有实物，而新安船在任何史料中都没有出现却留下了实体。两船虽然性质不同，但有相似之处。一方面，两船皆于宁波港出航，当时的宁波是通向高丽与日本的中心贸易港口。另一方面，两船出航时间皆是处于海上丝绸之路鼎盛期的宋元时代。使臣船神舟和贸易船新安从宁波出发，可以认为是通过东南亚向西连接阿拉伯的这条海上丝绸之路，向东延伸至了高丽与日本，宁波成为了这条线上的中心据点。

关键词　海上丝绸之路；东亚航线；中国中世纪

1123 年与 1324 年，使臣船“神舟”与贸易船“新安”均从宁波起航，其间相隔了整整 200 年。前者是以外交目的开往高丽的使臣船，后者是以日本为最终目的地，而在朝鲜半岛西南新安郡海域沉没的贸易船。神舟只在文献《宣和奉使高丽图经》中有记录却没有实物，而新安船在任何史料中都没有出现却留下了实体。两船虽然性质不同，但有相似之处，两者最大的相同点就是皆从宁波出发。本文正是以这两艘船为对象，进行了比较性研究。

一、使臣船——神舟（1123 年）

宋徽宗（1100—1125 年在位）于 1123 年向高丽派遣了国信使，徐兢在这次使团中的官职是“提辖人船礼物官”，他将三个月的使行活动写成了《宣和奉使高丽图经》40 卷，于 1124 年 8 月 6 日呈献给徽宗。根据此书，我们可以研究参与这次任务的八艘使臣船之航路。使臣船由被称为“神舟”的两艘官船与被称为“客舟”的六艘船只构成。“神舟”是宋朝派遣至高丽使臣船的特别名称。在之前的宋神宗时代，宋廷就曾派过两艘高丽使臣船，分别被称作“凌虚致远安济神舟”与“灵飞顺济神舟”，这次向高丽派遣的两艘使臣船，也被命名为“鼎新·涉怀远康济神舟”和“循流安逸通济神舟”。八艘使臣船只于 1123 年 3 月 14 日从北宋首都汴京出发，5 月 3 日到达明州。又于 5 月 13 日载满物资，16 日于明州出港，19 日到达舟山群岛定海县。于舟山群岛停留九日，进行了各种祈求航海安全的祭海仪式后，使臣船于

5月28日正式出海。经过海驴焦、蓬莱山、半洋焦、白水洋、黄水洋、黑水洋，6月2日到达夹界山。夹界山是北宋与高丽的海上国界，之后使臣船又在高丽海域行驶十日，终至高丽首都开京。归路与之相反，根据徐兢的记录，使行归途遭遇不顺。使行团于7月15日从礼成港出航，8月27日到达定海县，共历时四十二天。徐兢将海上的危险总结为“痴风”“黑风”与“海动”三类，细致生动地描写了历险过程。

二、贸易船——新安（1323年）

（一）新安船的考古发掘

在韩国新安郡曾岛面防筑里海域，从1976年到1984年九年间共进行了十一次大规模的海底遗物考古发掘，发掘对象正是约700年前的14世纪上半叶从中国宁波出航，目的地是日本博多港的贸易船，其间在韩国新安郡海域沉没。以发掘地点为其命名“新安”，所发掘遗物被定名为“新安海底遗物”，这片海域被称为“宋元时代的海底遗物发掘地”，于1981年6月16日被指定为“国家史迹第274号”。

（二）出水文物

九年的考古发掘结果，除有陶瓷类及其他文物22 007件外，还有铜钱28万吨、紫檀木1017件、船体残片445件被打捞出水，按种类分别介绍如下。

1. 新安船残体

根据残骸推测，新安船是一艘长度约34米，最宽处约为11米，最高处在3.75至4.5米之间，重量达到260吨的超大型贸易船。晚于新安船约150年的1492年哥伦布的“圣玛利亚号”远洋帆船，其重量仅为150吨，其长度不过23米，对比可知新安船的雄伟。新安船类属于中国的福船型，在当时代表着最完备的构造与最高超的性能。

图1　新安船残体

2. 陶瓷类文物

被打捞出水的陶瓷类文物总共有20 661件，种类上大体可分为青瓷、白瓷、青白瓷与黑釉瓷（或天目瓷）、钧釉系陶瓷、白釉黑画陶瓷、铅釉陶器、青釉陶器、褐釉陶器与土器等。其中青瓷类占最多数，共12 359件；其次是白瓷、青白瓷，共5303件；天目与钧釉系列瓷器694件；土器2305件。青瓷主要出产于中国龙泉窑，白瓷、青白瓷主要出产于景德镇窑。一次汇集了如此之多的中国陶瓷，新安船遗物无遗是中国陶瓷史，特别是宋元时代陶瓷史研究上不可多得的珍贵资料。发掘时发现，大部分陶瓷器被放在长方形的木箱中运载，一部分被放入圆桶形的木箱中，其中大碟类瓷器以十或二十个为单位，用绳子捆绑放入箱中。这些绝大部分是中国瓷器，我们也发现了7件高丽镶嵌青瓷。这些高丽青瓷中包含着12—13世纪制作的高级青瓷，它们究竟是在高丽购买的，还是在中国当地购买的输出青瓷，众说纷纭。

图2　新安船所载陶瓷器

3. 铜钱与紫檀木

铜钱与紫檀木被装载于船底。铜钱共28万吨，数量高达百万枚，种类从货泉、五铢钱、开元通宝到元代至大通宝共四十余种。关于这批货币的用途有两种说法，一部分专家认为它们可以在别国的贸易中继续使用，而另一部分专家认为这是用于制作佛像的材料。紫檀木共1017件被打捞出水。紫檀木是生长在亚热带地区的常绿乔木，这些应该从东南亚输入而来，大概是作为制造木佛像的基本材料。

4. 金属细工品

发掘出水的金属细工品共729件，是继陶瓷器、紫檀木之后数量最多的文物。种类从食具、铜镜、乐器、娱乐道具、秤类到各种用器，十分多样。其中最引人注目的是朱锡铤、白铜铤等金属原材料300余件。所占数量最多的朱锡铤作为一种合金材料，是中国与东南亚、高丽、日本的主要贸易商品之一，以此推测本船航行的目的地还包括东南亚。此外，所发掘的多件铜镜表面铸有“湖州真石家念二叔照子”等铭文，金属类文物还有菩萨像、青铜蟾蜍形砚滴等。特别是从青铜高丽匙箸推测，当时有高丽人乘船，这是其生活用具。还有青铜锤11件，其中一件上铸有“庆元路”的铭文，背面刻有“庚申年”的干支，今天中国浙江省的宁波，在元代被称为庆元，可知此船的出航之地为宁波。

5. 木制品

木制品在海底经历了漫长岁月，受海水腐蚀与虫蚀之后，又易被海潮冲走。发掘出水的大部分木制器包括保管、运搬货品的木箱、木桶、木制盘、漆器碗等，其中数量最多的是木箱子与木桶。大部分漆器表面的漆已经剥落，只留下薄薄的木壁。有很多打捞时保存良好的器物，如三件叠放的完整漆器钵出水，其中一件在钵底有两行朱漆阴刻文，写着“辛未兮塘”与“陈万一叔造”。有一件漆器碗内部为朱漆，外表为黑漆，表面润泽，十分精美，内底中央有“杨宅盆”三字朱漆铭文。此外，还发现有扇子与簇子的残骨、木制菩萨立像与童子像残骸、龙刻木印章等物。

6. 木牌

写着所有者姓名，绑于船载货物的木牌，共有364件出水，其长宽厚分别在10~20厘米、2~3厘米、0.5~1厘米程度，长度为15厘米左右的最多。木牌上标有货主个人姓名的共计二十余个，其中有12个是日本人姓名。有8件木牌写有“至治叁年”与“钓寂庵”的墨书，不知这批货物是钓寂庵的僧侣们所有，还是要被送至钓寂庵。“至治”是元代年号，“至治三年”是1323年。新安船于1323年4—6月在宁波完成货物装载，出航后沉没于新安海域。写有“东福寺”这座寺院墨书的木牌有 41 个，写有“纲司”官职的木牌有 110 个（“纲司”是高丽时代的僧官）。“筥崎神社”等神社之名的木牌显示出新安船航程的具体目的地。东福寺位于日本京都，钓寂庵位于九州的福冈，而筥崎神社也在福冈，由此可知新安船将驶向九州的博多港。

7. 日本系文物

既然新安船的最终目的地是日本，当然会有一些日本系文物。最具代表性的是日本传统鞋——下驮，鞋长为 24 厘米，跟高 11 ~ 12 厘米，应该为搭乘新安船的日本人所穿。发现的还有日本的象棋棋子，尺寸与模样和日本许多地区出土的象棋一致。这些都是日本船员乘船时的娱乐道具。出水的还有日本道具——镡，新安船上的镡并非高级货，仅是平凡武士所佩戴的中级物品，大概是保护新安船人员、货物安全的保镖所有。从三只漆器碗的形态、制作技法、图案色彩等方面来看，属于镰仓时代（1192—1336 年）的风格，应该是日本船员所用的餐具。还有菊花纹样的四角形铜镜，也是镰仓时代的遗物。

8. 其他

除以上介绍的之外，新安船遗物还有石材品、植物等。石材品共打捞出 43 件，包括砚台、石磨和墨。两件长方形的墨上还有“秀峰亲制”的铭文。还有各种香料、香木以及作为药材的植物制品。能够确认的品种有胡椒、巴豆、山茱萸、使君子、槟榔、荔枝、桃仁、银杏、核桃、栗子、桂皮、良姜等。

（三）新安船发掘的意义

首先，新安船的发现为研究东亚贸易船的航路问题提供了线索。通过新安船，我们可知当时从宁波出发至博多港的航路有两条。第一条是从宁波起航直接横断日本海到达博多港的航路，这条路线在 14 世纪已经通航，所以很容易让人想到。如果新安船走的是这条航线，航行途中遭遇台风或故障等突发情况而偏离航路，最终漂流至朝鲜半岛西南海岸沉没的可能性很大。第二条是从宁波起航，经由朝鲜半岛西南海域，再沿黄海沿岸，路过对马岛到达博多港的航路。这条航路在北宋时代就已开通，可由《宣和奉使高丽图经》证明，新安船走这条航线的可能性也有。从船载货物的主人大多是日本人，目的地多是日本寺庙来看，新安船从宁波出发后直航至博多的可能性最大。由于新安船上发现 7 件高丽青瓷，因此途经高丽西南海岸购入镶嵌青瓷的见解也能成立。

其次，新安船最值得注目的是它巨大的残体，这是实实在在的东亚贸易船原物。260 吨的新安船是当时超大型的木船，从其所承载的数以万计的中国陶瓷器与 28 吨的铜钱上也可想象它的规模。更令人叹服的是当时中国的造船技术已经凌驾于 150 余年后的西洋之上，历史上的主要贸易物品也活生生地展现在我们面前。

再次，新安船上两万余件的文物，网罗了 14 世纪前后中国陶瓷器的各种类型，是研究宋元时代中国陶瓷史的重要资料。不仅如此，这些文物还帮助我们了解了当时贸易货物的船载方式、船员们的生活样式等。

最后，新安船的发掘是韩国水下考古事业的嚆矢，堪称学术史上的里程碑。这艘新安船是14世纪东亚的时间胶囊，自20世纪70年代开始，学界与海军对新安船的携手发掘，成为了今天韩国走向水下考古强国的一个契机。

三、神舟与新安船的意义

神舟与新安船在性质上不仅有使臣船与贸易船之差异，还有很多共同点。首先是它们皆从宁波起航，当时的宁波是通向高丽与日本的中心贸易港，两船留下的记录与实物为此作了证言。其次，两船所处的时期都是海上丝绸之路最鼎盛的宋元时代。宋元时代的中国，通过海上丝绸之路，与伊斯兰文明的贸易往来达到了极盛。中国与阿拉伯之间有印度洋相隔，因此这一时期又被称为“印度洋时代”。两艘航船正是在这样的时代背景下扬帆起航的。印度洋时代最鲜明的特征是西亚伊斯兰文化圈与东亚儒教文化圈相汇于印度洋。西亚与东亚的接触最早始于伊斯兰教兴起的公元7世纪，此时东亚三国（中国、日本、高丽）也在形成一个儒教文化圈。之后作为世界帝国的唐朝，于扩大其在西方影响力的进程中，终于在中亚（陆路）和东南亚（海路）与伊斯兰势力相遇。宋元王朝继承了唐朝的基业，继续扩大着儒教文化圈的影响。当时中国通过东南亚的“南海路”与西亚进行交流，从此这片海域被分为西洋与东洋，即“伊斯兰之海”与“中国之海”。到了元代，这条分界线更加向西推进，证明了中国在海上丝绸之路中所主导的领域越来越大。正是在这样的背景下，使臣船“神舟”和贸易船“新安”从宁波出发，可以认为是通过东南亚向西连接阿拉伯的这条海上丝绸之路，向东延伸至了高丽与日本，宁波成为了这条线上的中心据点。

（楼正豪　译）

东亚相生与“东亚地中海模式”

尹明喆

（韩国东国大学　欧亚丝绸之路研究所）

摘　要　21世纪的海洋已经从19世纪时期所谓的“封锁的海洋”“回避的海洋”，转变成了“交流的海洋”“发展的海洋”，重视交流、共存、贸易、文化。东亚地区具有地中海的形态、机制、特征，进而形成了所谓的“东亚地中海”。“东亚地中海”具有以下几方面特点：首先，各国共有东亚，任何地区都是相互连接的一个整体。第二，成员国之间的“共质性”得到了具体明确，“命运共同体”的事实获得了肯定。在地缘政治上，通过合作、竞争、对抗、征服等形成了共同的历史活动圈；在地缘经济上，通过经济贸易交流形成了相互需求意识；在地理文化上，不同国家之间的共有文化范围广泛。第三，“东亚地中海概念”是理解东亚现实情况及基本条件的有效工具，明确了海洋是唯一交流通道的事实，深刻揭示了海洋在经济贸易方面的绝对作用。在“东亚地中海模式”的框架下，中、韩、日、俄等各国相互谅解协作，构建共同体，捍卫世界史上的东亚利益。届时，目前处于多重劣势的朝鲜半岛将利用地理中心位置发挥调整作用，如果赢得中日两国的参与支持，成功履行“东亚地中海的中间调整任务”，则必将有助于推动东亚地区迅速实现共存发展。

关键词　东亚相生；东亚地中海；地缘政治

一、序言

21世纪是一个“文明大转换”的时代，世界秩序重新构建，世界化（globalizaion）的进程加速展开。以物流通路与海洋资源为后盾的海洋经济学价值急剧上升，各国重新审视自身所制定的世界战略，引发了全球从政治、军事角度来确保海洋领土的各种冲突。18世纪中叶以后，东亚受到了军事力量强大的西方世界之胁迫，列强以不平等条约歪曲了历史的进程。东亚世界自20世纪后半叶开始，才出现了飞跃式发展。日本、韩国、新加坡，中国台湾与香港地区便是代表，后来东南亚各国也直追猛进，中国的速度更是令人惊叹，现已成为谱写世界历史的中心地带。

在这样的时代背景下，比起政治、军事上的冲突，各国更加强调在经济、贸易与文化上的交流合作，全世界各国都试图彼此之间成为伙伴。虽然最近东亚各国间还存在无法消磨的分裂与争斗，但是为了东亚的发展，韩国、朝鲜、中国、日本、越南、俄罗斯、蒙古国及东南亚各国必须在政治、经济、军事、文化与思想上探寻“相生”的方法论。笔者以一个历史学者的立场出发，从20年前就开始探索东亚各国最终将形成怎样的联邦形态，建立了许多的模型，“东亚地中海模式”（EastAsian－mediterranean－sea）就是其中之一。

本文就是在文明秩序的转换与重建的背景下，通过“东亚地中海”这样的历史模型，来寻找东亚政治、军事、经济、文化层面的相生机理，以韩国的立场摸索东亚未来的发展之路。

二、东亚的相生及其问题

东亚的核心范围包括韩国、朝鲜、中国、日本、蒙古国以及俄罗斯的一部分。各国为了未来之发展，在军事、经济、政治等方面都不断努力提升自身的影响力，从而引起了相互之间的摩擦。值得庆幸的是彼此间都在经济、贸易与文化上有着千丝万缕的联系，虽然是松散的形态，为了实实在在的利益也能相互结成伙伴。在这样的环境下，日本、韩国、中国都在努力参与期望形成利益的共同体，俄罗斯、朝鲜、蒙古国也有意愿。日本除了亚洲与太平洋经济之外，还寻求参与范围更广的经济活动。中国以新的姿态在东亚登场，习近平总书记提出了“一带一路”的倡议，正向世界第二位强国的目标前进。俄罗斯自从1990年在海参崴召开“日本海90”会议之后便开始关心东亚局势，普京执政后开展了“新丝绸之路（New Silk Road）运动”，并发起了“新东方政策”与“能源战略2030”宣言。朝鲜也在联合国开发计划署（UNDP）主管的第一届东北亚地区技术合作会议上做了题为“罗津先锋开发计划”的发言。韩国也在促进西部海湾、与中国的黄海经济圈发展的同时，加强在日本海与日本的合作。但这些都是东亚各国的发展计划，目前还在理论的试验阶段，东亚各国并未因此成为一个强而有力的整体，探索共存之道的条件并不充分与成熟。

形成这种局面的原因有以下几个：首先，存在东亚内部的原因，东亚各国的政治理念与经济体制存在显著的差异。其次，各国提出的发展计划有的是理论，有的是宣言，有些彼此重复，而不是一个有机的统一思想，即没有模式。第三，东亚各国之间存在怀疑与互不信任，这容易引起各方在军事、政治和经济层面的冲突。第四，妨碍东亚共生的另一个要因是自20世纪以来国家彼此之间所带来的难以治愈的伤痛。面对以上多样、复杂而又微妙的问题，东亚世界别说是政治上的共同体，连经济与文化上也很难建立同盟关系。为了东亚的共同利益，我们需要寻找新的联合模式。从东亚的历史与地理环境来看，海洋的地位十分重要，海洋可以将全世界的国家连接起来，所有国家的贸易活动也可通过海洋通路得以实现。海洋对于东亚世界的意义也十分重要。笔者为寻求其本质，以东亚未来的发展与构建东亚共同体为目标，在东亚历史的框架之下提出了“东亚地中海模式”。

三、东亚相生与东亚地中海模式

（一）东亚地中海的性质

东亚地理上由中国大陆、北方大陆的一部分以及朝鲜半岛与日本列岛所构成。由此北方大陆性质的游牧文化、山林狩猎文化与南方的海洋文化相互碰撞融合。海洋文化指的是以海洋为媒介谋求的生活与文化方式，文化的传播也与海洋密切相关。以朝鲜半岛为中轴，与日本列岛间存在着日本海与南海，与中国之间有黄海这样的内海（inland - sea），朝鲜半岛南部、日本列岛西部和中国南部地区以东海相连。东亚具备地中海的形态与性质。

东亚虽然不是完全意义上的地中海，但具有多国间地中海的形态，周边各国因这片海洋而相连。这片区域在文化上也具备地中海的性质，极端的自然现象与多样的文化相互交流融合，而实现共同发展。这是定居性（stability）文化与移动性（mobility）文化的相遇与互补。因此我们要抛弃将东亚的历史看成是一国与一国间的一国史、一民族史或是陆地史这样的陈旧观念，而是要以东亚海洋的视野、陆地与海洋有机关系的角度来把握东亚的历史。

笔者认为东亚地中海有以下几方面特征：第一，各国共有东亚，任何地区都是相互连接的一个整体。第二，成员国之间的“共质性”得到了具体明确。“命运共同体”的事实获得了肯定。在地缘政治上，通过合作、竞争、矛盾、征服等形成了共同的历史活动圈；在地缘经济上，通过经济贸易交流形成了相互需求意识；在地理文化上，不同国家之间的共有文化范围广泛。第三，“东亚地中海概念”是理解东亚现实情况及基本条件的有效工具，明确了海洋是唯一交流通道的事实，深刻揭示了海洋在经济贸易方面的绝对作用。

因此，地中海的概念明确将海洋定位为现在东亚各国交流的唯一通路，渔业直线基线问题、排他性的经济水域问题、钓鱼岛问题、北方四岛等问题都反证了各国之间在探索以海洋为媒介的共存与相生问题。事实上从历史发展需要性的角度来看，东亚世界曾经在19世纪末期试图成为一个共同体，可惜失去了时机。其结果酿成了日本成为加害者，而其他东亚诸国成为受害者的悲剧。但是现在的东亚需要共存、合作，即实现相生的时机已经到来。

在现实上不可能实现国家统合（integration）的东亚如果要构建合作共体，甚至于联合体、共同体，正确的途径是以海洋为媒介在地中海秩序框架下完成。共同建立一个能够与欧洲地中海、加勒比海地中海、东南亚地中海竞争的东亚地中海模式迫在眉睫。

（二）东亚地中海模式的活用

在地中海秩序与模式下东亚各国将处于怎样的位置并发挥怎样的作用呢？中国、日本、朝鲜、韩国及俄罗斯在重建新秩序的过程中，都站在有利于本国的立场上付出着巨大的努力，这是自然而然的事情。中国与日本作为两个强大国，相互之间都怀有一种竞争意识，彼此猜疑、警戒。实际从历史上来看，两国都有复兴的愿望与实现的能力，同时具有内心不安的欲望和曾经悲剧化的经历。韩国的情况是朝韩统一的趋势目前还不明朗，由于周边国家的阻碍，想要凝聚民族力量十分不易。即使实现了朝韩统一，我们也怀疑其未来的经济、政治与军事力量与周边强国相比都会处于劣势。东亚各国当一方强大时，周边国都会有自身是失败者的感觉，在这种情绪下，东亚想要实现相生并构建共同体显得十分困难。东亚由于本身的支离破碎，在西方势力“各个击破”战略（divide and rule）下更加颓丧。受到伤害并失去力量的东亚不得不被西方掌控，不得不被编入西方所订立的世界秩序之中，从本质上来说，这就意味着丧失了生命。在政治、经济上的从属地位，文化上的隶属关系，与20世纪一样，东亚在混沌、纷争与崩溃中正在逐步丧失自身的特性。

朝韩统一后也将处于两个强大国的纷争之间，在新秩序的建立过程中扮演并发挥中间作用的角色。从国际关系的角度来看，处于两个强国中间的小国所能产生的只能是媒介者兼调整者的作用。从历史上来看，韩国将这种中间人的作用发挥得淋漓尽致，也有预防两个大国发生冲突的经验。特别是现在具有一极化发展趋势的东亚世界里，朝鲜与中国不会对韩国产生威胁，与日本列岛发生直接军事冲突的可能性也不大。韩国一面吸收具有大陆性质的中国文化，同时学习带有海洋性质的日本文化，这两种文化在韩国融合，又各自向对方传播。

韩国所处的自然环境使其发挥着这样的作用，显得十分恰当。韩国处在被日本海、黄海与东海所环抱的东亚地中海之核心（core）位置。朝鲜半岛是东亚既拥有大陆与海洋，又被东亚地中海所环绕的唯一半岛，可以通过大海与所有的东亚国家展开交流。日本列岛在近代以前的东亚中处于落后地位的最主要原因是其远离中国，倭与魏国的交涉等都要通过百济的帮助来完成。甚至于日本国成立之后，无论是官员、僧侣还是商人们，都要借助新罗政府或者张保皋商团的船舶以及渤海国的帮助，才能与中国、东南亚和西域进行交流。

韩国的中间作用在21世纪东亚新秩序的树立与共同体的构建过程中显得更加重要。朝鲜和韩国在拥有了海洋调整力量的条件下，不仅会把握住各国交流的主导权，在处理各国间海洋冲突及政治纷争的局面下也会扮演重要角色。同时，在各国积极进行基础设施建设的背景下，东亚将出现一个物流体系的核心环岛（I. C），韩国将发挥改变东亚经济构造与贸易形态的重要作用。因此提升海洋的影响力所占的比重将加强在东亚的核心作用，于是政治、军事、经济与文化的影响力也会随之上升。

面对东亚地中海各国势力的相互较量，朝鲜半岛作为“中间调整之地”，必将重振张保皋时代的伟大事业。张保皋活动的公元9世纪初，东亚的海洋处于和平的状态，形成了一个影响唐朝、统一新罗、渤海与日本的环黄海文化圈。张保皋消灭了海盗势力，管理着这片海洋，在完全和平的环境下主导着东亚活泼的贸易活动与文化交流，为东亚同质性的文化形成提供了重要的基础。他们与日本展开交涉，缓和与新罗政府的紧张关系，并与渤海商人进行贸易，为东亚和平世界的建设做出了巨大贡献。而且，张保皋的经济模式已经跳出了传统的古代贸易形态框架，他是以多样的手段促进国际贸易的商业王者，他利用文化与信仰使新罗在唐侨民自由地进行物资、文化、宗教方面的交流，建立了一种“东亚地中海物流中心”的体系。今天，我们的东亚正需要这样的相生模式。世界在“世界化”这样的美名之下，以追求集团利益而结成了众多的经济联盟与政治共同体，东亚地中海能够成为一片和平的海洋将具有重要的意义。

四、结语

在21世纪世界秩序全面重建的过程中，东亚将以何种方式进行合作、组成同盟是需要我们思考的问题。但朝韩之间还处于紧张对峙，中日之间仍存在政治纷争，东亚共同体的形成还面临着重重困难。面对诸多问题，笔者经过长时间的思考，综合历史经验、地缘关系、文化因素以及现实需要后认为，以海洋为媒介的东亚地中海模式可以成为东亚各国团结起来的共同基础，且十分有效。在这样的秩序模式下，朝鲜、韩国、中国、日本、俄罗斯等东亚各国应该加深理解、互相合作，合作体甚至共同体的构成将在世界范围内为东亚争取更大的利益。与东亚其他国家相比，在各方面都处于劣势的朝鲜半岛，由于在地理位置上处于东亚地中海的中心，更需要活用地理优势发挥中间调整的作用，为东亚的发展与相生贡献力量。

（楼正豪　译）

东亚海上丝绸之路：历史与未来

王　颖
（浙江海洋大学　中国海洋文化研究中心）

摘　要　东亚海上丝绸之路是古代东亚区域海上交通贸易和文化交往的重要通道，经历了形成、发展、繁荣、衰落四个时期。进入21世纪，东亚海上丝绸之路以东北亚为重点区域，与目的地国家的文化交流频繁，来往航线相对固定，与未来开通的北极航线连接，实现贸易大循环，将会对地区安全乃至整个国际格局产生影响。

关键词　东亚海上丝绸之路；航线；海上贸易；舟山群岛

海上丝绸之路是古代中国通向世界各地的交通贸易和文化交往的海上通道。它形成于秦汉时期，发展于三国隋朝时期，繁荣于唐宋时期，转变于明清时期，是已知最为古老的海上航线。古代海上丝绸之路主要有东海航线和南海航线：北向的东海航线通航日本列岛和朝鲜半岛；南海航线则通航东南亚及印度洋地区。受起航港区位与其他因素的影响，东海航线的主要目的港在东亚，其格局大致为：以宁波至日本博德为对开门户，以舟山群岛和五岛列岛为对接引桥航路，并作为东亚海上丝绸之路的中轴。中轴之北，有山东登州至朝鲜半岛西岸的海上航线；中轴之南，则有苏南、浙东与琉球之间的航线。由此形成古代东亚航海网络，我们将其称为“东亚海上丝绸之路”。

一、东亚海上丝绸之路的形成

（一）早期航路出现

东亚各区域之间的往来很早以前就非常密切。陆路方向：东亚大陆与朝鲜半岛自古相通；而现今隔海相望的亚洲大陆与日本列岛，在史前也曾以“陆桥”相连；日本全岛两端与朝鲜半岛和库页岛相接形成巨大的陆桥，原始人类即跨越冰原进入日本列岛。

约1万年前冰河期结束，“陆桥”因海面上升而被淹没。在新石器时代，人类开始掌握早期航海技术。据日本学者研究，从这一时期开始，日本和朝鲜半岛与东延大陆之间就已经存在几条固定海上交通线，包括从渤海方向通往朝鲜半岛和从长江口出发，跨越东海通往日本九州岛的航线。

先秦时期，随着中国北方社会经济发展，内陆农业区域逐渐带动了沿海社会生产力的发展；北方沿海及长江口以南浙江沿海生产活动随之活跃。在此基础上，人们对东亚海上航线的探索与实践不断深入：春秋时期，北方沿海燕、齐等诸侯国的航海者开辟了山东半岛—朝鲜半岛—日本的航线；推至战国时期，北方沿海的燕、齐等国再辟经对马直航日本北九州岛的新航线。

秦实现统一后，推动社会生产进一步发展。人们对大海的探索也更为深入。通过海上进行交流的形式也随之增加。据《史记》记载："齐人徐福上书，言海中有三神山，名曰蓬莱、方丈、瀛洲。"这个"三神山"经考证为日本列岛。而《山海经》则将日本列岛称为"倭"。

汉初"文景之治"，海内物阜民丰。沟通腹地经沿海到海上航线的北方的一些沿海区段，已经发展成为向海外输送陆地农业和手工产品的主要货品集散地，其中有些生产发展比较先进的地区，已经将本区域的产品推向海外。如山东半岛旧齐之地就已经兼具集散地和供应地两种性质。在这种互动的推动下，至汉武帝晚期，从山东沿海起航，经黄海到朝鲜半岛，再到日本的海上连续航线终于形成。这条航线的形成，使古代东亚原本隔海分散的不同区域之间的联系得以建立并巩固，中原政权与朝鲜半岛和日本列岛的经济文化往来可以跨海实现。史书记载此时"倭人百余国以岁时来献"；而东汉光武帝更有赐"倭奴国王"印之举。这种有重要政治含义的记载，标志着中日政权之间开始有了正式交往。

汉末三国时期，是丝绸之路重心从陆地转向海洋的承前启后的重要时期，也是古代海上丝绸之路最终形成的关键时期。其时，北方曹魏与南方孙吴两个政权，分别从自己统治的沿海区域起始，开辟或经营各自的对日航线。特别是孙吴政权，依靠其发达的沿海造船业、沿海民众经年积累的航海知识与技术，以及在长江中下游及江南地区"致力农桑"所取得的生产成果，使东亚海上丝绸之路成为联系东亚各区域的主要纽带。

（二）稻作文化东传

中国稻作文化经对马至北九州岛航线传播，形成了日本弥生文化时代。其影响呈反向延伸向朝鲜半岛扩展。

在日本历史上，弥生文化时期是继绳纹文化之后的重要历史时期。而日本列岛出现比较普遍的稻作农耕是在公元前300年到公元200年这五六百年间。这一阶段相当于中国的战国末期到三国时期。在这几百年中，在前期大约50年的时间内，以稻作农耕文化为主体的弥生文化，即由九州岛地区急速扩展到日本的中国地区、四国地区和近畿地区。继而用不过200年时间从西日本扩展至除北海道之外的日本列岛全境。可以说弥生文化的这种扩展速度在整个东亚历史中前所未有。研究表明，这种历史现象形成的原因应该是稻作文化的影响。日本史学界认为"弥生文化是一种来自中国的文化"；而更多的日本学者认为稻作文化是从长江下游地区直接跨海传到日本的。中国长江中下游区域是稻作起源和最早发达的中心，地处浙江沿海的河姆渡文化的重要标志就是稻作技术相对成熟。舟山群岛距今5000年前的"海上河姆渡"——马岙遗址出土的红烧土中也有稻谷的印痕。因此基于各种条件的综合分析，学界认为稻作技术通过海路直接输入朝鲜半岛和日本列岛是完全可能的。有关专家指出，日本九州岛西南海域的五岛列岛和平户列岛的边缘海域是中国稻作从海路进入日本列岛的主要通道。"五岛列岛的主岛福江岛是日本列岛的最西部，也是离中国吴越地区最近的一个岛"，这个岛"离嵊泗列岛和舟山群岛中一些东部的小岛更近”。因此，舟山群岛或可作为稻作东传的中继点。

稻作文化通过海路向东亚其他地区传布的历史意义极其重大。特别是对日本文明的发展有着无可替代的作用。日本学者村新太郎曾经著文盛赞稻米从中国传入日本的重大意义，称：“稻米拯救了日本列岛饥饿的人们。无论如何稻米要比其他一切都值得感谢。米与牲畜、贝类不同，可以长久贮藏。不久，村落形成了国家。”事实是，由于稻米的传入，日本原始居民结束了渔猎生活而开始了农耕。

稻作文化东传图

（三）中韩跨海竹筏漂流探险活动

为了验证远古时期浙江地区与朝鲜半岛海上交流的可能性，杭州大学韩国研究所和韩国探险协会、东国大学共同策划组织实施了两次中韩竹筏漂流学术探险活动。

1996 年由四名韩国队员参加的中韩竹筏漂流从舟山出发，由于受台风影响，竹筏在距韩国黑山岛不远处折转方向漂向山东半岛。1997 年，由一名中国队员和四名韩国队员参加的中韩跨海竹筏漂流经过 24 天的生死考验，终于从浙江舟山到达韩国仁川。

竹筏漂流的实践之举证明，在自然形成的动力条件下，人们从浙江沿海出发可到达黑山岛和韩国西海岸。特别需要指出的是，这两次漂流路线，除遇台风折向外，与宋代徐兢奉使高丽的路线基本重合。这有力地证明，该路线就是古代航海者利用季风和海流，从长江口以南沿海港口起航，自然漂流到达韩国的路线。根据朝鲜半岛、日本列岛相对中国长江下游地区呈扇性展开的地理特点，我们可以推定：从中国长江口左近出航，自然漂流到朝鲜半岛南部和日本九州岛等地的机会基本均等。

中韩跨海竹筏漂流的成功，不仅可以证实远古浙江地域与朝鲜半岛海上航路的存在，而且也为两地的友好交往史写下了浓重的一笔。

（四）东亚海上丝绸之路形成时期的特点

研究表明，海上丝绸之路的发展过程大致可分为以下几个历史阶段：唐代以前为形成时期；唐、宋两代为发展时期；元、明两代为兴盛时期。随着社会生产力的发展，海上丝绸之路的每个历史时期都呈现出不同的时代特点。东亚海上丝绸之路在形成时期即表现出了它的不同，具体而言有以下特点。

一是依地理之便形成和发展。古代北方海上丝绸之路的形成，主要是从相关沿海港口出发，沿海岸线及近岸、近海航路向隔海相邻的朝鲜半岛、日本列岛航行，由近及远，逐渐延伸而成。形成这个特点的主要原因是受到航海技术及航海器的制约，人们必须利用自然提供的条件完成航行。

二是在航路形成早期主要是以人的外向迁徙和漂流交往为主。如徐福及朝鲜半岛至今广为研究的“漂流民”，又如上古时期古越人借夏季风漂流到琉球和日本列岛的“外越”，春秋战国时期吴越民众为躲避战乱越海东迁，秦末社会动荡导致大量流民跨海进入朝鲜半岛南部，以及吴越苗裔东渡日本，等等。这些都是通过人的迁徙完成对海上航行线路探索的例证。

三是早期以大陆向朝鲜半岛和日本列岛的单向海上交往为主，至东汉才出现中日之间正式交往模式。因为这种海上交往的起源是无目的的、自发的、偶然的、人们为生存而寻找适当地域的行为。直至社会文明程度达到一定高度时，有组织的、自觉的、有意识的形成双向交流才成为可能。

四是呈现先进文化向落后区域输出的特点。毋庸讳言，古代中华文明的发展远远高于周边地区；尤其先进于东亚海上各岛屿民族。由此形成先进地区向海上落后相邻区域单向输出的交流模式。如浙江的稻作技术、秦纺织匠人在日本所受到的欢迎，至今日本纺织机和织匠日语称谓均与“秦”有关便是一个明证。另据记载，公元469年中国派四名丝织和裁缝女工到日本传授技艺，日本开始出现吴服（今和服）。不可否认，这些有专门技艺人员到达落后的日本后，对古代日本丝织业的发展起了很大作用。

二、东亚海上丝绸之路的繁荣与衰落

东吴时期曾3次大规模派船开辟自长江口直达朝鲜航线，但因政治原因没有达到与日本直接交往的目的，却为东晋以后的通日航道奠定了基础。

南朝时期形成中日南道航线：建康—山东沿海—黄海—朝鲜—济州海峡—对马岛—日本列岛。

唐宋是中国古代航海事业的繁荣期，也是东亚海上丝绸之路的发展期。

（一）隋唐统一奠定发展基础

隋朝统一后，黄河流域生产恢复发展。尤其到唐代社会稳定、经济高速发展；同时汉末战乱致大量人口南迁后促进南方社会发展、中国经济重心南移，逐渐形成长江三角洲地区的经济优势；中国中部沿海造船业的发展和繁荣，为海上丝绸之路的南向和北向同时发展创造了条件。

（二）海上航线的扩展

山东登州入高丽，渤海航线：登州—渤海—鸭绿江口—朝鲜西海岸南下—对马岛—北九州岛。

出使日本及日本遣唐使线：登州—济州—对马岛—日本列岛。

南岛航线：扬州或明州（宁波古称）—横渡东海—日本以南大岛—北上，至日本本州岛。

南路航线：明州—横渡东海—日本值嘉岛—北九州岛；明州—横渡东海—韩国黑山岛—韩国西海岸。

（三）明州港地位凸显

唐末宋初，长江口地区社会经济高度繁荣，航海技术水平提高和新航路开辟，推动对日和对朝航海贸易逐渐向南转移，明州港渐渐成为中国与东亚交流的最重要港口。

浙东沿海地势平坦，明州外对舟山群岛，内有河网密布，溯余姚江而上，过钱塘江与运河相连。北连长江，东通海外，背依浙西、浙北及江淮流域经济腹地，有发展航海的有利条件。同时舟山群岛周围有着黑潮涌动，随潮而动，渡东海一般7

天可达日本，10天可达高丽。唐宋元繁盛时代，明州取代了北方港口成为航渡日本和朝鲜半岛的主要港口。舟山群岛成为唐宋时代东亚海上丝绸之路的重要中继站，是候潮听风、休整补给的重要节点。

宋代为避免金人之扰，改行朝鲜半岛海船，由明州港进出。政和四年（1114年）宋廷宣布所有与日本、高丽往来船舶皆“至四明放洋而去”，明州成为东海航路至日、朝唯一进出港。宋人有曰，明州“乃海道辐辏之地，故南则闽广，动则倭人，北则高句丽，商舶往来，货物丰衍”。（《乾道四明志》）宁波高丽使馆的设立即缘起于此。高丽使馆是北宋时期明州接待高丽来使的住所。北宋初熙宁七年（1074年）开始接待高丽使者，并在明州设置“高丽司”，管理与高丽国往来的有关政务。不仅政务、商务往来如此，文化交流此时亦盛。义天（1055—1101年）为高丽文宗第四子，自幼出家，封为“佑世僧统”；元丰八年（1085年），为求佛法，渡海赴宋。后到杭州拜净源法师门下，并随之入住慧因寺，慧因寺因而俗称高丽寺，并成为华严宗的中兴之地。

（四）繁荣时期东亚海上丝绸之路发展特点

人员交往与海运贸易同时兴盛。朝鲜在新罗统一后政治稳定，经济发展，鼓励海外贸易；日本大化改新，建立天皇制度，仿效唐朝发展，大批人员来华访唐。大唐大中元年（847年），从明州望海镇头而上帆，得西南风，三个日夜归着达值嘉岛那留浦。在此期间，新罗商客也频频往来于此航线。据日本学者不完全统计，北宋时期（978—1116年间），宋渡日船只有70次；1167年以后，日本一度废除闭关自守政策，使入宋日船“舳舻相衔”。文献记载：“三韩、日本、扶桑、阿梨、占城、渤海等数百国的商船经这里驶向大海。”（《唐会要》卷18《诸使杂录》上）“明州昌国的梅岑山是高丽、新罗、渤海、日本等的船舶避风之地。”（《舆地纪胜》）

海运贸易品种多样化不输南向海上丝路。除传统瓷器、丝绸织品和手工艺品外，还有沿海如温州所产纸张、皮革等。政治交往如“遣隋使”“遣唐使”占重要地位。隋代时间不长，但有6次“遣隋使”来访；630—894年，日本共任命20任遣唐使，成行16任，到达中国者15任。人数从前期250人，发展至后期550人。兼具外交与通商功能。

公元1123年，徐兢等奉命乘坐明州所造之“神舟”和“客舟”出使朝鲜，而今舟山群岛境内的高丽道头、新罗礁、新罗屿、新罗山、新罗坊等地名，便是当时两国往来的纪念。

佛教传播是海上文化交往的重要内容。玄昉随遣唐使来华学习佛教，一次带回日本的佛教经论达5000卷。号称“入唐八家”的日本僧人编“请来目录”，内列佛教经卷总数多达2万卷以上，包括“鉴真东渡”“一山一宁东渡”“观音文化东迁”“遣唐使西来”等。在意识形态各领域，日本、朝鲜受到了唐文化的直接影响。

海上交往影响深入内地。海上交往出现日本对华的“逆输出”和“回流”现象。

（五）东亚海上丝绸之路的衰落

元明两代360余年，由于受到元军两次攻打日本、日本丰臣秀吉两次侵略朝鲜半岛和300年倭寇之扰，东亚海上航路遭严重破坏。

元代东亚海上丝绸之路的航行船只几乎都是日本来华商船。

明初中日交往有所恢复。日本多“遣明商船”来华；部分中国人流亡日本，如明末遗臣朱舜水于1659年在长崎登岸，终老于日本。

倭乱与禁海：对日航线起始港在倭寇袭扰之内；明清两朝全面禁海。

王朝政权与民间的海洋意识：“弃海”——向海岸线以内退缩。

西方列强“踏海东来”：大航海时代以后，海上方向成为列强的通途。16世纪葡萄牙人东来，在舟山群岛的双屿港建立了西方列强的东亚贸易中心；19世纪英国人来到东海，以1841年第二次定海保卫战为标志。东亚海上丝绸之路走向衰落。

三、21世纪东亚海上丝绸之路的发展趋势与特点

1. 以东北亚为重点，区域性明显

从“大陆桥”时期开始，东亚海上航路在形成中就存在明显的区域性特征，从东亚大陆沿海，到邻近的朝鲜半岛和日本列岛，以及后来的俄罗斯远东区域，没有继续前伸。其原因主要是地理因素，邻近岛屿、群岛众多，形成了一个相对封闭的体系，韩国学者称之为“东亚地中海”，故东亚航线的发展、定型、成熟较南方航路交流更早。

值得指出的是，东亚海上丝绸之路的形成，其影响所及，构成“中华文化圈”的北半部。

2. 与目的地国家的文化交流频繁，来往航线相对固定和稳定

我国与东亚海上丝绸之路沿线及目的地国家均有长时间的交往历史。经济交往已经形成了一定规模；文化交往进入新的发展阶段。已经形成的海上航线是成熟、稳定和安全、繁忙的往来途径。不需要航路的重新开辟。

3. 对于地区安全乃至整个国际格局产生影响

中韩自由贸易协定和拟议中的中日韩自贸区建设将大大扩展21世纪东亚海上丝绸之路的影响，改变东北亚乃至西北太平洋区域的贸易结构，对地区稳定安全以及整个国际格局产生深远影响。

4. 与未来开通的北极航线连接，实现贸易大循环

21世纪东亚海上丝绸之路将出现一个重要的延伸和发展，突破“东亚地中海”格局，可以与未来开通的北极航线连接，从而完成传统海上丝绸之路从西线，东亚海上丝绸之路通过北极航线从东北线两个方向打通与欧洲的海上连接。

参考文献

蔡丰明．2006．吴越文化的越海东传与流布．上海：学林出版社：163.

王溥．1955．唐会要．北京：中华书局.

王象之．1992．舆地纪胜．北京：中华书局.

圆仁．1986．入唐求法巡礼行记．上海：上海古籍出版社.

远藤周作．2006．日本纪行．光文社.

郑镇述．2009．韩国海洋史．경인문화사.

张寿镛．2017．增订四明经籍志．宁波：宁波出版社.

建设中韩跨海通道　连通海陆丝绸之路[①]

刘忠良　柳新华[②]
（中国行政体制改革研究会　环渤海发展研究中心）

摘　要　“一带一路”倡议的实施，需要加强和东亚国家的互联互通。中韩跨海通道具有建设的必要性和可行性，可分为近期和远期两个方案，分别是建设铁路轮渡、海底隧道，两个方案均连通山东半岛和韩国西海岸。为此建议：将中韩跨海通道纳入两国政府合作、磋商范畴；合作开展工程方案研究，共同探讨跨境（海）合作事宜，特别是通道两端的东亚经济交流推进机构城市烟台、仁川等可以发挥先行先试作用；协调“一带一路”沿线地区、省份，争取开辟一条新的亚欧大陆桥；把该通道纳入“一带一路”战略规划，实现海上丝绸之路和陆上丝绸之路的衔接，促进区域协调发展和海陆统筹发展。

关键词　中韩跨海通道；铁路轮渡；海底隧道；一带一路

中韩跨海通道的设想最早提出于20世纪90年代，由中韩两国的学者分别提出。采取铁路轮渡、海底隧道等方式，连接中国山东省和韩国西海岸，中国端的登陆点有烟台、青岛等，韩国的登陆点有仁川、釜山等备选城市。此后，两国学者围绕中韩跨海通道的工程方案、交通物流等，开展了一系列研究，两国政府有关部门也多次将铁路轮渡、海底隧道纳入规划或高层磋商范畴[1-6]。在落实“一带一路”倡议的今天，建设中韩跨海通道更显迫切。

一、中韩跨海通道建设的必要性

（一）跨国界（边界）跨海通道建设成为大势所趋

现代经济社会的高速发展，对跨海交通运输不断提出新的更高的要求。传统的海上运输已经无法满足经济社会发展的需求。为了突破海峡、海湾和海岛对交通的制约，建设跨海工程成为人类社会的新课题，跨海大桥、海底隧道、海底管道等前所未有的新的交通方式，逐渐展现在世人面前。而经济和社会的高速发展，特别是

① 基金项目：国家社科基金特别委托项目（07@ZH005）、国家自然科学基金项目（41171096）、中国行政体制改革研究基金项目（2015CSOARJJKT016）。

② 作者简介：刘良忠，男，山东烟台人，中国行政体制改革研究会环渤海发展研究中心副主任，山东省社科规划、山东省软科学重点研究基地副主任，鲁东大学环渤海发展研究院副院长，副教授，研究方向：战略管理、跨海通道等；柳新华，男，山东烟台人，中国行政体制改革研究会环渤海发展研究中心主任，鲁东大学环渤海发展研究院院长，教授，研究方向：区域经济、跨海通道等。

高新技术在海洋领域的广泛应用，为跨海工程的兴建，又提供了必备的条件。据不完全统计，全世界已建、在建和拟建跨海通道已有 100 多条，遍布五大洲（图 1），其中有很多是跨国界、边界的大型工程[7]。跨海通道的建成，打破了原有的区域限制，将原先两个联系很少的区域，紧密地联系在一起，由于跨海通道的沟通，原来各自独立、互相分隔的行政区域，变成了相互联系、密不可分的经济区域，地区经济一体化的发展，由于跨海通道的建设，而大大加快了步伐[8]。较有代表性的工程有连接英国和法国的海底隧道、连接丹麦和瑞典的厄勒海峡大桥等。

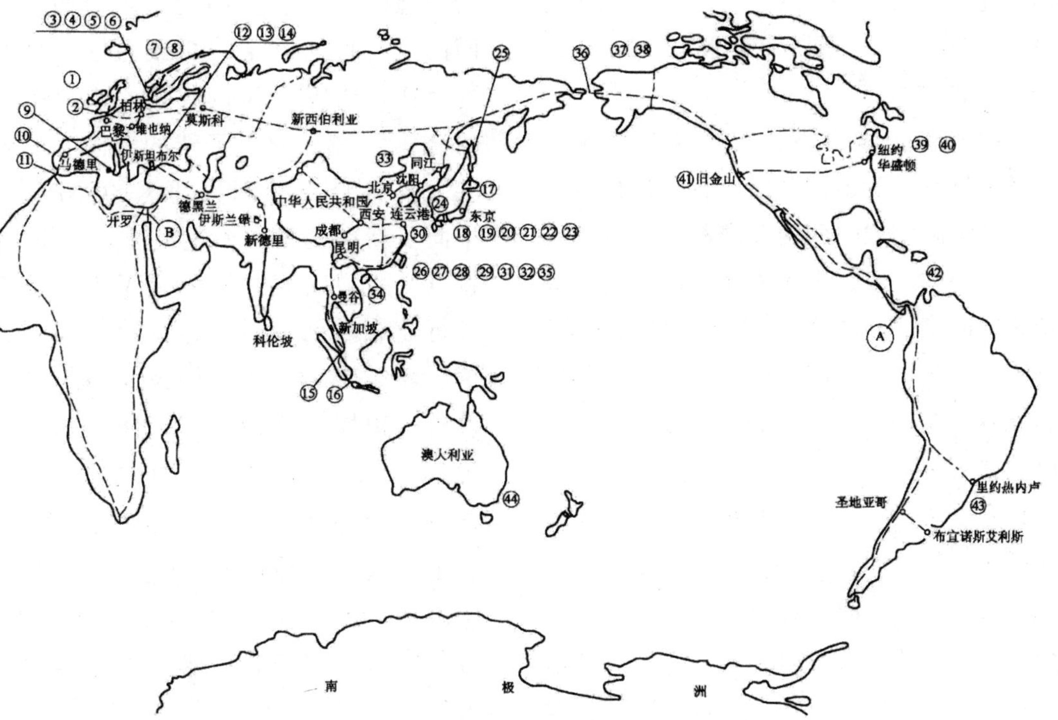

图 1　世界跨海工程位置图

①英国本土及与爱尔兰间诸海峡；②英国法国间英法海峡；③丹麦小带海峡；④丹麦大带海峡；⑤丹麦瑞典间厄勒海峡；⑥丹麦德国间费马恩海峡；⑦挪威诸海湾海峡；⑧瑞典峡湾；⑨意大利墨西拿海峡；⑩葡萄牙里斯本峡湾；⑪直布罗陀海峡；⑫博斯普鲁斯海峡；⑬达达尼尔海峡；⑭土耳其伊兹密脱海湾；⑮马六甲海峡；⑯印尼巽他海峡；⑰日本津轻海峡；⑱日本关门海峡；⑲日本濑户内海本四联络桥；⑳日本东京湾；㉑日本伊势湾；㉒日本大阪湾；㉓日本丰予海峡；㉔日韩对马海峡、朝鲜海峡；㉕日俄宗谷海峡；㉖中国香港维多利亚港；㉗青马海峡；㉘汲水门海峡；㉙蓝巴勒海峡（青衣北）；㉚长江口；㉛钱塘江口（杭州湾）；㉜珠江口（伶仃洋）；㉝中国渤海海峡；㉞中国琼州海峡；㉟中国台湾海峡；㊱白令海峡；㊲加拿大圣·玛丽海湾（长岛通道）；㊳加拿大诺森柏兰海峡；㊴美国切萨皮克湾；㊵美国纽约韦拉札诺海峡；㊶美国旧金山奥克兰海湾；㊷委内瑞拉马拉开波湾；㊸巴西瓦纳巴拉湾；㊹澳大利亚悉尼港。

Ⓐ巴拿马运河；Ⓑ苏伊士运河。

1. 英法海底隧道

英法海底隧道是一条英国英伦三岛连接往欧洲法国的铁路隧道，工程从19世纪初提出设想，1994年5月正式开通运营。隧道的开通大大方便了英国与欧洲大陆各大城市之间的来往。隧道全长153千米，其中海底段隧洞长38千米，年设计运输能力为3000万人次，1500万吨货物。隧道是火车专用隧道，运营"欧洲之星"（Euro Star）和"列舒特"（Le Shuttle）两种列车。

（1）促进了欧洲区域交通、经济社会的一体化。隧道的开通，将英法的铁路和欧洲大陆实现了联网，填补了欧洲铁路网中短缺的一环，大大方便了欧洲各大城市之间的来往。隧道运营的"欧洲之星"列车，由英国、法国、比利时三国铁路部门联营，车速达300千米/小时，伦敦与巴黎之间平均旅行时间3个小时，伦敦和布鲁塞尔之间3小时10分。如果把从市区到机场的时间算在内，"欧洲之星"比飞机还快。英法海峡隧道还专门设计了一种运送公路车辆的区间列车，称"列舒特"。各种大小汽车都可以全天候地通过英法海峡，从而使欧洲公路网连成一体。交通的一体化，有力促进了欧洲区域经济社会发展的一体化。事实上，隧道的建设决策，本身就受到欧洲一体化进程的影响。隧道项目既是欧洲一体化进程的产物，又是它的一个推动力，两者相辅相成，几乎是平行发展的。

（2）促进了英国和欧洲大陆的人员流动，推动了贸易、经济等增长。隧道开通以来，每年约有260万辆小汽车、150万辆卡车通过隧道，往来英国和欧洲大陆。自1994年以来，隧道共运载旅客3.5亿人次、货物3.2亿吨。英法隧道也由此成为世界驼背运输的领导者。

2. 厄勒跨海大桥

丹麦和瑞典由于厄勒海峡大桥的连接，把两个隔海相望的国家，连成了一个共同的经济区域——厄勒地区。相同的地理区位以及共同的市场空间，使得两国政府长期以来一直致力于区域经济的合作。跨海大桥的建成，为两国经济的合作发展，带来了新的空间。厄勒海峡大桥将丹麦和瑞典两国的经济合作，推向了新的高潮。针对厄勒地区的区位特点，两国政府共同确定了重点发展几大行业领域的方针，包括信息技术、通信、环保产品、生物科技、制药和医疗设备等领域，并为此对外作了积极的宣传。多家跨国公司把北欧总部选定在该区域（如丰田、奔驰、克莱斯勒等），其中最有名、最成功的是药谷工程。这是由两国的生物技术公司、制药工业、公共研究机构和各医院联合开展的一项工程。目前斯堪的纳维亚地区60%的制药工业位于药谷地区。该地区每年的医药、生物技术工业的出口额在40亿美元以上，并为3万多人提供了就业机会。这一地区也被看作跨边境区域经济合作的最佳案例，该区域已经成为斯堪的纳维亚半岛最大的经济集聚体，海峡两岸的壁垒逐渐消除，通过增加贸易以及厄勒海峡两岸商业部门的融合，提高通勤量并实现跨边境移民，以此为基础的丹麦与瑞典经济一体化进程逐步实现。

（二）中韩跨海通道建设的必要性和现实意义

1. 中韩两国交通运输增长的需求

目前中韩两国的交通主要有海运、空运两种方式。无论是海运还是空运，其运量、时效均难以和铁路、公路相比，而且受气候、海洋条件的制约，不能保证全天候通行。跨海通道的建设，中韩两国的铁路有望实现联网，进而和亚欧大陆的铁路联网，交通运输将进入一个新的时代。

2. 中韩两国经济贸易快速发展的需求

自1992年建交以来，中韩两国经贸合作始终保持迅猛发展的势头。双边贸易持续稳定增长，合作领域不断扩大，合作水平不断提高。2012年，中国超过日本、美国，成为韩国第一大贸易伙伴、最大出口市场和进口来源国，韩国已是中国第三大贸易伙伴国和第二大进口国。20余年来，中韩双边贸易额已经由50亿美元增长到2014年的2905.6亿美元，保持年平均增长20%的速度（表1、图2）。从表1、图2中可以看出，除2008—2009年之外，中韩两国经济贸易一直呈稳步增长趋势，特别是中韩两国贸易总额占韩国进出口总额的比重，一直呈上升趋势。

表1　近年来中韩两国贸易总额

年份	中国贸易总额（亿美元）	韩国贸易总额（亿美元）	中国进口韩国（亿美元）	韩国进口中国（亿美元）	中韩贸易总额（亿美元）	中韩贸易总额增长率（%）	中韩贸易占韩国贸易比重（%）	中韩贸易占中国贸易比重（%）
1992	1655.3	1584.1	24.1	26.2	50.3	55.2	3.2	3.0
2000	4742.9	3327.5	112.9	232.1	345	37.8	10.4	7.3
2001	5096.5	2915.4	125.2	233.9	359.1	4.1	12.4	7.1
2002	6207.7	3146.0	155.0	285.7	440.7	22.8	14.0	7.1
2003	8509.9	3726.4	201.0	431.3	632.3	43.4	17.0	7.4
2004	11 545.5	4783.1	278.2	622.5	900.7	42.4	18.8	7.8
2005	14 219.0	5456.6	351.1	768.2	1119.3	24.3	20.5	7.9
2006	17 604.0	6348.5	445.3	897.8	1343.1	20.0	21.2	7.6
2007	21 737.3	7283.4	561.4	1037.6	1599.0	19.1	22.0	7.4
2008	25 632.5	8572.8	739.5	1121.6	1861.1	16.2	21.7	7.3
2009	22 072.7	6866.2	536.0	1025.5	1562.3	−16	22.8	7.1
2010	29 727.6	8916.0	687.7	1384.0	2071.7	32.6	23.8	7.0
2011	36 420.6	10 797.8	829.2	1627.1	2456.3	18.6	22.7	6.7
2012	38 667.6	10 674.5	876.8	1686.5	2563.3	4.4	24.0	6.6
2013	41 603.3	10 752.2	911.8	1830.7	2742.5	7.0	25.5	6.6
2014	43 030.4	10 986.6	1003.6	1902.1	2905.6	5.9	26.4	6.8

数据来源：中华人民共和国商务部网站。

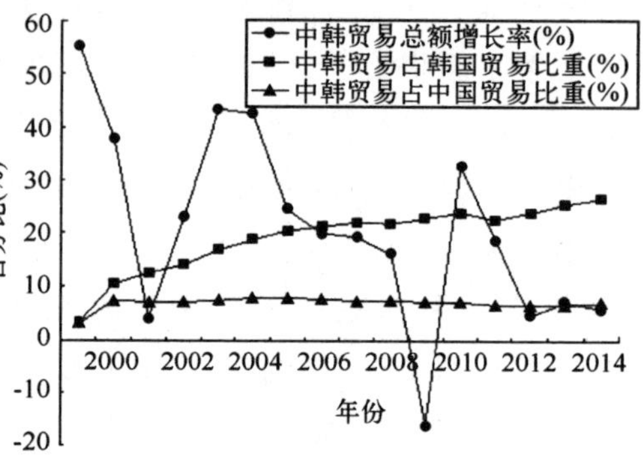

图2　近年来中韩两国贸易变化趋势

中韩跨海通道中国端所在的山东省，地理位置优越，交通便利，经济发展区位优势明显，是丝绸之路经济带和海上丝绸之路的重要结合点。韩国已是山东第一大境外游客来源地、第二大外资来源地和第二大贸易伙伴。截至2014年年底，韩国在山东的实际投资累计达到316.7亿美元，约占韩国对中国投资的四分之一，近5000家韩资企业在山东生产经营，前30位的韩国大企业，如三星、现代汽车、SK、LG、乐天、斗山、现代重工等都已在山东投资。2014年，山东与韩国进出口总值328亿美元，占中韩两国贸易总额的11%。

3. 东亚交通基础设施互联互通的需求

中韩跨海通道不仅是连通中国和韩国的重大工程，对东北亚交通格局和经济社会发展也具有重要影响。该项目辐射范围涉及韩国、日本、蒙古国、俄罗斯远东等东北亚国家和地区。目前该区域内，中韩铁路轮渡、中韩海底隧道、中俄通道、中蒙通道等跨国重大基础设施项目，以及联合国开发计划署（UNDP）正在实施的地域合作“大图们倡议（Great Tumen Initiative，GTI）”等项目，也正在研究论证或规划建设当中。而联合国有关部门曾对世界交通的未来做过一个发展规划，共包括七项，其中有两项与中韩跨海通道有关。一项是由日本设计的日本东京—英国伦敦沟通亚欧大陆的公路发展计划，另一项是由联合国亚太经济发展委员会设计的亚洲环海铁路发展计划。在这两项未来规划中，中韩跨海通道均是不可缺少的一个重要环节。

4. 东亚区域经济一体化发展的需求

区域经济一体化是世界发展的大趋势。欧盟、北美等已走在世界前列。区域经济一体化的前提和先导是交通一体化。中日韩三国作为东亚的主要国家，均隔海相望。交通的制约，阻碍了区域经济一体化的进程。

以山东省威海市为例，从威海到韩国，直线距离只有93海里，比到辽宁大连的距离还要近。但即使是这样近的距离，乘船也需要14个小时，乘飞机需要将近1小时。而如果中韩两国建有海底铁路隧道，乘火车穿越，以目前的平均速度（120千米/时）仅需要一个半小时多一点，如果是高速列车（时速300千米/时），则仅需要半个小时左右。从山东烟台到韩国，情况也与此相似。

目前，韩国和日本已经联合，计划在两国的海峡间修建250千米长的海底隧道，连接韩国东海岸和日本西海岸。如果中韩海底隧道或铁路轮渡能够得以修建，则可以通过韩国铁路网，与日韩海底隧道相通，进而与日本铁路网连接在一起，实现了东亚交通网络的自由互联。从而扩大中日韩三国经济贸易人员的交流，加速要素资源流动，推进东亚区域经济一体化的发展。

5. 中国“一带一路”战略实施的需求

中国“一带一路”有关发展规划提出：基础设施互联互通是“一带一路”建设的优先领域。在尊重相关国家主权和安全关切的基础上，沿线国家宜加强基础设施建设规划、技术标准体系的对接，共同推进国际骨干通道建设，逐步形成连接亚洲各次区域以及亚欧非之间的基础设施网络。

中韩跨海通道作为重要的国际通道，衔接海上丝绸之路和陆上丝绸之路，是“一带一路”倡议的重要载体。通道的建设，将中国特别是东部沿海广大地区和韩国纳入了“3 小时经济圈”，其中将山东等省份纳入了“1 小时经济圈”。

二、中韩跨海通道建设的可行性和现实基础

中韩跨海通道建设不仅是必要的，也具有可行性和现实基础。

1. 世界已有跨海通道为中韩跨海通道提供了技术借鉴和支持

经济社会和科技的发展，跨海工程技术已日益成熟。铁路轮渡现已普及到 20 多个国家，并在 70 余条航线上运营，总长 1.4 万千米，其中跨海轮渡航线有 50 多条。欧洲的跨海轮渡出现最早，发展也最快，尤其是波罗的海沿海国家，如丹麦、瑞典、德国等，铁路轮渡技术十分发达，这些轮渡线已形成欧洲铁路网的组成部分，是北欧国家与欧洲铁路联结的纽带。从铁路轮渡发展历程看，铁路轮渡很少发生意外，已经是一种技术成熟、安全可靠的运输方式。目前，全世界已建成的海底隧道有 40 多条，还有大量的海底隧道特别是跨越国际、洲际的工程正在设计、规划当中。无论是铁路轮渡还是海底隧道，已有的跨海通道工程为中韩跨海通道的研究、规划和建设，提供了技术借鉴和支持。

2. 中韩两国已基本达成共识，促进基础设施互联互通

中国“一带一路”倡议提出的同时，韩国也于 2013 年提出了“欧亚倡议”。“一带一路”与“欧亚倡议”有很多相似之处。“欧亚倡议”中的核心是以构筑欧亚国家同伴增长和繁荣为目标的国际综合物流体系，这和中国“一带一路”倡议中提出的“基础设施互联互通”目标完全一致。

3. 中韩两国已持续多年进行论证，并提出了若干工程方案

中韩跨海通道设想自 20 世纪 90 年代提出以来，两国学者、政府有关部门、科研机构、学会（研究会）等积极开展研究论证，提出了若干工程方案、投融资方案，也召开了一系列的研讨会，其中部分研究已达到或接近工程预可研的水平。两国的企业界、社会各界对此也非常关注。

4. 通道两端的城市烟台、仁川等均为“东亚经济交流推进机构”成员，具有合作基础

东亚经济交流推进机构（The Organization for the East Asia Economic Development，OEAED），成立于 2004 年 11 月，最早可追溯到 1991 年成立的合作组织。是由日本倡议，联合中、日、韩三国“环黄海经济圈”的天津、大连、青岛、烟台、北九州、下关、福冈、仁川、釜山、蔚山共 10 个城市共同组成的区域合作组织，熊本市加入后该组织现有 11 个成员城市。该组

织合作的领域主要有四个：制造业、环保业、旅游业、物流业。自1991年以来，通道两端的城市烟台、仁川等在国际贸易、旅游、物流等领域已进行了广泛的实质性合作，开展跨海通道建设也具备了合作的基础。

5. 中国已具备铁路轮渡基础设施和技术

中国已具备建设、运营铁路轮渡的技术和能力。2006年，跨越渤海海峡的烟台—大连铁路轮渡建成并投入运营，直线距离106千米，是中国第1条、世界上第35条超过100千米的海上铁路轮渡。烟台—大连铁路轮渡运营十几年来，取得了显著的经济效益和社会效益，可以为中韩铁路轮渡提供经验借鉴和技术支撑。同时，现有的港口等基础设施可以利用，无须重复建设。

三、中韩跨海通道工程方案

（一）工程方案

中韩跨海通道的工程方案，分为近期和远期两个，近期建设中韩铁路轮渡，远期建设中韩海底隧道，两个方案均连通山东半岛和韩国西海岸，在中韩两国境内，和既有铁路线连接，实现联网。

中韩海底隧道的设想，由两国的学者分别提出，并进行了较长时间的研究论证，目前较为成熟的方案是由韩国京畿开发研究院设计的。京畿开发研究院成立了专门的团队，展开相关的研究，并提出了四种线路方案（表2、图3）。在韩国的登陆点分别是仁川、华城、平泽/唐津。此外还有一个方案是在朝鲜的瓮津上岸，这是四个方案中距离最短的一个，然后通过朝鲜和韩国之间的铁路连通韩国。但该方案最终是否可行，还要取决于朝鲜半岛局势的发展。

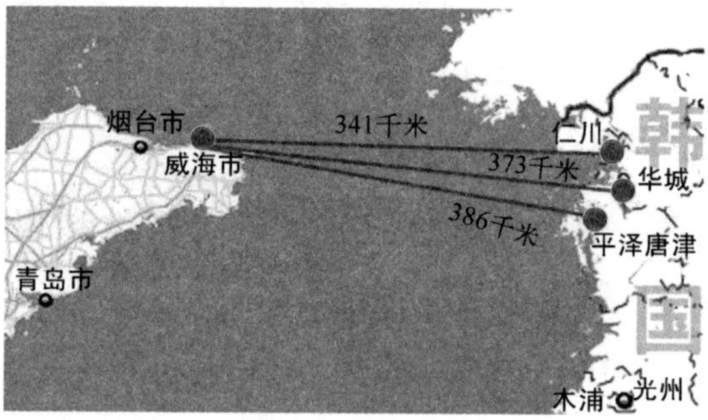

图3　中韩海底隧道路线示意

如果比较韩国的三个端点，仁川为比较好的选择。主要是因为仁川是距离我国最近的韩国城市，如果修建海底隧道，线路距离最短，理论上成本也将最低。此外，还有一个重要原因是由于仁川特殊的城市性质和优越的交通区位。仁川距离首尔西

表2　中韩海底隧道线路方案

线路	威海—仁川	威海—华城	威海—平泽/唐津	威海—瓮津
总长（千米）	341	373	386	221
最大水深（米）	72	72	72	72
地面段（千米）	9	42.46	37.92	13.8
海底段（千米）	332	330.54	348.08	207.2
通风口 人工岛（个）	5	5	5	4
车站 人工岛（个）	1	1	1	/

资料来源：韩国京畿开发研究院。

仅有28千米，离首尔市中心也不过40千米，是韩国首都的西面门户，同时也是韩国的第二大贸易港口城市。作为东北亚的中心城市，是韩国走向世界的交通要塞，并拥有最先进的大型国际机场。仁川还拥有高速公路、铁路、环城公路及地铁等主要交通设施与周边城市相连。2001年开航的仁川国际机场将世界的交通网集中于此，并且与韩国的第二大机场金浦机场距离不过20千米，能够方便地利用飞往国内各城市和世界主要城市的航班，海上也与中国的沿海城市通航。

而中国的这一端，有两个可选方案：一是山东省威海市（这条线可称之为北线），二是威海市属的荣成市（这条线可称之为南线）。从距离上看，南线方案的距离比北线要略微短一点，但是目前荣成市只是一个县级城市，难以独立承担未来海底隧道的交通压力。从这个角度看，北线方案的优势较为明显，因为威海城市规模大于荣成，且已有现成的铁路以及公路、水路（海运）等交通网络，可方便快捷地实现与国内其他地区交通的联网。

中韩海底隧道在长度上，比中国规划中的台湾海峡隧道略长一些，而与渤海海峡隧道比较相似。如果上述两大海峡跨海通道工程能够顺利完成的话，则中韩海底隧道在理论上也具有可行性。因为无论是从技术方面还是资金方面，均已经具有相当的积累。更重要的是，中韩隧道是一条国际隧道，不仅促进了中韩两国的交通，也有利于推动两国经济、文化等方面的交流与发展。目前中韩自由贸易区条约已经签署，中韩海底隧道对两国自由贸易区的建设和发展，也将起到重要作用。作为海底隧道的前期尝试，可先开通至韩国或日本的轮渡，因为烟台至大连的轮渡已经运营，因此完全可以利用现有条件，开辟到韩、日的轮渡航线。在时机成熟之后，再考虑建设到韩国的海底隧道。

（二）亚欧大陆桥“中干线”设想

在中国，中韩通道以烟台、威海等为起点，向西延伸，有望形成一条新的亚欧大陆桥，暂命名为“中干线”（俄罗斯境内的第一大陆桥简称为“北干线”，以连云港为起点的第二亚欧大陆桥简称为“南干线”）。和原有的“北干线”“南干线”相比，“中干线”具有明显优势。

亚欧大陆桥“中干线”初步构想是由韩国，通过中韩铁路轮渡，在烟台、威海上岸，连接我国国内铁路，出阿拉山口等，到达欧洲。在我国的铁路路线，可以分为近期规划和远期规划两种。

近期规划，是利用现有的铁路，通过蓝烟—胶济—胶新（或京沪）铁路，在新沂（或徐州），与“南干线”对接，继续西行。

远期规划，通过德烟—石德—石太—兰新铁路，建设一条横贯东西，串联烟台、东营、德州、石家庄、太原、中卫（银川）、乌鲁木齐等城市的大通道。目前石德、石太、兰新、太中线铁路已建成，德烟铁路正在建设中。

随着中韩铁路轮渡的建设，山东半岛有望成为亚欧大陆桥新的桥头堡，甚至有可能取代连云港，成为最重要的陆桥交通枢纽。原因在于，和连云港为起点的“南干线”相比，以烟台、威海为国内起点的“中干线”至少具有五个方面的优势：

（1）距离更短。比“南干线”铁路距

离缩短400～800千米，比“北干线”缩短2400～3300千米。

（2）运输成本更低、时效更高。“中干线”在日、韩两国和我国之间的运输，是通过轮渡的形式，中韩两国的铁路直接联网，至少减少了两次换装，与传统的海铁联运相比，效率更高而成本降低。

（3）推动了我国西部大开发和中部崛起。“南干线”东半段为苏北、河南等地，沿途基本上是经济欠发达地区，难以对西部地区的经济产生辐射带动作用。而“中干线”起点为经济发达的山东半岛，而且东半段贯穿以半岛、辽中南（以烟大轮渡连接）、京津冀三大城市群为核心的环渤海经济区，能够对我国中西部地区产生较强的辐射带动作用，加快西部大开发和中部崛起的进程。四是“中干线”东部所在的环渤海经济区，其基础设施条件也优于“南干线”。如拥有我国北方密集的港口群、发达的铁路、公路网络等。

（4）“中干线”与烟大轮渡以及未来的渤海海峡跨海通道结合，可将线路延伸到东北地区乃至俄罗斯远东地区，与西伯利亚大陆桥实现对接。

四、结论与建议

中韩跨海通道是中国实施“一带一路”倡议互联互通的现实需求，也是“一带一路”建设的载体，连通了陆上丝绸之路和海上丝绸之路。为了加快中韩跨海通道的论证、规划和建设，建议：①将中韩跨海通道纳入两国政府合作、磋商范畴；②两国科研机构合作开展工程方案研究，设计最佳工程方案；③两国共同探讨跨境（海）合作事宜，以通道建设为契机加强政治经济贸易等领域的合作，特别是通道两端的OEAED城市烟台、仁川等可以发挥先行先试作用；④协调“中干线”沿线国家和地区，争取开辟一条新的亚欧大陆桥；⑤对中国而言，建议把中韩跨海通道纳入“一带一路”倡议规划，实现海上丝绸之路和陆上丝绸之路的衔接，促进区域协调发展和海陆统筹发展。

参考文献

［1］柳新华，刘良忠．烟台市与环渤海经济圈协同发展战略研究．2007.

［2］柳新华，刘良忠．烟台市经济发展战略研究．北京：人民日报出版社，2008.

［3］李宏．建设中韩日国际海底隧道的战略构想．综合运输，2008（9）：17－20.

［4］徐琮垣，陆化普．中韩日海底隧道开发战略及其效果研究．综合运输，2010（4）：66－70.

［5］李婉昕．建立中韩跨国物流自由经济区的可行性分析．中国海洋大学硕士学位论文，2013：36－42.

［6］崔京淑．在韩国立场上建造中韩铁路轮渡的必要性和前景．环球市场信息导报，2016（5）：8－10.

［7］唐寰澄．世界著名海峡交通工程．北京：中国铁道出版社，2004.

［8］魏礼群，等．世界跨海通道比较研究．北京：社会科学文献出版社，2005.

海派绘画与东亚文化交流①

陈　晔②

（上海海洋大学　经济管理学院　海洋科学研究院海洋文化研究中心）

摘　要　晚清以降，上海地区各种书画社兴起，江浙地区的画家积极参与沪上的文人雅集，海派绘画开始发端。海派绘画是中国旧时代的最后一个流派，同时又是新时代的第一个流派，整个中国乃至东亚画坛为之一振。伴随着现代传播手段，海派绘画此时也开始向全国乃至东亚辐射，成为东亚文化交流的典范。

关键词　海派绘画；东亚文化；交流

一、海派绘画的发端

近代上海，是近代全国乃至东亚的经济和文化中心，上海文化引领着全国乃至东亚的文化，近代中国几乎所有新风尚、新潮流都从上海诞生。1908 年一位年轻的俄国外交官，坐火车穿越西伯利亚前往俄国驻北京使馆，留下以下这段记录：

当你离开俄国的欧洲部分之后，人口就开始变得稀少了，旅途中一小时一小时地看不到任何村庄和居民。只是在车站附近有几幢房屋。一般来说，当一辆快车到站之后，所有的当地人都会跑来注视着车上的旅客。尤其是在晚上，灯火把列车映照得光辉灿烂，车厢中隐约可见来自上海等远东港口城市的居民的优雅身形。这些旅行者在当地人眼中简直是天外来客。这些穿着皮毛服装的人物会在这些注定要在这些悲惨的车站中度过余生的人们心中激起多少嫉妒和不平啊！我想象一个尚未失去梦想能力的女孩等待在车站的月台之上。她听到了快车来临的声响，看见装饰豪华的列车徐徐驶入。列车在站内停靠五分钟。如同来自蓬莱仙境的旅客鱼贯下车，跳上月台，在这里相互打趣，放声大笑。又是一声汽笛，列车载着旅客消失了，黑暗空虚和沉闷又笼罩了站台。[1]

从“车厢中隐约可见来自上海等远东港口城市的居民的优雅身形。这些旅行者在当地人眼中简直是天外来客”可以看出，此时上海的文化已经引领了亚太的时尚潮流。作为海派文化源头的海派绘画代表着近代文化，影响其他画派的发展，以及人们的生活。海派画家也认识到自己身上肩负的使命，施翀鹏在《从美术的功效说到上海美术运动的展望》一文中写道：

①　本项目由上海海洋大学海洋科学研究院开放课题基金资助（课题编号：A1－0203－16－300124）。

②　作者简介：陈晔（1983—），男，浙江镇海人，上海海洋大学经济管理学院讲师、博士，研究方向为海洋文化。

人们反应的神经已麻木了，如果要解救这种苦闷，那末，美术运动便是一副清凉剂了，而且上海的创建，足以影响全国，领导全国的，为了提倡文化，传播文化，创造文化，无疑的我们上海美术界负有这神圣伟大的使命。

近代上海源源不断地吸引大批画家，以及品味多元、需求广泛的绘画爱好者，催生近代上海众多的绘画经营机构和经纪人。他们以丰富多元的商业营销手段，使得艺术品的价格不断增值。上海逐渐成为当时全国最大的艺术品集散地，从上海往北向江苏辐射，遍及苏州、无锡、常州、镇江、南京、扬州等这些大中城市，往南向浙江辐射，有嘉兴、湖州、杭州、绍兴、宁波、金华等重要历史文化名城，上海兼得中西、南北之便利，有利的人文地理环境，为海派绘画的发展提供了极其丰富的物质资源和广阔的交易空间。[2]

早在光绪年间，钱慧安的绘画就影响到了杨柳青年画。“天津杨柳青之年画，有声于时。当时钱吉生曾为画铺设计作稿。”[3]钱慧安到杨柳青后，对年画进行若干改进。沈太牟《春风采风志》记北京“画棚”写到：“画出杨柳青，属天津，印板设色，俗呼‘卫抹子’。早岁戏剧外，画中多有趣者，如雪园景、渔家乐、桃花源、乡村景、庆乐丰年、他骑骏马我骑驴皆是也。光绪中，钱慧安至彼，为出新裁，多拟典故及前人诗句，色改淡均，高古俊逸，惜今皆不存，徒见俗恶劣之一派。”可见在钱慧安的影响下，杨柳青的年画，无论是在构图上、着色上，都有变化和创新。[4]

颜文樑的绘画曾在法国获奖，成为在法国沙龙获奖的第一位中国画家。郑逸梅在《艺林散叶》中记载：

颜文樑擅作油画，曾绘一厨房，梁柱似经烟熏，作黝黑色，桌被油透，别有光泽，壁角悬菜筐已半旧，一狸奴蹲于地上，谋攫残食，情状逼真。民十七年，颜作国外游，携此画以俱。越年，法国举办春季沙龙画会，作品盈万，甄选百幅，给予荣誉奖，颜之厨房，名列前茅，为中国在沙龙得奖之第一人。[3]

海派绘画凭借着这些有利条件影响和推动着全国甚至东亚绘画流派的发展，成为东亚文化交流史上的典范。

二、海派绘画对韩国的影响

明清以来，上海地区的画家就十分重视与周边国家的交流。晚期时，上海书业商会会董候选道夏瑞芳、举人俞复和候选县狄葆贤，还曾经为图书和书画进出口关税问题向朝廷反映。[5]《海上墨林》中，有朝鲜人争购上海画家陆琳作品的记载：

陆琳，字孚尹，号在廷。嗜古，图书金石，罔不考订。诗宗魏、晋，尤工书。尝从册使入朝鲜国，人以兼金购其书，悉却不受。[6]

海派画家中还有一位十分特殊的画家，他叫闵泳翊，字遇鸿、子相，号芸楣、竹楣、园丁、千寻竹斋。明成王后侄，闵台镐之子，后过继给闵升镐做养子。朝鲜高宗时期任禁卫大将。《江华条约》签订后，负责组建朝鲜新军别技军。“壬午军乱”后到欧美日本等国考察学习新政。“甲申政变”时因拒绝金玉均的要求而受开化党攻击。甲午战争时被第三次上台的大院君打倒，被迫流亡上海。在为闵妃购买武器失败后，他远离政治，与中国的书法家一起研究书法艺术，终死于上海。《海上墨林》对其的记载如下：

闵泳翊，字园丁，朝鲜国人。本椒房贵戚，国亡避地沪上。以翰墨自娱，所居曰千寻竹斋。书学颜平原，擅画兰竹，笔气雄健。逢星期日辄招书画名流，宴集寓庐，流连文翰以为乐。旋以病遂辍。宣统辛亥后三年卒，其子奉柩归葬于仁川。[6]

三、海派绘画对日本的影响

和近代朝鲜人相比，日本人对海派绘画的喜爱有过之而无不及。近代日本著名学者内藤湖南在其《中国绘画史》中，对中国绘画大加赞赏：

日本引进中国绘画方法的历史十分长久，在足利时代，即距今三百年至五百年期间，日本引进了大量的绘画，即所谓北宗的水墨画。中国明清时代的绘画对日本绘画产生影响距今仅一百五六十年之前。换言之，日本的绘画与中国画家创作的作品相比，大约落后两三百年。

自古至今来说，东亚文化的中心始终是中国，日本处于边缘也是不可避免的。[7]

1868 年，日本虽然实行明治维新，美术界出现“脱亚入欧”的运动，西洋绘画成为当时的潮流，但是社会精英还是崇尚传统绘画。朝中大臣客厅中挂一轴中国的文人画，风雅的学者书斋中悬一幅日本南画，都是高雅、有身份的标志。[8]太平洋战争爆发后，即使是提倡大东亚共荣的日本人，也不得不承认过去中国对日本的影响。须田国太郎在《中日两国的美术提携》中，写道：“在过去中国美术，对日本有了甚大影响。”[9]《海上墨林》中有很多关于日本人争购海派画家作品的记载：

王道，字海鸥，号锄园。嗜书好古，笃学力行，于董香光书，深得三昧。晚年学益纯粹，精力弥满，骨老气苍。曾游日本，名噪彼都。

胡寅，字觉之，桐城人。善人物，鱼鸟。子璋，字铁梅。工山水及写意人物。久寓沪上，旋游东瀛，画名甚噪。

徐方增，字晓云，平湖人。同治初客沪。长于隶古，临写汉碑无虚日。日本人深嗜其书，购归甚夥。弟泰增，字竹筠。工山水，宗法四王，水墨画尤清绝，为南皮张子青相国所赏。[6]

海派画家胡铁梅在上海经营不利，而其绘画作品却在日本大受欢迎，后来索性移居日本。

皖人胡铁梅，名璋。工画，挟艺游上海，获资颇丰。旋因经营苏报及古香室笺扇店，尽罄其资，乃挈所娶日妇东渡，仍以鬻画自给。日人慕其名，求画者辐辏。殁后，为营一小冢，树碣于旁，曰清国老画师某某之墓。[10]

开埠之后，日本古董商加紧与海派画家交往。以胡公寿、张熊、张子祥为代表的上海知名画家，与日本的古董商和文化人以及日本画家形成了一个中日书画圈。在日本人的心目中，胡公寿与张熊是海派绘画的领袖，几乎所有来上海的日本人，都会想方设法拜访二位，并以拥有其绘画为荣。不仅如此，日本人回国后，还为胡公寿和张熊出版《清人张子祥画谱》（1880 年）和《张子祥胡公寿两先生画谱》（1881 年），进一步扩大两人在日本的影响力。[11] 日本名宿内藤虎、长尾甲、中村不折等非常喜欢赵叔孺刻的印，纷纷请他刻印。[3] 胡亚光的外祖父戴用柏，绘画十分出名，曾有两位日本女子和一位朝鲜女子，在他家学画。[3]

日本人最喜欢的海派画家当属吴昌硕，《三十年来之上海》中曾写道：

> 三吴艺术家（指吴昌硕、吴杏芳和吴芝瑛），这是日本人的口吻。日本人很喜欢我国的书画，尤其对于三位吴姓，更为倾倒。[12]

日本前首相伊藤博文十分喜爱吴昌硕的绘画，还赴现场亲自观摩吴昌硕创作。郑逸梅曾记载王一亭、吴昌硕为伊藤博文绘画的经过。

> 那题襟馆书画会，差不多每天有人在那儿对客挥毫，尤其是王一亭更为健笔，大都以四尺整幅宣纸作画，画成后，辄由昌硕为题，累累识语，相得益彰，引起了日本人纷来参观。有一次，一亭陪了日本前首相伊藤博文，偕着两位议员一同来。一亭乃为作一画像。一亭对伊藤注视了一下，便运笔如飞，点点染染，不到半小时，伊藤的容态跃然纸幅间。伊藤大为惊奇，一亭请在旁的吴昌硕加以长题，昌硕略一思索，针对画像，写一古风，非常得体，这更使两位议员称叹不置。认为在他们日本，这样敏捷的才艺是罕见的。他们回国后，宣传这幅画像的经过，举国上下，都认为这是两国文化交流的史迹，应当在这基础上不断发扬光大。他们对于中国画称为南画，是素有好感的，纷纷来求昌硕的妙绘。虽寸缣尺幅，视为至宝，昌硕举行画展，日本人来定购的，几及画件的大半数。[13]

连日本前首相都如此喜爱吴昌硕的画，其他人更是趋之若鹜，吴昌硕还有不少日本弟子[14]，与其来往的日本画家有日下部鸣鹤、山田寒山、河井荃庐、滑川澹如、长尾雨山、水野琉梅、白石鹿叟、友永霞峰、桥本关雪等。[15]

出于对吴昌硕的敬仰，朝仓文夫为吴昌硕制作两尊铜像，一尊留在日本，另一尊送给吴昌硕。丁仁、吴潜、王震等为朝仓文夫送给吴昌硕的铜像建龛，收藏于杭州西泠印社，诸宗元撰写了《缶庐造像记》。[3]

四、结论

上海是中国最早的现代化城市。清末民初的上海正处于社会转型时期，海派绘画是中国旧时代的最后一个流派，同时又是新时代的第一个流派。晚清以降，上海地区各种书画社兴起，江浙地区的画家积极参与沪上的文人雅集，海派绘画开始发端。开埠之后，随着上海作为商业中心的地位逐步提升及确立，上海书画市场得到蓬勃发展。随着上海城市不断提升，大众文化蓬勃发展，海派绘画呈现出市民性、大众化、雅俗共赏等特点。伴随着现代传播手段，海派绘画此时开始向全国乃至东亚辐射，成为东亚文化交流的典范。

参考文献

[1] Stavrianos L S . A global history : from prehistory to the 21st century (7th Edition). Prentice Hall, 1999: 377.

[2] 陈永怡. 近代书画市场与风格迁变——以上海为中心（1843—1948）. 北京：光明日报出版社，2007：77-78.

[3] 郑逸梅. 艺林散叶. 北京：中华书局，1982.

[4] 阿英. 民元以前的中国年画发展概貌//阿英. 阿英文集. 北京：生活·读书·新知三联书店，1981：661-663.

[5] 清朝书业商会为请求书籍地图绘画不分进口出口概免纳税的呈文. 上海市档案馆馆藏档案，S313-1-217.

[6] 杨逸，等. 海上墨林 广方言馆全案 粉墨丛谈. 上海：上海古籍出版社，1989.

[7] 内藤湖南. 中国绘画史. 栾殿武译. 北京：中华书局，2008.

[8] 陈振濂. 近代中日绘画交流史比较研究. 合肥：安徽美术出版社，2000：29.

[9] 中日两国的美术提携. 上海市档案馆馆藏档案，D2-0-1633-8.

[10] 徐珂. 清稗类钞选. 北京：书目文献出版社，1984：271.

[11] 赖毓芝. 伏流潜借：1870年代上海的日本网络与任伯年作品中的日本养分//颜娟英. 美术与考古（下册）. 北京：中国大百科全书出版社，2005：717.

[12] 三十年来之上海. 上海市档案馆馆藏档案，Y15-1-141-61.

[13] 郑逸梅，郑汝德. 艺林拾趣. 杭州：浙江文艺出版社，1990：81-82.

[14] Shen K. Wu Changshi and the Shanghai Art World in the Late Nineteenth and Early Twentieth Centuries. Ohio State University, 2000.

[15] 丁羲元. 论海上画派//天津人民美术出版社. 中国近代画派画集·海上画派. 天津：天津人民美术出版社，2002：9.

论大禹信仰在东亚岛屿的传播[①]

楼正豪
（浙江海洋大学　东海发展研究院）

摘　要　大禹信仰从中国大陆来到了台湾、香港地区进而传到日本等岛屿国家，展现出不同的特点。台湾与香港的大禹信仰有着显著的地域特色，即沿海地区的闽粤移民将固有的水仙信仰移植到了那里，成为保佑渔民渔业丰收、凝聚商旅同乡情谊的精神支柱。在日本，随着儒家思想的传入，日本人将中国的帝王与圣人作为崇拜的对象与效仿的榜样，大禹的性质也与中国的一样，作为农业社会中治理水患、保护农业丰收的神明，而其他的中国圣人因为没有治水的功能，在日本并未像神灵一样得到尊奉。

关键词　大禹；水仙宫；妈祖；儒家经典；神社

一、大禹信仰的形成

大禹是上古的治水英雄，又开创了中国历史第一个王朝——夏朝。禹王的传说广泛分布于中华大地，自古以来从未间断，关于他的身份是人还是虫，家乡在河南、浙江还是四川，治水到底走过哪些地方都是未解的谜。中国各地都有大禹庙，河南登封与四川汶川的大禹庙传说都因是大禹的出生地而建，绍兴大禹庙是因大禹之陵而修。有黄河、长江经过之处，也常有分布，如河南禹州、山西河津、陕西韩城的大禹庙在黄河边，重庆、湖北武汉、安徽蚌埠等地的禹王庙都在长江边，在民间信仰中，禹王主要还是作为治水神得到人们的供奉。将禹王作为主供神的大禹庙，在禹王周围还会配置有药王、菩萨、土地神、送子娘娘等民间神灵，除专门的大禹庙外，常见的如三官庙、水仙宫、平水大王庙中也供奉大禹。

三官庙是道教庙宇，广泛分布于全国各地。最初三官没有具体人物，只是五斗米教的神灵，道经称：“天官赐福，地官赦罪，水官解厄。”后来发展演变为天官为唐尧，地官为虞舜，水官为大禹。三官庙中天官唐尧居中，虞舜与大禹只是陪衬，而将大禹作为主供的是水仙宫和平水大王庙。

民间有“天有天仙，地有地仙，水有水仙”之说，水仙宫顾名思义是供奉水中

① 基金项目：浙江海洋大学科研启动经费资助课题《古代东海文明交流研究》阶段性成果（项目编号：21055011815）。

仙人之所，在中国大陆多分布于福建与广东沿海地区。其起源不可考，让大禹在江河神之上又披上了海神的外袍。水仙宫常列神像五座，作为主神的水仙尊王一般是大禹，其他胁侍没有固定，从伍子胥、屈原、项羽、伯益、奡、李白、王勃等人物里挑选。这些人物均与水有关，伍子胥尸沉于钱塘江，屈原自投于汨罗江，项羽自杀于乌江边，伯益是佐禹治水的大臣，夏朝人奡力气很大，能陆地行舟，传说李白因醉入水捉月而死，而王勃则溺于南海。

江浙地区民间信仰中将大禹称为“平水大王”，凡有水口之处常有平水大王庙，盖与大禹陵坐落于附近的会稽山，而这一地区濒海临江水患较多有关。平水大王庙除主供为大禹之外，佐神还有民间其他平水神，如西晋时代治水的周凯，下海除蛟龙的周处等。

随着沿海地区汉族向外移民，亦将水仙、平水大王信仰带至台湾、香港地区，这些岛屿上的禹王崇拜又呈现出与内地不同的特点。

二、台湾、香港地区的大禹信仰及特点

据不完全统计，台湾地区主要供奉大禹的庙宇见表1。

台湾的大禹信仰为大陆移民所带来。明代中叶以后，福建沿海的居民大量去海外谋生，有不少人来到台湾沿海捕鱼，[2]后来闽粤地区的移民日益增加，[3]至乾隆五十三年（1788年）废除渡海禁令之后，更有闽粤人士大举来台开垦，台湾人口移入在乾隆、嘉庆年间达到高潮。[4]来自不同地域的移民，各自有其尊奉的神灵，台湾的大禹庙多为水仙宫，与清代台湾移民多由闽

表1　台湾现存主要大禹庙一览表[1]

	名称	地址	创建时间	备注
1	大禹宫（水仙宫）	台中市中区柳川西路	康熙年间（1662—1722年）	
2	中央水仙宫	澎湖县马公镇中央里中山路	康熙三十五年（1696年）	清朝商业会馆，又称郊厦会馆
3	龙山寺	台北市广州街	乾隆三年（1738年）	龙山寺后殿供奉水仙尊王大禹
4	水仙宫	嘉义县新港乡南港村	乾隆四年（1739年）	
5	水仙宫	澎湖县马公镇莳里里	乾隆八年（1743年）	
6	上帝庙	澎湖县马公镇山水里	嘉庆八年（1803年）	主神为玄天上帝，旁边供奉大禹
7	水仙宫	台南市神农街	嘉庆十二年（1807年）	
8	水仙王宫	新竹市长和里北门街	同治二年（1863年）	位于天后宫左侧
9	水仙宫	澎湖县白沙乡大仓村	光绪二十六年（1900年）	
10	禹帝宫	台南县永康乡盐行村	清	
11	大安宫	宜兰县员山乡逸仙村	清	
12	水兴宫	屏东县琉球乡大福村	清	
13	平水庙	高雄县林园乡北汕村力行路	清	
14	万丹水仙宫	屏东县琉球乡本福村	1965年	隘寮溪旁
15	水仙宫	澎湖县湖西乡谭边村	不详	

粤地区而来有关。闽粤人士每当要扬帆出海与外国贸易，或移居台湾时，会把他们所信奉的妈祖、水仙尊王或其他神祇供奉在船上，作为航行于茫茫大海时的保护神。[2]中国人十分重视籍贯，移民至他乡后，便会建立村庙。村庙是一个村落共有的庙宇，所供奉的是同一祖籍移民的保护神，起到了联络、团结同一祖籍移民的作用。[4]厦门是偷渡要地，而从厦门到台湾必须要经过澎湖，[4]故澎湖的水仙宫居多。

水仙宫不仅作为村庙，在清代商业会馆兴起发展之时，也作为闽粤商人在台湾建立，为同乡停留聚会、推进业务的场所，台南计有浙江、两广、福建等会馆。[5]会馆的神灵设置始终是会馆保持其完整性的首要条件和重要部件，往往乡土神是最基本的崇祀对象，如山西人供关帝、浙江人祀钱镠、福建人奉妈祖等。[6]会馆实为一种地缘性的庙宇，清康熙年间在澎湖县所建的中央水仙宫就是商业会馆。当信仰与商业结合之后，庙宇自然占地广大，信徒众多。中央水仙宫又称厦郊会馆，是澎湖四大古庙之一，“郊”是同一地区贸易商人或同一行业商人组织，职能主要有祭祀、商事、调解、善事四个方面，[4]“厦郊”则表明其为往来于厦门与台湾之间的商人。当时由厦郊主持的会馆除澎湖水仙宫外，还有台北的霞海城隍庙与慈圣宫，主供城隍爷与妈祖。像这些商业会馆都分布在昔日的港口，大部分主祀妈祖，清朝台湾各地港口的妈祖庙往往是行郊的办公处所，前面的大殿供民众烧香祈愿，后殿便是行郊的办公室。[2]

通过以上分析，我们可以总结台湾地区大禹信仰的特点如下：首先，水仙尊王或平水大王信仰由清代闽粤移民带至台湾。闽粤地区沿海之民供奉水神，最主要之目的无非两个，一是保佑航海平安，二是祈愿渔业丰收，大禹作为水神，正能满足这两种功能。其次，清代会馆的兴起，亦使大禹成为闽粤地区同籍贯人台商人之间凝聚感情的精神符号。最后，大禹仅是台湾民间众多神明中的一位，在清朝初的移民者眼中，台湾是一个充满瘴疠疾病的恐怖地方，他们需要各种神灵的护佑。作为水神，大禹的信仰程度远不如妈祖，随着移民者对岛屿的逐渐开发，当从渔业捕捞为生转为农业经济生产之后，玄天上帝的地位又远超大禹，在有些庙宇中，大禹仅是副神罢了。

我们再来看香港地区的大禹信仰，据不完全统计，香港主要供奉大禹的庙宇见表2。

表2　香港现存主要大禹庙一览表[7,8]

	名称	地址	创建时间	备注
1	水仙古庙	香港岛赤柱	乾隆前	与天后古庙相邻，供水仙爷牌位
2	天后古庙	新界西贡南围村	乾隆年间，1998年重修	主神为妈祖，左侧供奉水仙爷
3	天后古庙	新界西贡粮船湾	乾隆六年（1741年）	主神为妈祖，东侧小祠供奉水仙爷
4	洪圣古庙	九龙瑢西	光绪十五年（1889年）	主神为广利王，右侧供奉水仙爷

据表2可知，香港地区的水仙爷大禹信仰只是天后信仰与广利王信仰的陪衬，虽有一座水仙古庙，但也紧邻天后古庙，是其附属建筑。香港的大禹信仰氛围之所以不如台湾浓厚，最主要的原因是其早期移民的来源更加多样，所带来的神灵也愈加丰富。清顺治十八年（1661年），清政府开始实施沿海居民内迁的政策，到了康熙初年更加严厉执行坚壁清野的迁界政策，香港地区原有居民被迫迁至内地，于是被海盗乘机占为巢穴。后来从康熙二十三年（1684年）开始，清政府在此设置军田、奖励开垦，于是广东境内居民与闽赣两省的客家人逐批迁入，大部分以打鱼为生，直至英人占领前都是这样的状态。[9]香港需要保佑水上平安，祈求渔业丰收的水神，但闽粤人士所信奉的大禹只有少数信众，无论香港还是台湾，妈祖信仰占据绝对优势。

香港自古为渔港，相传得名也与天后有关。[10]妈祖信仰产生于北宋，香港最古老的天后庙是建于南宋年间的佛堂门天后庙，[9]可见妈祖信仰传入之早。因此后传入的水仙大禹只能作为妈祖的陪衬。我们注意到，在洪圣古庙中，水仙大禹还成为了洪圣广利王的佐神，洪圣本名洪熙，为唐时广利刺史，戍守岭南海滨，死后多次显灵帮助渔民，于是至唐玄宗天宝年间便被奉为南海神。香港的洪圣庙数不胜数，大禹作为副神的仅有一座。

除以上三位之外，香港地区供奉的水神还有玄天上帝、观音、大王公、水晶宫大王、谭公、鱼头大王等。玄天上帝是代表北方的玄武神，因北方在五行中属水，所以演化为具有水神之功能。观音来自于印度南海，因此亦有水神性质。而其他四位来源不明，但都是在渔民之间经长久岁月形成的神灵。[7]

三、日本的大禹信仰及特点

中国、朝鲜半岛与日本同属于汉字文化圈，因此中国的历史人物与故事随着文化典籍的流播而传到了东亚其他地区。朝鲜半岛目前没有发现大禹庙的存在，大概是由于战乱频繁，尽被毁坏的原因。而在日本，有关大禹的遗迹包括庙宇、雕像、石碑、画像，共100余处，十分丰富。[11]这些遗迹并非华人移居日本而建，而是日本人自发的信仰。为与台湾、香港地区进行比较，本文仅以大禹庙为例，阐述日本的大禹信仰。

日本主要供奉大禹的庙宇见表3。

表3　日本现存主要大禹庙一览表[12]

	名称	地址	创建时间	备注
1	禹庙（大山阿夫利神社）	栃木县	不详	鬼怒川旁
2	文命圣庙	埼玉县	1708年	元荒川旁
3	文命宫（福泽神社）	神奈川县	1726年	酒匂川旁
4	小禹庙	大阪府	1753年	大和川旁

事实上，除以上四座现存的大禹庙外，1228年在日本京都鸭川附近所建的大禹庙最为悠久与出名，日本众多古代文献都有关于这座“夏禹王庙”的记载，只是今日无存。[13]与现存的四座日本大禹庙一起来分析，我们发现日本大禹庙的共同特点都是建立在河川旁，而这些河川都是水灾多发之地。

禹庙现为大山阿夫利神社，根据古代遗留石碑可知其过去名为“禹庙”，创建时间不详，旁边的鬼怒川常有水灾，盖因镇压水患而建。[11]元荒川旁的文命圣庙岛田左内源忠章而建，取名自大禹的名字“文命”，由于此地低洼，常受水灾侵扰，故建大禹庙以保农业丰收。[11]文命宫是现存日本最大的大禹庙，距离富士山很近，1707年富士山发生大喷火，喷出的砂石堵塞了附近的酒匂川，后来由于大雨造成洪水泛滥，淹没了周边农田。1726年在德川幕府的支持下，著名的农政专家田中丘隅主持了疏通河道的工程，竣工后建立文命宫来祭祀大禹。[14]同时在附近建立两座文命碑，碑文中称田中丘隅的业绩堪比“神禹之功”。[11]小禹庙是日本德川家康麾下，战国时期大名稻垣重纲的“慰灵塔”，所在位置正是稻垣重纲的领地，他曾在主持治理过这里的大和川，修建了堤坝，死后人们建“小禹庙”作为墓所而纪念他，与“大禹”相对，称其为“小禹”。[15]

从上而知，日本大禹庙的性质与中国大陆大禹庙的性质相似，即作为治水工程完工的象征以镇压水患，或将主持工程的治水英雄尊为大禹之化身，与台湾、香港作为海神来崇拜的功能不同。日本大禹庙的建立应具备两个条件，一是必须处在水害多发地带，二是有熟知大禹的儒学者参与。[16]大禹信仰是通过汉字和儒家经典而传入日本的，日本古籍最早提到大禹是在公元712年的《古事记》中，赞颂了元明天皇的名字比夏禹更高贵，品德比商汤更优秀（可谓名高文命，德冠天乙矣）。儒家经典中有那么多的中国帝王、圣人事迹传入日本，但是在日本8万余座的神社中，所祭祀的中国帝王只有大禹一人，这是由于日本自古水患多发，再加上大禹治水的传说在日本流传之广这两方面的原因所形成的。除了大禹庙之外，日本治水工程竣工之地往往会建立各种记功碑，碑文常会提到大禹，将治水之功绩比为大禹之功，可知日本人对于儒家文化的崇尚。现在日本纪念大禹的活动甚至超过中国，中国每年仅在4月的浙江绍兴大禹陵举办大禹祭典，而日本每年在有大禹庙或大禹碑的地方都会举办各种各样的祝祭活动，这些祭祀自古就有，一直持续至今。日本甚至还开发了大禹谟茶果、禹王酒之类的文化产品，可知大禹在日本人心中的地位。

四、结语

大禹从中国大陆来到了台湾、香港地区进而传到了日本等岛屿国家，向世人展现出不同的形象。台湾与香港的大禹信仰有着显著的地域特色，即沿海地区的闽粤移民将固有的水仙信仰移植到了那里，成为保佑渔民渔业丰收、凝聚商旅同乡情谊的精神支柱。在日本，随着儒家思想的传入，日本人将中国的帝王与圣人作为崇拜的对象与效仿的榜样，大禹的性质也与中国的一样，作为农业社会中治理水患、保护农业丰收的神明，而其他的中国圣人因为没有治水的功能，在日本并未像神灵一样得到尊奉。

综上所述，我们可以将中国台湾、香港地区和日本大禹信仰的区别总结如下：第一，在岛屿之中，水神是最重要的精神体系，大禹原是治水之神，在台湾、香港地区又被赋予了海神的性质，保佑航海平安与渔业丰收，然而台湾、香港地区的海神众多，大禹的地位远不如妈祖，只是成为一支小众的信仰。而日本虽为岛屿，但更重视大禹作为治水之神的本来面貌，保佑儒家农耕文明的发展，没有海洋性质。凡是治水之处往往会有大禹庙或大禹碑，可见在日本人的心中，治水是大禹的专利，其他神明无法与大禹相比。第二，台湾和香港地区的大禹信仰完全是闽粤移民所带去的，而日本的大禹信仰是生发于日本人社会之中的，这是两者的重要区别，表现了日本人对儒家文化的接受。而日本的妈祖庙等完全是中国闽粤移民所移植而来的，与大禹庙的性质完全不同。第三，日本接受了中国儒家思想中的大禹信仰，但又有创新，即将本地的治水英雄也比喻成大禹，如将治理大和川的稻垣重纲直接称作“小禹”，把治水的功绩比为神禹之功，不同于中国台湾、香港地区仅将水仙爷大禹作为高高在上的神明，可见日本人对于儒家文化的深入消化，真正实现了活学活用。

以上就是大禹信仰离开大陆，来到作为岛屿的台湾、香港地区继而传入日本等岛屿国家所体现出的特点。大禹信仰的形态为适应当地本土的情况虽然发生了变化，但这种变化正是大禹能够在那里得到永久供奉的原因。

参考文献

[1] 仇德哉. 台湾之寺庙与神明. 台中：台湾省文献委员会，1983.

[2] 宋光宇. 台湾史. 北京：人民出版社，2007.

[3] 陈盛韶. 问俗录. 北京：书目文献出版社，1983.

[4] 陈孔立. 清代台湾移民社会研究（增订本）. 北京：九州出版社，2003.

[5] 何炳棣. 中国会馆史论. 台北：台湾学生书局，1966：45.

[6] 王日根. 论明清会馆神灵文化. 社会科学辑刊，1994，(4).

[7] 周树佳. 香港诸神——起源、庙宇与崇拜. 香港：香港中华书局，2011.

[8] 植村善博. 香港禹王遗迹的分布及意义. 治水神·禹王研究会志，2015-4-1.

[9] 王赓武. 香港史新编（上册）. 香港：香港三联书店，1998：51.

[10] 马书田. 华夏诸神. 北京：燕山出版社，1990：124.

[11] 大脇良夫，植村善博. 治水神禹王寻踪之旅. 人文书院，2013.

[12] 王敏. 汉魂与和魂——中日文化比较. 北京：世界知识出版社，2014.

[13] 渡边佳奈绘. 鸭川的禹王庙//大脇良夫，植村善博. 治水神禹王寻踪之旅. 人文书院，2013：44-47.

[14] 关口康弘. 酒匂川与文命宫//大脇良夫，植村善博. 治水神禹王寻踪之旅. 人文书院，2013：30-35.

[15] 桝谷政则. 稻垣重纲的小禹庙//大脇良夫，植村善博. 治水神禹王寻踪之旅. 人文书院，2013：56-57.

[16] 大脇良夫. 禹王（文命）语言遗迹的日本与中国文化交流史. 治水神·禹王研究会志，2014-4-1.

青瓷文化研究

对韩国早期青瓷与中国之关系的考察
——以全罗北道镇安道通里青瓷为中心

金钟云
（韩国扶安青瓷博物馆）

摘　要　韩国使用中国青瓷的历史十分悠久，随着对中国青瓷的输入与研究，韩国开始自主开发青瓷烧造工艺，韩国的初期青瓷产生于砖筑窑与土筑窑之中。本文主要围绕近期在全罗北道镇安道通里发现的青瓷窑址，对这一窑址的运营者、技术特点以及与中国的关联等问题进行研究。

关键词　韩国青瓷；中国青瓷；文化交流

一、韩国的早期青瓷

韩国自很早以前就开始使用中国青瓷，在扶安竹幕洞百济时代的祭祀遗迹以及伽耶、新罗古坟中都有中国青瓷出土。这些祭祀用品与权力象征物最早只能被社会特殊阶层所享有，后来使用层面逐渐扩大，需求亦不断增加，韩国古代社会内部产生了一种自我生产青瓷的诉求。由于所需阶层的扩大，人们要求价格低廉、使用方便的青瓷用具，导致韩国更加渴望自身的青瓷生产能够达到一定规模。自高丽建国，社会走向安定之后，青瓷制作才走向正规化的道路。

高丽社会实现健康发展之后，改变了以往大量输入使用中国青瓷的做法，而开始了本国的青瓷研发与制作。韩国通过考古发掘发现的早期青瓷遗迹，主要分布在高丽首都开京及其周边地区，以及张保皋海上势力范围内的韩国西南海岸等处。京畿道地区有始兴市芳山洞窑址、龙仁市西里窑址、骊州市中岩里窑址、高阳市元堂洞元兴里窑址、杨州郡长兴面富谷里窑址等。开京北边有黄海南道奉川郡凤岩里窑址、黄海南道峰泉郡圆山里窑址以及平安南道江西郡艿次面沙器洞窑址等。开京南部地区有忠清南道保宁市川北面沙湖里窑址、忠清南道瑞山市圣渊面梧沙里窑址、全罗北道镇安郡圣寿面道通里窑址、全罗北道高敞郡雅山面龙溪里窑址、全罗南道康津郡大口面和七良面窑址以及全罗南道高兴郡豆原面云袋里窑址等。

这些早期青瓷窑址中，根据对始兴芳山洞窑址、龙仁西里窑址、骊州中岩里窑址、奉川凤岩里 1 号窑址、峰泉圆山里 2 号窑址的考古发掘显示，它们的形态都是砖筑窑。虽然在镇安道通里窑址也发现了大量早期青瓷残片，但过去却未展开对窑址本身的发掘工作，所以无法确定窑场的形态。然而最近对道通里窑址部分发掘结果表明，这里的窑场是从砖筑窑向土筑窑的过渡转变阶段，也反映出韩国早期青瓷制作技术的变化过程。

关于韩国早期青瓷制作技术，学界存在不同见解，有的认为中国的青瓷匠人来到韩国，进行青瓷的直接制作和技术指导，有的认为新罗末期的土器制作技术仅是受到中国的青瓷文化影响而自主完成制作的。与中国的青瓷窑场相似，韩国规模形制上比较大型的窑址所使用的皆是砖窑，应该是中国青瓷匠人来韩国直接制作的。但是韩国以西南海岸为中心的早期青瓷制作技术，是在传统新罗土器制作技术的基础上发展而来的可能性很大，这一地区受到与中国进行海外贸易的张保皋商团之影响很深。与其他窑址相比，这里以土筑窑替代了砖筑窑，也反映出直接由中国而来的技术指导成分很少，而仅是受到了中国的间接影响，发展出独立的青瓷制作技术。当时中国主要在砖筑窑中制作青瓷，而韩国是在半地下式的登窑中完成新罗土器的。

总之，砖筑窑与土筑窑在韩国早期青瓷窑址中均被发现，在关于青瓷发展过程的研究中，根据出土文物与遗迹，我们判断这其实是韩国青瓷制作由砖筑窑向土筑窑阶段转变的过程。最近，镇安道通里青瓷窑址的发掘工作正好证明了以上推论。通过对镇安道通里青瓷窑址的发掘发现，这里砖筑窑与土筑窑并存。有一处被确认仅有砖筑窑存在，而在另一处我们发现砖筑窑全部被改造成了土筑窑。即在砖筑窑被使用一半的时候，将其改造为土筑窑继续使用，于是将韩国青瓷窑从砖筑窑向土筑窑的变貌过程展现在我们面前，这在韩国陶瓷史上作为一个重要遗迹受到了学界的瞩目。

镇安道通里青瓷窑址作为韩国众多早期青瓷遗迹之一，过去并未受到过多地关注。人们将目光都聚焦在全罗南道康津等这些大规模的青瓷生产基地，并出产了大量的学术成果。然而，最近由群山大学校博物馆郭长根馆长领导的考古团队对镇安一带作了调查，并与国立全州博物馆联合进行考古发掘，其结果显示镇安道通里青瓷窑址改写了韩国早期青瓷历史，甚至改写了韩国陶瓷史。

指挥韩国青瓷生产的主体到底是谁?大部分学者研究认为是高丽王室或与王室相关的权力集团。从历史上来看，青瓷最大的需求阶层当然是掌握最高权力的王室与贵族阶层。然而从镇安道通里的地理位置来看，似乎无法将这些青瓷与中央权力集团联系起来，使人不得不认为，支援早期青瓷制作的主体另有其人。

当时的青瓷制作作为一种新产业技术，与其他工业产品相比应该受到国家更加严格的管理与保护。现在发现的窑场大多以开京为中心分布，从制作技术的掌控管理、运输的便捷条件等因素考虑，最初青瓷的生产应该是从离首都最近的地方开始的。但是镇安道通里青瓷窑址所处的位置属于与高丽太祖王建相互对抗的后百济甄萱的势力范围，这里是除甄萱之外其他豪族无法染指的地区，如果没有强大的后援力量，作为当时最尖端的国家产业——青瓷制作事业将如何开展，我们有充分的理由怀疑这一点，这便是我们的研究课题。

二、镇安道通里青瓷

根据正式考古报告与最近的调查结果，能被确认的镇安郡的陶器窑址总共有 83

处，而青瓷窑址只存在于圣寿面道通里。通过对这些青瓷窑址进行地表调查后发现，它们属于早期青瓷窑址，但不知何时便被废弃而在其上建起了村庄。从现状来看，铺设村庄内部的道路与修建围墙的材料都使用到了旧窑场的材料，在房屋的周围，由为烧出优质青瓷所使用的匣钵残片与废窑墙体堆积成高大的丘陵，其上扔满了生活垃圾。

这样的道通里青瓷窑址，自 1996 年国立全州博物馆主持的地表调查开始，从 2013 年到 2016 年，又经历了四次由群山大学校博物馆与国立全州博物馆合作的试掘与发掘调查工作，结果共确认了两处窑址。首先发现的道通里 1 号窑址为土筑窑，后来发现的 2 号窑址最初是砖窑，后来被改建成为土窑继续使用。这个重要发现为研究韩国早期青瓷制作从砖窑向土窑转变的过程提供了重要的线索。

三、镇安道通里青瓷与中国

韩国早期青瓷的产生与中国有着密切的关系。中国陶工来到韩国直接制作瓷器的可能性有，韩国在自身土器制作技术发展中制作青瓷的可能性也有，但韩国青瓷是以中国青瓷技术为基础进行制作的这一点谁也无法否认。早期青瓷是在权力与财力的后援支持之下诞生的，因王侯将相将其视为玉石的替代品而显得十分珍贵。青瓷在中国五代十国的混乱时期也受到地方政权的严格管理，继续生产流通。青瓷是在当时最高的技术水平下，由权力集团支持制作的，韩国的高丽青瓷也是在相同的背景下产生的。

但是镇安道通里青瓷的制作时期正是后百济的甄萱势力控制朝鲜半岛西南之时，当时如果没有高丽王室或特定豪族的支持，是无法进行青瓷生产活动的。我们从镇安道通里青瓷制作技术的传播路线、后援、消费者、搬运路线等多方面综合考察研究后认为，只有当时这一地区的盟主——后百济创始者甄萱才是镇安道通里青瓷生产的统治者。那么如果甄萱是这批青瓷窑场运营主体的话，制作青瓷的技术和陶工又是从哪里来的呢？镇安道通里的青瓷制作与开京等其他地区处在同一时期，于是技术不可能是从开京传来的，那么结论只有一个：青瓷制作技术由中国直接传来。

镇安道通里出土的青瓷与中国吴越国越州窑生产的青瓷十分类似，当时吴越国用的也是砖筑窑。那么中国与甄萱的后百济国之间存在过交流吗？现存文献中关于后百济与吴越国的交流记录从公元 900 年开始至公元 933 年为止共有五次，记录之外据推测两国应该还有密切交流，因为吴越国与后百济曾共存过 30 年以上。结合朝鲜半岛的政治局势我们可以做出以下推论，镇安道通里青瓷窑址是后百济与中国吴越国物质交流的产物，即以国家出面从中国获得了最尖端的技术。目前的韩国青瓷史研究中并没有提到其技术传播路线、窑场运营主体等问题，但通过对镇安道通里青瓷的继续研究可使我们一步步地更加接近真相，这是学问的意义所在。

四、结语

韩国早期青瓷自中国传来了制作技术，当时除中国之外没有能够生产出青瓷的国家。但是韩国虽然造出了中国式的青瓷，其技术是如何传入的至今还是未解之谜。

从现在对青瓷窑址的发掘结果来看，有中国陶工直接来韩国指导制作的可能，也有韩国在长期使用中国青瓷的背景下自我开发、主体制作的可能，而韩国早期青瓷窑场的运营主体为王室或权力集团是没有疑义的。韩国早期青瓷出现在镇安道通里显得十分特别，其中隐藏着很多的秘密，在镇安道通里 2 号窑中发现的韩国早期青瓷窑场从砖筑窑到土筑窑的转变过程成为了解开谜团的钥匙。后百济与中国越州窑的统领者吴越国有着紧密的外交关系，曾经数次派遣使臣进贡币物展开交流，虽然不能明确地说青瓷制作技术也是交流内容之一，但是可以进行充分的假设。为找寻镇安道通里青瓷生产的运营主体，我们先从当时朝鲜半岛三分的势力版图中入手，结果发现掌控主导权的高丽王建的势力并未插足这一地区。而这里正是后百济甄萱的势力范围，于是我们只能认为镇安道通里青瓷的运营主体除甄萱以外，不可能再有他人。韩国青瓷是在中国青瓷的影响之下产生的，为了究明更加详细的传播路径，我们需要在考古发现的基础上，对有关中国吴越国与后百济进行相互交流的历史文献作进一步的发掘与研究。

（楼正豪　译）

日本出土的中国青瓷

森达也
（日本冲绳县立艺术大学）

摘　要　中国青瓷的大量输入，受到同时代日本人的珍视，很多优质的青瓷留传到后代，对日本文化产生持续的影响。日本的窑业也受到中国青瓷的巨大影响，陶艺家们依据中国青瓷烧造，呈现盛况。这些现象说明了中国青瓷对日本青瓷文化的影响是深远的。

关键词　中国青瓷；日本青瓷；文化交流

8 世纪以后，由于大量的输入，中国陶瓷成为日本贵族、僧侣以及武士等上流阶层喜好的高质量日用品。运往日本的中国陶瓷包括唐三彩、青瓷、白瓷、黑釉瓷、褐釉瓷、青花瓷器、五彩瓷器等各色各类。其中以越窑青瓷、龙泉窑青瓷、福建青瓷等各地青瓷的数量最为丰富。日本人深爱中国陶瓷制品中的青瓷绝不是言过其实，而且，大量的中国青瓷输入，对同时代烧造的日本青瓷产生绝大的影响。

兹就输入日本的中国青瓷品类样貌作一简述。

一、日本传世的最古青瓷

自 8 世纪以后，日本即大量输入中国青瓷，可作为佐证的中国青瓷不是出土遗物，而是法隆寺传世所藏，于 6 世纪末到 7 世纪前半时期输入的青瓷盘口四耳壶[1]，据传是装药物的容器，是目前陶瓷器最古老年代的传世品。它的烧造地是浙江还是福建不得而知，在福建泉州周边有出土与法隆寺相类似的盘口寺耳壶（泉州博物馆展示，图 1），因此该壶极有可能是福建的制品。

图 1　盘口寺耳壶

二、晚唐五代（9—10 世纪）

9—10 世纪日本输入越窑青瓷、邢窑白瓷、长沙窑瓷、巩义窑白瓷、唐三彩以及福建怀安窑粗制的青瓷，当时的外交机关设置于九州岛北部的博德和大宰府，都（平安京）则设置于京都的中心。从全国各地的寺院和官衙遗迹的出土实例可以获得证实。输入量最大的青瓷以越窑青瓷为主，其他则为长沙窑的青瓷和黄釉褐彩瓷、福州怀安窑的粗烧青瓷等。

越窑青瓷出土地点在九州岛北部和以京都、奈良为中心的近畿地方，其余全国各地的寺院和官衙遗址有少量出土。当时输入量最多的是以被认定为上品的画花和刻花纹饰为主，与秘色瓷相当的最上品的制品未见出土。日本的《源氏物语》（约10世纪）和《宇津保物语》（10世纪后期）等文献里都有“秘色”的记载。而在当时日本将越窑青瓷称作秘色瓷，实际上，类似法门寺出土的上等秘色瓷几乎没有输入。

长沙窑的青瓷和黄釉褐彩、越窑青瓷等同样在九州岛北部的近畿地方出土，其出土数量与越窑青瓷无法比拟。

另外，鸿胪馆和大宰府等地的福州怀安窑烧造的粗质地仿越窑青瓷在京都等其他地方出土已被证实，大略圈限在九州岛北部。越窑青瓷、邢窑白瓷、长沙窑瓷和三彩等在当时是作为高级中国陶瓷输入，为贵族、僧侣、神官和高官等上流阶层所使用，而怀安窑粗制的青瓷与当时日本所烧造的灰釉陶和绿釉陶都属于质地粗糙的制品，一般作为实用品所使用。因此，使用区域局限在进口地点的博德一带，并无运送到近畿地方。

当时中日间的交流以宁波和博德为主要联结路线，再有则是扬州和博德的航行路线。从宁波和扬州出土的状况一窥当时的中国陶瓷输出的景象，显示唐越窑青瓷、邢窑白瓷、长沙窑瓷器和三彩器等是以宁波至博德的航线，此外扬州至博德也是运往日本的航线。从宁波出土报告中没有福建瓷器出土的例子，福建瓷器是否经由此运往日本，或经由其他航线，目前不太确定。

三、北宋至南宋初期（11—12世纪前半）

11世纪时期，中国陶瓷的输入较为低弱，局限于越窑青瓷、龙泉青瓷、耀州窑青瓷、定窑白瓷、磁州窑系等类陶瓷，九州岛北部的博德一带和京都中心出土，比起晚唐及五代数量较少。在当时的世界中，中国陶瓷输出应属于低潮期，由日本出土的状况略见其动向。11世纪末至12世纪前半，广东潮州窑和福建的白瓷开始输入，博德中心地区集中着大量出土器。日本平安时代后期即11世纪后半左右，博德成为中国商人群居之地，称之为“博德纲首”，进行日本与宋朝两国间的兴盛贸易。中国商贾中又以来自福建居多，因而大量的福建白瓷有可能经由他们之手运至日本。

此外，景德镇的青白瓷、福建的黑釉碗（天目）也是于此时期开始输入。

此时期的青瓷主要以越窑青瓷为主，11世纪末至12世纪初，开始有少量的龙泉青瓷碗、碟出现。青瓷碗内面刻画花纹，外壁施以梳齿状的线条纹，这种型制是受到北宋耀州窑青瓷的影响（图2）。盘碟的内面施有画花纹饰，釉色以橄榄绿居多。日本将此类龙泉青瓷多称为“初期龙泉青瓷”。

属于北宋前期的耀州青瓷在博德的辨识极少，主要还是以北宋中期到后期的制品为主。其数量远少于越窑。

图2 龙泉青瓷

此外还有出土量极少的如博德遗迹的12世纪前半的福建连江魁岐窑的粗质青瓷，以及12世纪中期左右南宋越窑青瓷香炉一件。[2]

四、南宋前中期（12世纪后半—13世纪初）

12世纪后半，龙泉青瓷画花纹碗和盘大量的输入，还有福建的仿龙泉窑青瓷（别称“珠光青瓷”“同安窑系青瓷”）的碗、碟也开始输入。另外，闽清窑烧造的福建白瓷和建盏的黑釉碗、景德镇的青白瓷继前期持续输入，当时华北的制品很罕见。

这段时期恰是日本平安时代变迁为镰仓时代（1192—1332年），东日本的镰仓幕府开启武士政权，也是日本史上政权的中枢初次设立在东日本。

这阶段的龙泉青瓷大多数是碗和碟，执壶及瓶很罕见。碗、盘的外壁主要都为素面无纹饰，内面施以画花碗的外壁画莲瓣纹或梳齿纹则较为稀有（图3）。同一时期输入的福建青瓷仿烧北宋末期至南宋初期的龙泉青瓷，所烧的碗，其外壁都有施加梳齿纹，这类同安窑系青瓷大都被称为珠光青瓷。此类型的青瓷烧造于福建各地的窑址，而以闽南的同安窑仿龙泉青瓷为主要代表，因此此处即以同安窑系青瓷称呼。日本发现的仿龙泉青瓷几乎未见同安窑制品，而是闽中的莆田窑最为近似。[3]碗内中央印刻“吉”字的仿龙泉青瓷在日本也有发现，应该属于闽南地域的南安窑所烧造的制品。

图3 龙泉青瓷碗内面画花

这时期的龙泉窑青瓷和福建的仿龙泉青瓷不仅散布在西日本九州岛北部的博多和大宰府遗迹以及京都中心，在东日本也分布甚为广阔，东日本的镰仓和东北的平泉等地，基本上日本全国都有发现。所发现的遗迹包括都市的遗址和宫殿、寺庙神社，不仅如此，遍及各地武士的居住宅邸到偏远农村，可见输入量之大而流转日本各地的容量超乎所想。

日本的奄美大岛（西南诸岛）仓木崎海底遗迹有南宋中期12世纪到13世纪初的沉船，大量的中国陶瓷从遗物中被发掘而出。[4]除了很多产地不明的陶器类以外，有1593件瓷器被打捞而出，细分其中，龙泉窑青瓷有1173件占73.6%，福建仿龙泉青瓷（莆田窑制品）210件占13.2%，福建白瓷（闽清窑制品可能性极高）189件占11.9%，福建黑釉碗（天目）1件占0.06%，景德镇青白瓷20件占1.2%。以龙泉青瓷、福建瓷器、景德镇青白瓷的量比较，所占比例是73.6%、25.1%、1.2%。龙泉青瓷约占全数的四分之三，福建瓷器则约占四分之一，景德镇青白瓷的比例极微小。发掘报告中有很多产地不明的陶器，被认为是福建所烧造，总数量为730件。龙泉窑青瓷和福建陶瓷的破片总数几乎相同，以输入量而论，龙泉青瓷与福建陶瓷相比，可能差距颇大。

仓木崎海底遗迹与出自大略同时期发现大量中国陶瓷的福冈博德遗迹群祇园车站出入口1号土坑，[5]出土龙泉窑青瓷192件（碗135、盘29、碟27、香炉1），福建仿龙泉青瓷91件（碗1、碟90），福建黑釉碗（天目）3件，福建白瓷3件（四耳壶），景德镇窑青白瓷13件（碗5、碟6、小壶2）。龙泉、福建、景德镇的比率为64%、32%、4%。龙泉窑青瓷约占三分之二，福建瓷器约占三分之一，景德镇的比率非常微小。仓木崎海底遗迹的瓷器也大抵如此。此外，此处也出土约40件壶、钵等的陶器，很可能是福建所烧造，如此数量加总，龙泉窑青瓷与福建陶瓷的数量相当接近。

九州岛南部的贸易交流据点是在鹿耳岛的持体松遗迹，第二期（12世纪中期至12世纪后半）发掘出195件中国瓷器，其中龙泉青瓷为66.1%，福建瓷器为33.9%（细分为青瓷26.7%、白瓷7.2%），[6]龙泉窑青瓷和福建瓷器的出土比率与仓木崎海底遗迹、博德遗迹群祇园车站出入口1号土坑相当近似。

如此以龙泉窑青瓷、福建瓷器、景德镇窑青白瓷组合的陶瓷制品，在日本各地的同时期遗迹中被发掘出来，位于日本南部的琉球诸岛（冲绳）也发现是同模式的组合。龟井明德认为南宋时代琉球诸岛的中国陶瓷是经由日本九州岛流入，其说法也是有根据的。[7-9]另外，金泽阳分析仓木崎遗迹并考察琉球诸岛周边海流与季节风向，发表自福建经由琉球诸岛至九州岛的航线是可能存在的论述，自福建到琉球诸岛的中途站为台湾本岛。[10]直到近年，宋代的中国陶瓷尚未被发现，其分布的空白区域不详。最近的台湾北部大坌坑遗迹的出土报告，有着与日本和琉球诸岛出土同样的莆田窑的仿龙泉青瓷以及闽江流域的白瓷、德化窑白瓷、龙泉窑青瓷和景德镇窑青白瓷。[11,12]亦即说明从福建经过台湾北部、琉球诸岛北上至九州岛的陶瓷运送之路存在的可能性升高。

五、南宋后期至元代早期（13世纪）

13世纪起，龙泉窑的青瓷莲瓣纹碗开始大量输入，不只是西日本的九州岛和京都，除了北海道外，全日本都有中国陶瓷出土。

龙泉窑在13世纪时受到南宋官窑的影响，开始烧造薄胎厚釉的粉青釉青瓷。在日本的13世纪前半的遗址，几乎未曾发现有如此高质量的龙泉窑制品出土。大都是外壁刻莲瓣纹的碗或是内面施以画花的小盘等品质较低的厚胎薄釉制品。这些产品除大量出土于镰仓、京都、博德及大宰府等地外，几乎全国遗址都有出土，由此可以了解有多膨大的数量在日本全国各地流通。

龙泉窑直到12世纪都承续越窑和瓯窑的技术，生产厚胎薄釉、呈绿青色的青瓷。唯自12世纪末到13世纪初受到南宋官窑的影响，引进薄胎厚釉粉青瓷的生产技术，在同时，汝窑和南宋官窑推陈出新，生产出仿青铜礼器和金银器、玻璃器的新器型青瓷。受到南宋官窑强势的影响，龙泉窑不论是烧造技术还是艺术理念均突飞猛进，所生产的质量也大为提升。以民窑而论，龙泉窑青瓷在中国国内占有极高的地位，同时其生产量是其他窑器无法比拟的，外销青瓷生产成为中国最大规模的窑业制造。

龙泉窑虽于12世纪末左右，开始生产高质量薄胎厚釉的粉青釉青瓷，但是，原本承续越窑和瓯窑的厚胎薄釉青瓷的技术仍旧持续进行。前者是耗时费工高级品，后者则属于大量烧造的一般品和粗品青瓷。这时期输入日本的主要以大量产造的后者为主，为何上级品几乎未见输入，究其原因，应是以下的两点。

首先，以生产者方面而言，薄胎厚釉粉青瓷的烧造，是以素胎素烧并以多次施釉的方式始成厚釉，比起一般质量以下的青瓷，其相对工序繁复，而且生产成本增高。由于新技术的导入后，可以推论出在短期间内其产量减少，而且产品单价升高。生产也以国内需求为主，输出仅占小部分数量。薄胎厚釉青瓷大量生产成为龙泉窑的主力产品应是在13世纪后半。

其次，以输入国的日本方面而言，13世纪前半，镰仓幕府成立之后，幕府和位于京都的朝廷两者间的权力斗争不断，内战兴起。幕府在政权统治不安定的状况下，阻碍了经济发展。对于大量输入高质量的龙泉窑青瓷，其经济力是力有未逮。

镰仓幕府在13世纪后半才巩固政权，日本经济获得安定。同时，龙泉窑烧造的薄胎厚釉粉青釉青瓷大规模的量产，其结果是上等质量的粉青色青瓷和梅子青青瓷输往日本急遽的增加。

所以这时期的龙泉青瓷以镰仓为中心扩及日本各地的遗址中都有大量的发现，出土还是集中于镰仓、京都等政治中枢的大都市。

在这阶段最引人注目的出土实例是出自镰仓的今小路西遗址，此遗址是镰仓幕府中枢附近最高阶层武士的宅邸建筑群，大量出土了质量优良的龙泉窑青瓷的酒壶、洗、大盘、钵、碗、碟等（图4）。[13]发掘当初认定是1333年镰仓幕府灭亡时火灾残存的遗物，近几年认为在13世纪后半发生火灾事故的可能性较高。[14]在此处发现的高级制品应该是上流阶层府邸所用的物品。在当时，这些被称为“唐物”的中国进口品，是以赏玩的方式展示。

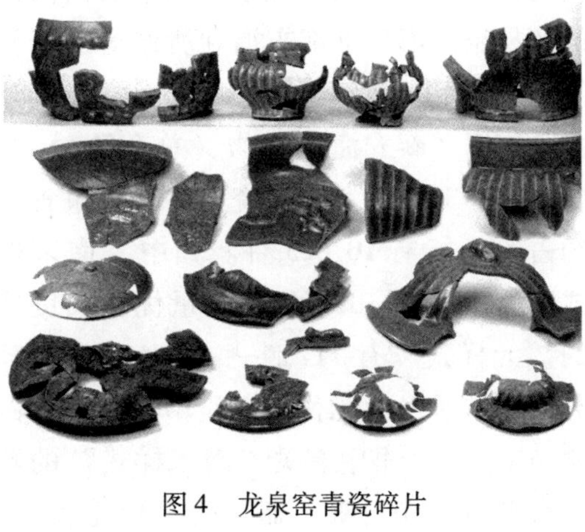

图4　龙泉窑青瓷碎片

在全国各地所见的高级龙泉窑青瓷还是局限在镰仓、京都等地出土，碗、盘类等的发掘遍及全国的遗址。“唐物赏玩”广为流传于全国各地的上流阶层。

六、元中后期（14世纪前半）

1333年，镰仓幕府由于朝廷及各地武士反抗势力的兴起而趋于灭亡，一时之间，朝廷成为无政府状态，无法行事。直到1336年，以京都武士政权为主的室町幕府开始行使政权。这也是对抗后醍醐天皇和足利氏之间政权争夺的开端，京都和吉野两股政权并立的争战抗衡，一直持续到南北朝时期（1336—1392年）。

即使是处于战乱时代，这时期从中国输入的“唐物”犹不绝于途。开创室町幕府的足利氏在1342年从建造京都天龙寺的营建费中挪出部分作为建置天龙寺贸易宋船，来往航运于宁波，行使贸易往来的任务。从镰仓幕府后期到南北朝时期，寺庙神社建置贸易船并时时接受派遣任务。

1976年在韩国新安附近海底发现载有约2万件中国陶瓷器的船舶，[15]现今均以“新安沉船”称之。从沉船打捞出的木简发现，1323年以后，从宁波出港航向博德的贸易船，都与京都东福寺所派遣的船只7有相当关联。

依据《新安海底遗物（总合篇）》报告，全部18 831件的陶瓷器中，龙泉青瓷约占56%，有10 623件。其中“南宋样式”有37件占0.35%，质量优良和良质的“元样式”有117件占1.1%，绝大部分是一般质量的元代陶瓷，10 469件，占98.5%。报告书中有关“南宋样式”的器物有盘口双鱼耳瓶、瓶、鬲式炉等器种，有日本称之为“砧青瓷”的粉青色青瓷，以及日本称为“天龙寺青瓷”的“元样式”的器型同类的器物。

新安沉船发现的粉青色青瓷（砧青瓷），根据仔细观察，发现有使用过且残留着细微的摩擦痕迹，比较同时代生产的新品则无。因此，新安的粉青釉青瓷可能性极高是使用过的中古品。

新安沉船所发现的建盏也出现同样的状况。建盏在南宋末年已结束生产，新安沉船的时代尽管已不烧造，在沉船中仍然发现不少的建盏。大多数建盏茶碗内面底部都留有点茶所残留的细微痕迹，因此推论，其将使用过的中古品集中销售。还有，是其中明显尚包括比新安沉船时代还早的高丽青瓷。也就是说，新安沉船所装载的陶瓷器全然不是同时代生产的新品，很明显很多是中古品且包含一部分的古物。龙泉窑青瓷中混杂有远溯至南宋时代的产品也就不足为奇了。

新安沉船时代的14世纪前半的龙泉窑，已经过了砧青瓷（粉青色青瓷）烧造的兴盛期，而是迈向天龙寺青瓷（绿青色青瓷）的全盛时期。这也是搭乘新安船的贸易商敢搜集南宋时代所烧造的“砧青瓷”的中古品和古物运往日本的原因。在日本，粉青色的南宋青瓷“砧青瓷”一向比绿青色的元代青瓷“天龙寺青瓷”评价高，商品价值也高。

即使在今日的日本，“砧青瓷”还是获得很高的评价，国宝的双凤耳花瓶“万声”（图5）、“千声”，均被指定为国宝和重要文化财，极为稀有。这些日本传世的“砧青瓷”名品很多是南宋后期，亦即13世纪前半到中期为止所烧造。而在这时期，事实上，输入日本的优质龙泉青瓷并不多，自13世纪后半，上等质量的产品输入较以往容易。新安沉船的龙泉青瓷有否包含南宋的“砧青瓷”，而日本传世的“砧青瓷”名品中，有否与元代及明代的中古品、古物等混杂而运往日本，这些都是值得思考的问题。

图5 双凤耳花瓶

新安沉船的“元样式”的龙泉青瓷包含有酒壶、大盘、大瓶等大型且质量上等的器种，以及大部分的碗、盘等小型品种。类似的大型器物在遗址的出土实例并不多见，而是建长寺和称名寺等在镰仓周边以及京都附近的寺院的传世器物倒是不少。

一般遗址的出土品以碗、盘为多。全国的遗址出土的龙泉青瓷，其年代判定，大都倾向认为比南宋末到元初的阶段时的数量少些。

还有，这时期的上等质量的龙泉青瓷，在16世纪的城馆遗迹（如福井的一乘谷遗迹，东京的八王子城等）和江户时代（1600—1867年）的大名屋宅出土不少。这些很多是上流阶层之间的传世品，因为战乱或火灾事故而遭废弃。

七、结语

日本从8世纪末左右开始输入中国的青瓷，在日本全国的遗址发掘出有越州窑青瓷、耀州窑青瓷、龙泉窑青瓷以及福建青瓷等。中国青瓷的大量输入，受到同时代日本人的珍视，很多优质的青瓷留传到后代。这些传世的珍贵名品长期以来持续影响日本文化，尤其是茶道世界的传世名品。

再者，日本的窑业受到中国青瓷的影响甚为巨大，平安时代（794—1185年）的猿投窑模仿越州窑青瓷，镰仓时代（约1185—1333年）、室町时代（约1136—1573年）的濑户窑即盛行模仿烧造龙泉青瓷。江户时代（1603—1868年）阶段，日本各地即蜂拥模仿中国青瓷，尤其是明代中期（15—16世纪）左右的龙泉窑青瓷。明治时代（1868—1912年）以后，陶艺家们依据宋代的龙泉窑青瓷烧造，再度呈现盛况。

这些现象表明，中国青瓷的魅力对日本的影响是显著而深远的。

（廖桂英　译）

参考文献

［1］今井敦．隋唐の越州窯系青磁について」．ミュージアム523号，1994.

［2］森達也．日本出土的南宋越窯青瓷——博多遺址的青瓷香炉．故宮文物月刊332

号，2010.

[3] 龜井明德. 福建古窯跡出土陶瓷器の研究. 都北印刷出版，1995：67.

[4] 宇検村教育委员会. 鹿児岛県大岛郡宇検村仓木崎海底遗迹発掘调查报告书. 1999.

[5] 池崎譲二. 博多遺跡群祇園駅出入口 1 号土坑——竜泉窯・同安窯系青磁. 季刊 考古学 第 75 号 雄山閣，2001：44 –45.

[6] 宮下貴浩. 第Ⅴ章 中世前期の持躰松遺跡 ~まとめにかえて ~//金峰町教育委員会. 持躰松遺跡第 1 次調査. 1998：64 –71.

[7] 亀井明徳. 南西諸島における貿易陶磁器の流通経路. 上智アジア学 第 11 号. 上智大学アジア文化研究所，1993：11 –45.

[8] 亀井明徳. 琉球陶磁貿易の構造的理解. 専修人文論集 60. 1997 –3：41 –66.

[9] 田端幸嗣. 琉球諸島における貿易陶磁器の受容に関して. 人類史研究 第 12 号，2000 –10：33 –45.

[10] 金沢陽. 倉木先“沈船”考//宇検村教育委員会. 鹿児島県大島郡宇検村 倉木先海底遺跡発掘調査報告書. 1999：40 –49.

[11] 王淑津，刘益昌. 大坌坑遗址出土十二至十七世纪外来陶瓷器// 中央研究院历史语言研究所. 2008 年台湾考古工作会报 会议论文及工作报告. 2009 –3：275 –292.

[12] 王淑津，刘益昌. 大坌坑遗址出土十二至十四世纪中国陶瓷. 福建文博，2010 (1).

[13] 河野真知郎，他. 今小路西遺跡（御成小学校内）発掘調査報告書. 鎌倉市教育委員会，1990.

[14] 馬淵和雄. 中世鎌倉における貿易陶磁の諸問題//日本貿易陶磁研究会第 20 回研究集会資料集. 1999.

[15] 文化広報部・文化財管理局. 新安海底遺物資料編Ⅰ、Ⅱ、Ⅲ、総合編. 1981—1988.

郑和时代与龙泉青瓷

周晓峰
（龙泉青瓷博物馆）

摘　要　龙泉青瓷随“郑和下西洋”流传到当时的近三十个国家和地区，成为我国对外商贸和文化交流的主流物品之一，在开拓“海上丝绸之路”中发挥了重要的作用。这些大量的龙泉青瓷产品不仅彰显了中华文化，而且影响到东西方人的审美和文化生活，赢得了世界对龙泉青瓷的认同。

关键词　龙泉青瓷；郑和下西洋；海上丝绸之路

中国瓷器是一条跨越中世纪东西方世界的友谊纽带，同时也是一座东西方文化交流的桥梁，在开拓“海上丝绸之路”中发挥了重要作用。

郑和为明朝著名的航海家、外交家，他生活的年代正处于我国封建社会后期最强盛的明代初期，大明帝国经济繁荣，国力鼎盛，一派盛世景象。明代初期，为宣扬明王朝之国威，在1405年到1433年间历时28年，郑和受命率领庞大的舰队，扬帆出海，七下西洋，航程远至非洲东岸红海和麦加等三十多个国家和地区。这一航海纪录，比哥伦布发现美洲（1492年）和达·伽马到达好望角（1497年）要早半个多世纪，被公认为世界古代航海史上时代最早、人数最多、规模最大、技术最先进、活动范围最广的航海活动，是人类文明史上的一次壮举。

一、郑和下西洋的基本情况

（一）郑和下西洋的历史背景

1. 明初经济的恢复

朱元璋建立明朝后，采取了一系列休养生息的政策。“天下初定，百姓财力俱困，譬犹初飞之鸟，不可拔其羽，新植之木，不可摇其根，要在安养生息之。”采取措施，大兴农、商、手工业。

农业方面：下令节省徭役、鼓励垦荒、军队屯田、兴修水利、大力发展农业。所谓“养兵百万，不费民间一粒米”。

手工业方面：继承了元代的工役制度，但对匠户的控制有所放松。洪武时规定：“凡工匠二等：曰‘轮班’，三岁一役，役不过三月，皆复其家；曰‘住坐’，月役一旬。住坐之匠月上工十日，不赴班者输罚班银月六钱，故谓之输班。”工匠获得更多的自由，刺激了手工业的发展。

商业方面：明政府采取了降低商税税率等政策。明初规定凡商税“三十取一”，舟车、丝布、家具以及军民嫁娶丧葬之物，一律免税；洪武十三年，在全国范围内裁减了三百五十多所税课司局。这种减税政策，是推动当时商业迅速恢复并发展的有利举措。尤其是明中后期，商品丰富，流通渠道广泛，外贸开放，从而使大城市、城镇经济迅速兴起，尤以江南与南海地区最为显著。

2. 造船业的发展

明初农、工、商业的大发展也促使了造船业的发达。明代在很多地方设立了造船厂，其中明州（宁波）、泉州、福州、潮州、广州等地成为制造海船的重要基地，这些地方基本上是繁华的港口，明代的外销瓷正是通过这些港口走向世界的。而且，明代的造船技术及船舶的尺度都是以往任何朝代不可比拟的。郑和宝船船体庞大，帆多桅多，大者长四十四丈（约 150.5 米），宽十八丈（约合 61.6 米），张十二帆，“体势巍然，巨无与敌”，甚至于篷帆锚舵也“非二三百人莫能举动”。可见，当时的船舶制造技术达到了古代历史上的最高水平。

3. 航海技术的进步

明代的航海技术继承和发展了宋元以来优秀的航海传统。《岛夷志略》等文献记载了宋元以来航海事业的发展，培养了大批有远洋航海经验的水手，为郑和下西洋培养了各种技术人才。

指南针、天文导航以及季风运用，使明代航海掌握了导航工具、把握航向和有效利用风力等先进技术手段，以及准确的针路记载和海图绘制。明代茅元仪的《武备志》收入的郑和下西洋绘制的航海地图（通称“郑和航海图”），是世界上极负盛名的中国古代航海图。而郑和航海壮举“凡三十余国”“涉沧溟十万余里”，显示了明代航海技术的先进水平。

（二）郑和下西洋目的

明朝开国之初的洪武二年（1369 年），朱元璋即先后派遣两批使者诏谕日本、占城、爪哇、西洋诸国，此后不久即有占城、爪哇、安南、渤泥、朝鲜、三佛齐、暹罗、日本、真腊等十国先后遣使朝贡。可见，在明成祖继位之前，明朝已与西洋及西域建立并发展了通贡关系。洪武三年（1370 年）在宁波、泉州、广州分别设置市舶司，负责中外贸易事宜。

明成祖继位以降，他的“锐意通四夷”的态度与开放的外交政策与明太祖一脉相承。永乐时期，全部的外交往来及仪式的根本，也都遵从于太祖时期的建制。据《明史》载：明成祖拓展外交的过程水陆并重，“西洋则和、景弘，西域则李达，迤北则海童，而西番则率使侯显”。作为成祖，是怀着“欲威制万方，遣使四出招徕”，以达到“大小诸国莫不稽颡称臣，献琛恐后。又北穷沙漠，南极溟海，东西抵日出日没之处，凡舟车可至者，无所不届”的理想。另据《明史》记载：“成祖疑惠帝亡海外，欲踪迹之，且欲耀兵异域，示中国富强。”

郑和立碑铭记：“若海外诸番，实为遐壤，皆捧琮贽，重洋来朝。皇上嘉其忠诚，命和等统率官校旗军数万人，乘巨舶百余艘，赍币往赉之，所以宣德化而柔远也。”

综上所述资料得出：郑和下西洋的目的：一则宣示国威；二则宣德化而柔远人；三则缉盗而通进贡之道；四则促进经济文化交流。因此，郑和下西洋活动除商贸文化交流之外，还具有强烈的外交目的和政治色彩。

（三）郑和船队人员组成及船舶形制

据《郑和家谱》及《瀛涯胜览》记录，郑和使团历次奉使人数在二万七千人左右，包括军员、武官、医护、外事、粮草、导航、翻译等，军员占80%以上。据《明史》《太仓州志》等文献记载，郑和第一次下西洋的舰队规模是最大的，计有人员27 800人，分乘宝船及各种辅助船只共208艘。分为宝船、战船、坐船、马船、粮船、水船六类，其航行队列以水军编制为基础。其中大型海船称为宝船，有62艘。马船承担供送官物的功能。长约61.2米，宽13.8米，吃水3.9米，排水量约1170吨，比元代新安沉船及蓬莱古船等一般商船的规模约大一倍。

（四）郑和下西洋对明代陶瓷外贸的影响

清代许之衡在《饮流斋说瓷》中说道："瓷虽小道，而于国运世变亦隐隐相关焉。"的确如此，明代的陶瓷能够大量销往海外，也是其综合国力强大的体现。明初，通过郑和七次下西洋，不仅宣扬了国威，保持了航路的畅通，而且推动了海外市场的开拓，因此明代陶瓷对外贸易达到了历史上的最高水平。

1. 郑和下西洋对明代陶瓷对外贸易的推动作用

郑和下西洋的卓越贡献不仅仅在于打通了由中国经印度西海岸直达东非的海上交通线，更重要的是他宣告了海外贸易大发展时代的到来。郑和亲自率领船队进行贸易活动，所到之处，都是以瓷器、丝绸、铜铁和金银器等器物换取当地的特产，与亚、非各国人民加强经济、贸易联系。而其中陶瓷是最大宗的用于赏赏和贸易的物品，这对于陶瓷的外销起到了重大的推动作用。

2. 维护了航路的畅通，建立海上贸易格局

扫清了以潮州人陈祖义为首的超过万人的海盗集团长期盘踞马六甲一带劫掠商船，阻碍东西方海上交通的障碍，为明代瓷器外销创造了有利条件。

满剌加国建立，东南亚贸易圈核心由三佛齐向满剌加转移。形成马六甲东南亚贸易中心，以马六甲为转运中心的东南亚贸易格局，至今仍存。

对印度古里国的扶植，使得这个建立于13世纪的新兴港口，在极短的时间内"序诸藩之首"，使其成为环印度洋贸易重要的港口，对之后的海上贸易格局产生了深远的影响。

3. 推动海外市场的开拓和远洋贸易

郑和下西洋遍访亚非三十余个国家和地区，并与它们建立了友好的关系。郑和船队每到一处，便与当地人民进行交易，瓷器则是船队进行交易的主要产品。据《星槎胜览》《瀛涯胜览》及《西洋番国志》等书记载，当时我国的青瓷和青花瓷在国外很受欢迎。

《西洋番国志》"柯枝国"条也记载了"名哲地者专收买宝石、珍珠、香货，以待中国宝船"，同中国船队交换瓷器、绫罗绸缎等产品。

郑和下西洋开辟了一条"海上陶瓷之路"，减少了陆路运输带来的损耗，给外销陶瓷提供了便利。同时，郑和下西洋所到亚非几十个国家，都与中国建立了友好的

关系，促进了瓷器销售在国外市场的扩大。

4. 极大地推动了朝贡贸易的发展

郑和船队每到一处的任务是：宣读皇帝诏书，赏赐各国国王以及鼓励他们来华朝贡。在郑和的鼓励下，东南亚各国纷纷派出使团来华朝贡。史料记载："自是蛮邦绝域，前代所不宾者，亦皆奉表献琛，接踵中国。"

永乐二十年（1422 年）六月，郑和第六次下西洋返航时，亦有暹罗、苏门答腊、哈丹等国遣使随行来贡方物；翌年九月，又有古里、忽鲁谟斯、锡兰山、阿丹、祖法儿、剌撒、不剌哇、木骨都剌、柯枝、加异勒、溜山、南勃利、苏门答腊、阿鲁、满剌加等十六国遣使 1200 人至京朝贡方物。这些使者回程购买的货物大宗的也都是陶瓷，同时，明政府对外国赏赐了大量的陶瓷。在郑和等人的努力下，明初的朝贡贸易达到了鼎盛时期。

5. 刺激了沿海民间走私贸易及欧洲国家的货物运转

明初，虽然实行"海禁"政策，但其实明代的海禁政策并不是很严格。明代的海禁自 15 世纪初一直延续到 16 世纪中，但实际上对于日渐增长的对日与东南亚贸易，很少影响。文献记载："诸夷船舶……与内地民互为市……商船则土著民铸钱造船，装土产、径望东西洋而去，与海上诸夷贸易。"由此可见明代走私贸易的发达。同时，郑和下西洋后，不但保护了当地的华侨，还鼓励了部分沿海居民出口谋生，他们势必大量贩运可以赚取丰厚利润的瓷器。

15 世纪末到 16 世纪初，随着世界新航路的开辟，葡萄牙、荷兰与我国取得了贸易联系。随着欧洲国家的大量转运，我国的瓷器开始大量销售到欧洲。据《荷兰印度公司与瓷器》的记载，每年都有几万件至几十万件瓷器的交易。而实际上，民间的陶瓷贸易往往被忽视或不为人所知，因此明代陶瓷实际输出量远远超过文献记载。

二、明初龙泉青瓷生产的外销

龙泉窑烧制历史悠久，宋元之际龙泉青瓷登峰造极，明早期依然保持繁荣。根据历史文献记载和枫洞岩考古资料证明，明初龙泉窑仍在烧造宫廷用瓷。

明初，龙泉窑不但为宫廷烧造用瓷，还大量行销海外。冯先铭先生在《中国古陶瓷图典》中这样说道："明代早期龙泉窑产量仍然很大，有相当一些器物，如大盘、盖罐等，造型、纹饰与江西景德镇青花瓷极为相似，龙泉窑产品不仅内销，自元代开始，还大量销往海外，日本、菲律宾、巴基斯坦、印度、埃及等国都出土有龙泉窑的瓷器。"

《大明会典》还曾记载，当时朝廷规定外销的青瓷盘每个售价为一百五十贯，可见当时龙泉青瓷之名贵。

（一）大窑龙泉窑枫洞岩考古发现

2006 年 9 月至 2007 年 1 月，浙江省文物考古研究所、北京大学考古文博学院和龙泉青瓷博物馆联合对枫洞岩窑址进行了考古发掘，揭露面积 1700 余平方米，清理了窑炉、作坊、大型房屋等一批重要的遗迹，发现了明代洪武、永乐两朝的官器，取得了重大的考古成果。同时通过与海外考古、水上考古与海外博物馆的收藏品，证明龙泉窑明代上早期的产品被大量地销往世界各地，成为“海上丝绸之路”的重要载体，见证了“郑和下西洋”的伟大壮举。

1. 大明官器

《大明会典》卷一百九十四《工部（十四)》“窑冶·陶器”条载：“洪武二十六年（1393 年）定，凡烧造供用器皿等物，须要定夺样制，计算人工物料。如果数多，起取人匠赴京，置窑兴工。或数少，行移饶、处等府烧造。”

成化帝（明宪宗）于天顺八年正月二十二发布的《即位诏》中令：“江西饶州府、浙江处州府，见差内官在彼烧造磁器，诏书到日，除已烧造完者照数起解，未完者悉皆停止。差委官员即便回京，违者罪之。”

由此可知：在洪武—天顺年间，处州龙泉窑就和景德镇（时称饶州）一样，承担了为宫廷烧造经“定夺样制”的“供用器皿”的任务，且至少天顺年间还有“内官”（太监）监烧。

本次枫洞岩窑址的发掘表明：枫洞岩窑场即为明初奉旨“烧造供用器皿”处州窑场之一。

刻花五爪龙纹高足杯

明初对龙凤纹的使用是有严格规定的。《明史》卷六十八《志》第四十四“器用之禁”条：“洪武二十六年定，……不许用朱红及抹金、描金、雕琢龙凤纹。”

本次发掘出土一件刻有“官”字款的圆锥形火照，还出土一件永乐时期刻花海涛双鱼纹“官”字洗，外底刻有一个“官”字，表明其为官器。

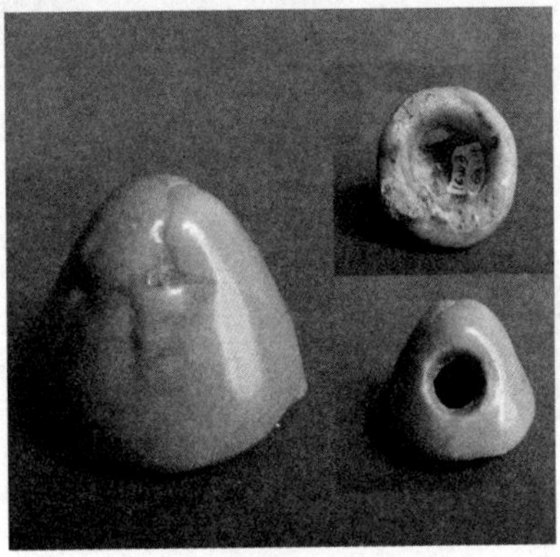

官字款火照

《大明会典》卷一百九十四《工部（十四)》“窑冶·陶器”条载：“洪武二十六年定，凡烧造供用器皿等物，须定夺样制……”说明明初凡为朝廷烧造供用器皿，有统一的样。本次发掘出土的一件垫托上画写“三样三个花；三样三个，内花一个；二样三个光；四样二个光；二样碗五个花”等文字，都印证了“定夺样制”的记载。

景德镇珠山遗址的发掘中也发现不少瓷样标本，如“四十九号十八样”“十一号十二年样”“二十年戊七十号”“五十七年样”等。这都说明这两处窑烧造产品是有“样”可依的。

本次发掘出土的官器，大墩碗、菱口折沿盘、折沿盘、敞口盘、执壶、梅瓶、玉壶春瓶等，不仅器型、图案内容、

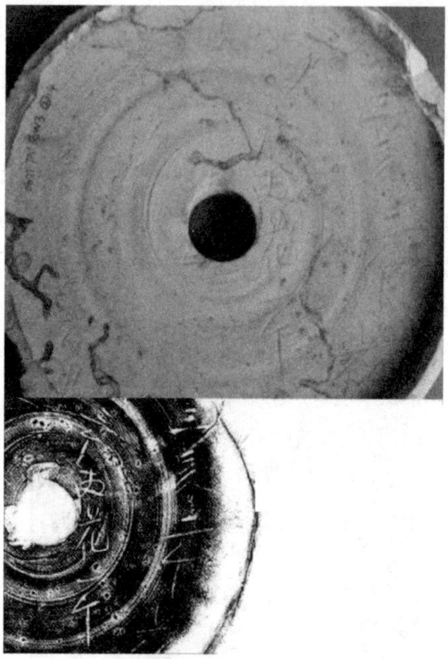

枫洞岩考古发掘刻字垫托

纹样布局，甚至尺寸，均与景德镇珠山生产的明初洪武或永乐官器相同。在清宫旧藏瓷器中，部分明代早期龙泉窑的造型、规格和纹饰又与景德镇同一时期的产品相同，两者之间的极大一致性，可以说明此两处的产品正如文献“行移饶、处等府烧造”所言。

2. 洪武、永乐地层的器物特征

洪武官器有刻花大墩碗、刻花菱口盘、刻花折沿盘、五爪龙纹盘和刻花执壶、梅瓶、玉壶春瓶等。厚胎厚釉、胎质细腻，釉色以青绿为正色调，外底刮釉成规整涩圈，刻花工整、刻工深邃。花纹遍布器身，花纹题材同类器几乎完全一致。特别是大墩碗，出土十余件，器型、装饰完全一致，可见其纹样确为定制。

永乐官器器型有大墩碗、莲子碗、洗、五爪龙纹盘、高足杯、卧足盅、梅瓶、玉

青花松竹梅纹大窝盘（左）；刻花松竹梅纹领日折沿盘（右）

壶春瓶、执壶等，基本都有刻花纹饰。相对于洪武官器，器型偏小，但仍是厚胎厚釉，足端裹釉圆润，外底涩圈规整，制作工整精巧，刻画花精细。

刻画花装饰题材也多为写实的花果枝叶。出土最多的刻画花莲子碗，其花纹题材组合有三种，而五爪龙纹盘装饰完全一致，所以也是有定制样本的。纹饰题材主要有卷草纹带饰、浪花纹带饰、双鱼戏水纹、牡丹纹、缠枝莲纹、菊花纹、石榴纹、琵琶纹、桃纹、荔枝纹等。其中出土的一件刻花海涛双鱼纹卷沿洗有“官”字款。

从器型上看，官器器型主要有玉壶春、梅瓶、执壶、大墩碗、折沿盘、莲子碗等。

大盘、墩碗、梅瓶的胎都比较厚；玉壶春、执壶、小碗、菊瓣纹碗的胎却比较薄。胎色较白，少数白中泛灰，胎质比较细腻。施多次釉，从断面看，以施三层釉为多，但一些器物内壁釉较薄，一般只施一层釉。釉色均匀莹润，质感成熟沉稳，以梅子青为主基调，也有粉青、灰青，少

数呈黄色。每一类都分光素无纹与刻花两种，花纹相同的器型规格也基本一致。除梅瓶、玉壶春、执壶等器型削足垫烧外，大部分裹足施釉，外底部刮掉一圈釉，用来垫支具，不少残底可见到垫烧支具的痕迹。

从纹饰上看，明初官器盛行胎装饰和釉装饰两种方法。胎装饰用刻花技法，题材除五爪龙纹外，均为植物花果，有牡丹、菊花、山茶、莲、月季、芍药、木芙蓉等观赏花卉，有桃子、石榴、荔枝、樱桃、葡萄、琵琶等鲜美果实，又有松竹梅、芭蕉等与湖石组合的庭园小景，寓意祥瑞美好。也有如五线谱、金刚杵等西洋纹样。刀法娴熟、线条流畅，其丰富逼真的表现力仿佛以刀代笔，挥洒自如，将刻花工艺推向了登峰造极的高度。

从功用上看，一是祭祀之用。洪武三年朱元璋下诏“凡祭器皆用瓷”；洪武九年又明文规定“圜丘青色，方丘黄色，日坛赤色，月坛白色”，圜丘即天坛，是皇帝冬日祭天的地方。可见，形制庄重、体量硕大的大盘、墩碗都是用于祭天的，是重要的宫廷祭祀用器。《大明会典》卷八十二有圜丘第一成及第二成陈设图。圜丘第一成陈设图中注明“登铏用磁碗代簠簋笾豆用磁盘代凡坛庙同”，在祭器中除了瓷尊、瓷爵及一些杂项外，就是盘和碗，大盘和墩碗是两类重要的祭祀实用器。其中墩碗是代替登铏来盛羹的太羹碗和羹碗，大盘则用来盛放各种祭祀物品，大盘数量在祭器中占大部分。二是作为酒器。梅瓶、玉壶春瓶、执壶及一些相应的盘、碗则是酒器，这与永乐朝豪放尚武、盛行宫廷宴饮之风密切相关。

（二）明初龙泉青瓷的外销途径

明代初期龙泉青瓷的对外传播途径主要有以下几种。一是赏赐朝贡的外国使节，并由他们带回各自的国家。明代早期，朝廷严禁私人从事海外贸易，朝贡贸易成为对外贸易的唯一合法途径。这种贸易形式在永乐至宣德年间臻于鼎盛，在郑和下西洋的影响下，海外各国纷纷与明朝廷建立朝贡关系。永乐十七年郑和第五次下西洋回国时，就带回了十七个国家和地区的贡使。在龙泉生产的这些瓷器除了满足宫廷祭祀、日常御用以外，还要满足朝廷对外赏赐和交换的需要。二是郑和下西洋时随船出海，龙泉青瓷以赏赐和交易的方式留在了相关国家。1405 年明成祖命令郑和下西洋，携带了大量瓷器、丝织品、茶叶等中国传统外贸货物赠予沿途经过的国家，其中包括龙泉青瓷。三是民间走私促使民间商贸壮大。明正统以降，朝贡贸易衰微，但这并不意味着对外贸易的萎缩，由于有利可图，与此同时，私人海外贸易队伍却逐渐壮大起来。隆庆元年（1567 年）部分解除海禁，私人海外贸易取得了合法地位，进入一个新的发展期，大量的中国丝绸、瓷器、铜铁器等产品出口，其中丝绸和瓷器最为大宗。我们通过实物对照，龙泉窑考古出土器物与在东南亚和印度洋周边的一些国家和地区的数量可观的传世和出土青瓷器，以及国外各大博物馆的古代青瓷收藏品相一致。

曾在印度东北部的阿萨姆邦的柯瓦梯，南部迈索尔邦的钱德拉瓦茨里与马德拉斯邦的德本地治里、阿里卡梅多等地发现有明代以前的中国瓷器。现阿萨姆邦国立博物馆馆藏的明初龙泉窑青瓷大盘，被传出土于布拉马甫特拉河流域平原。1987 年印度考古学家对大八丹进行了考古发掘，并发现了青瓷、白瓷、青花瓷等一千多件陶瓷片，其中青瓷占 60% 左右，龙泉窑所产青瓷占其中的 35% 以上。在卡拉特巴林南部的清真寺废墟和附近海岸区发现有 14 世纪后半叶到 15 世纪初的元明龙泉窑青瓷，其中包括元代内底贴菊花纹大碗片。

（三）文化的相互影响

一方面龙泉青瓷传入西方，对当地的审美活动、生活饮食习惯产生影响。中国是发明瓷器最早的国家，而青瓷技艺也是最早熟，瓷器文明的对外传播，促进了世界人民对瓷器的认识。大量的瓷器出口海外，不仅换回了“外汇”，同时也促进了世界陶瓷文明的发展。

另一方面，也影响到龙泉青瓷的样式及文化输出的方式。一些如“五线谱”“金刚杵”等图案、扁壶等造型都是来自于海外的图案造型。在文化交流与碰撞中，文化素材也是相互借鉴的，文化产品生产和贸易也需要接“地气”。

三、小结

龙泉青瓷在宋元时期就有大量出口，成为我国对外商贸和文化交流的主流产品之一。明代早期，龙泉青瓷仍然是以主角身份之一参与了“郑和时代”的海外交流，为开拓“海上丝绸之路”发挥了重要的作用。

随“郑和下西洋”的龙泉青瓷产品，大部分是朝廷“定夺样制”的官器，超越了一般的商贸和文化交流的意义，具有彰显国威的政治意义。

龙泉青瓷随“郑和下西洋”流传到当时的近三十个国家和地区。而综观之，龙泉青瓷广布世界的五十多个国家和地区，被世界各大博物馆收藏。这些大量的龙泉青瓷产品不仅彰显了中华文化，而且感动了东西方，影响到东西方人的审美和文化生活。甚至一些国家把龙泉青瓷作为身份地位的象征。

文化交流相互影响。特别是自元代以来至明代，龙泉青瓷因为不同民族的审美以及国际文化交流的相互影响，推动了艺术创造的多元化，表现在器型的变化、装饰手法和题材的丰富性等方面。这种交流和融合，促进龙泉青瓷采用了一些国际化的表达方式，以赢得世界对龙泉青瓷的认同。

鉴于郑和下西洋的国际影响，大大推动了世界的贸易需求，同时由于明朝海禁政策的限制，促使龙泉青瓷的生产向外延伸，一些窑工到海外生产青瓷以谋生，也带动了越南、泰国、伊朗、日本等国的瓷业发展。

参考文献

苏鹤鸣. 龙泉青瓷. 香港：香港出版社，2007.

吴越滨，何鸿. 浙江青瓷史. 北京：中国文史出版社，2007.

叶英挺. 青瓷风骨. 杭州：浙江大学出版社，2006.

浙江省轻工业厅. 龙泉青瓷研究. 北京：文物出版社，1989.

朱伯谦. 中国龙泉青瓷. 杭州：浙江摄影出版社，1998.

明代中国陶瓷流播日本之研究

陈小法

（浙江工商大学　东亚研究院）

摘　要　明代是我们研究中日陶瓷文化交流的重要时代之一，明代陶瓷流向日本，可分为两大途径，一是实物，二是技术。实物途径以明廷赏赐、使节购买、走私贸易等为主，也有少量的个人私赠，而技术途径包括日工来明学习和明人赴日传播两种方式。

关键词　明代；陶瓷；日本；文化交流

在古代，日本人对中国物品（唐物）的憧憬和追逐之潮经久不衰，如典籍、铜钱、丝绸、陶瓷、书画、药材等，都曾是不畏鲸波之险而千里迢迢从中国输入之物。到了中世，拥有唐物的多少，成为了当时人们身份和财富的象征。对于这种过度崇尚中国奢侈品的社会现象，日本南北朝时期（1332—1392年）的兼好法师（1282—1350年）曾尖锐批评：

> 大唐的货物，除药材外，其余的没有也无妨。书籍一类已经广为流布，没有的，也可以转抄下来。到大唐的航程很艰难，如果尽把些无用之物运回我国，是极愚蠢之事。《尚书》云："不宝远物。"《老子》云："不贵难得之货。"[1]

书籍曾是遣隋唐使、入宋僧梦寐以求的唐物之一，但在吉田兼好法师看来，南北朝时期日本更需要的是如药材之类实用的唐物，而不是那些无用的奢侈品，甚至包括书籍。从中我们也不难读出兼好法师所言的一些弦外之音：一是寓意当时日本国内已经藏有相当丰富的中国书籍；二是批判那些为了在中日贸易中攫取利益从而见利忘义的商贾，甚至是那些主导民间贸易的地方大名、幕府要员。

但是，随着日本南北朝的统一，北山文化、东山文化、茶道、插花、连歌、能乐等文化的兴起和烂熟，对于唐物的追崇不仅没有收敛，而且迎来了一个前所未有的"唐物趣味"时代。在众多的舶来品中，中国陶瓷品一直是炙手可热之物，以致到了宋代以后，陶瓷品成为了对日输出的最主要商品，12世纪景德镇的青瓷和明代的青花瓷成为了抢手货。[2]

一、从"倭好"说起

在明代中日朝贡贸易中，室町幕府将军虽然主要瞄准的是明朝铜钱，但陶瓷品仍是官方、民间交易中最喜爱的物品之一。这在嘉靖四十一年（1562年）刊行的郑若曾《筹海图编》卷二《倭好》中有较为详细的记载。

倭　好

昔贾谊上三表五饵之策，知倭国之所好，则饵在是，而悟所以制之之术矣，故志之。

丝：所以为织绢纻之用也。盖彼国中自有成式花样，朝会宴享，必自织而后用之。中国绢纻，但充里衣而已。若番舶不通，则无丝可织，每百斤值银五六百两，取去者其价十倍。

丝绵：髡首裸裎不能耐寒，冬月非此不暖。常因匮乏，每百斤价银至二百两。

布：用为常服，无绵花故也。

绵绸：染彼国花样，作正衣服之用。

锦绣：优人剧戏用之，衣服不用。

红线：编之以缀盔甲，以束腰腹，以为刀带、书带、画带之用。常因匮乏，每百斤价银七百两。

水银：镀铜器之用，其价十倍中国。常因匮乏，每百斤价银三百两。

针：女工之用。若不通番舶而止通贡道，每一针价银七分。

铁链：为悬茶壶之用。倭俗，客至饮酒之后啜茶，啜已即以茶壶悬之，不许着物，极以茶为重故也。

铁锅：彼国虽自有而不大，大者至为难得，每一锅价银一两。

磁器：择花样而用之。香炉以小竹节为上，碗碟以菊花棱为上，碗亦以葵花棱为上。制若非觚，虽官窑不喜也。

古文钱：倭不自铸钱，但用中国古钱而已，每一千文价银四两。若福建私新钱，每千价银一两二钱。惟不用永乐、开元二种。

古名画：最喜小者。盖其书房精洁，悬此以为清雅。然非落款图书不用。

古名字：书房粘壁之用，厅堂不用也。

古书：五经则重《书》《礼》而忽《易》《诗》《春秋》。四书则重《论语》《学》《庸》，而恶《孟子》。重佛经，无道经。若古医书，每见必买，重医故也。

药材：诸味俱有，惟无川芎。常价一百斤价银六十七两，此其至难至贵者也。其次则甘草，每百斤价银二十两以为常。

氊毯：以青者为贵。

马背氊：王家用青，官府用红。

粉：女人搽面之用。

小食箩：用竹丝所造而漆饰者。然惟古之取，若新造者，则虽精巧不喜也。小盒子亦然。

漆器：文几、古盒、砚箱三者，其最尚也。盒子惟用菊花棱，圆者不用。

若曾按：日本所贡倭扇、描金盒子类，皆异物也。其所悦于中国者，皆用物也。是彼有资于中国，而中国无资于彼。忠顺则礼之，悖逆则拒之，不易之道也。若徇其求而慾期许贡，无端互市，断断乎不可。

《癸辛杂识》载其地绝无香，尤以为贵。[3]

郑若曾在上文列举了丝、丝绵、布、绵绸、锦绣、红线、水银、针、铁链、铁锅、瓷器、古文钱、古名画、古名字、古书、药材、氊毯、马背氊、粉、小食箩、漆器等日本人喜爱的中国物品，瓷器就是其中之一。但是，对于瓷器并非一视同仁，有其特殊要求，即所谓的“择花样而用之”。换言之，选购时比较注重陶瓷的装饰花纹。如香炉，以有细小的竹节花纹为上品，这可在东京国立博物馆、德川美术博物馆馆藏的青瓷千鸟手香炉（图 1）中得到参考。碗碟即小盘子以边口类似菊花纹路而具凹凸感的为优品。碗也类似，以“葵口”即碗口整体的凹凸样堪似葵花纹的为好。但是，如果制品不具备上述棱角（觚）的话，即使是官窑所产，也不入其法眼。

图1　青瓷千鸟手香炉

上文中提及的“官窑”，当时该指浙江龙泉窑和江西景德镇窑等为主。13—14世纪，浙江龙泉窑的上等作品中很大一部分传到日本，在日本美术史上甚至把南宋、元明时期的龙泉窑作品按照成色独自分为三类：砧青瓷（偏蓝色）、天龙寺青瓷（偏绿色）、七官青瓷（偏黄绿色）。[4]

明初，景德镇官窑开始生产后，部分青花瓷器也作为朝廷对来贡者的赏赐品而逐渐流向海外。到了16世纪初，龙泉窑逐渐衰退，景德镇的产品因而占据了国内外绝对市场。明代浙江海盐人姚士麟在《见只编》卷上中就提到：

> 大抵日本所须，皆产自中国，如室必布席，杭之长安织也；妇女须脂粉，扇漆诸工须金银箔，悉武林造也。他如饶之磁器、湖之丝绵、漳之纱绢、松之绵布，尤为彼国所重。[5]

根据姚士麟的描述，日本人的日常必需品大多出自中国，其中就包括“饶之磁器”即景德镇瓷器。但是，明后期沿海地区的浙江、福建、广东等地民窑兴起，由它们生产的龙泉窑、景德镇窑仿制品颇受欢迎，并逐渐成为海外贸易的新宠，如德化青瓷、安溪青花、漳州的青瓷青花、惠东青瓷等就是其中代表。还有一些民窑烧制出了一些官窑所不具的特殊产品，如宜兴紫砂、德化白瓷、漳州五彩、佛山褐釉等，也开始销往日本。[6]因此，景德镇瓷器一统天下的局面遂被打破。

二、明代陶瓷输入日本的路径

明代陶瓷流向日本，笔者将其分为两大途径，一是实物，二是技术。实物途径以明廷赏赐、使节购买、走私贸易等为主，当然可能也有少量的个人私赠，而技术途径包括日工来明学习和明人赴日传播两种方式。

（一）实物流播

因陶瓷品具有易碎易耗之性质，所以很难从存世品中来研究当时流播的全局，唯有借助文献记载和考古资料，以管中窥豹之手段来还原部分历史面貌。就明代中国陶瓷流向日本的记录资料来看，日方相对保存得更多一些。

进入14世纪中期以后，肥后（今熊本）高濑津频频登上国际交流的舞台，从福建至高濑的国际航道代替了原来的明州至博多航道成为了主流，不仅是人员往来，中国的许多陶瓷器也通过此航线源源不断地运到了萨摩南部等地区。这其中的主要原因是倭寇活动的猖獗以及元末明初中国国内形势的动荡不安。

日本学者亀井明德通过对镰仓末期到室町中期即14—15世纪皇族、贵族、僧人的日记调查研究发现，中国陶瓷的相关记载出现了280件之多。同时，他还得出以下几点结论。

第一，在陶瓷品用语中，经常与“茶”相结合，如“茶碗（椀、垸）”“茶碗香炉”“花瓶茶碗”等。

第二，9世纪以后，唐物用“唐瓶子”“唐垸”来表示的用例虽然不多，但一直持续到室町时代。

第三，9世纪的陶瓷品一般只标识为青瓷、白瓷，而到了室町时代，不仅有“青瓷钵”“花瓶白瓷”等常用语，还有如“处州”“饶州”“建盏”等表示产地的用例，甚至还有更为详细的表示法，如“茶垸染付（青花）立龙瓶”“花形砂罗”等。

第四，自镰仓末期始，“磁”字常用，而少见“瓷”字。

第五，“染付”（青花瓷）一词的最早出现，是在室町时代公卿东坊城秀长（1338—1411年）撰写的《迎阳记》“康历二年（1380年）六月九日”条，器名是“青花茶碗”，用于插花大会。

第六，自《迎阳记》出现“青花茶碗”一词后，直至1500年为止，文献中可查得“花瓶”“茶碗”的用例有36次，主要集中在14世纪30年代左右。这些陶瓷品应该是遣明船从中国输入，并通过景德镇—宁波—兵库这样的路线传至京都。

第七，1380—1432年的陶瓷品中，以民窑的元青花为最多，它们来路之一可能是入元僧或遣明使从宁波携回，经由博多、兵库而流入京都。来路之二可能是从福州经由琉球王国到萨摩藩的岛津氏，再由岛津氏赠送给幕府要人。[7]

下面仅以举例方式管窥蠡测明代陶瓷流向日本的大致情况。

1. 明廷赏赐

明代时期，日本的每次官方来贡，明廷都给予日本国王（幕府将军）、王妃（将军夫人）、使臣大量的礼物，其中最多的是铜钱、丝绸、棉布，偶尔也有陶瓷品。当然，除了皇帝直接赏赐外，在明朝使节出使日本时带去的赐物中，也有陶瓷品，如1434年，明朝宣谕使雷春就奉命给足利义教带去了包括金绫、缎子、漆盘、香盒、绘画、花瓶、香炉以及药品等在内的五十箱物品。

下面仅以永乐元年（1403年）闰十一月十一日赐予日本国王妃的物品为例，大致了解赏赐中陶瓷品的情况。

赏赐包括纻丝（5匹）、纱（5匹）、绢（40匹）、红雕漆器（58件）、盘（14个）、香叠（2幅）、花瓶（1个）、卓器（2卓）、碗（5个），其中瓷器有两样，即花瓶和碗，而盘、卓器从其描述判断，应为木质而非瓷器。花瓶上“刻竹节四季花，足刻钱纹，径九分，高三寸一分”，而五个碗中的其中“三个刻回纹四季花，径六寸三分，高三寸一分。二个刻回纹四季花，径五寸七分，高二寸六分”。[8]

尽管通过明廷赐予日本的陶瓷品可能不多，但由于出自官窑所产，应该为明代时期流向日本的中国陶瓷品中的珍品。

2. 使节购买

自明代建文三年（1401年），日本室町幕府第三代将军足利义满（1358—1408年）派遣正使肥富、副使祖阿正式与明建交后，在以后将近一个半世纪里，中日之间以勘合为凭证展开了贸易，前后将近达二十次之多，这种遣明船贸易亦称“勘合贸易”。[9]

从“勘合贸易”的变迁来看，日本学者田中健夫将其分成前、中、后三个阶段。其中前期包括第一次至第八次，为明代中日关系的成立期；中期包括第九次至第十七次，为两国关系的发展期；后期指第十八次和第十九次，为两国关系的衰退期。从遣明船的经营性质来看，前期几乎为幕府所独占，中期被有力寺社以及守护大名所把控，而后期则为大内氏所霸。[10]

由于遣明使人数众多，难以详尽介绍，本文仅以策彦周良（1501—1579 年）为例来探讨入明僧购买中国陶瓷品的概况。选定策彦周良作为例子，出于两方面理由，一是他曾两次入明朝贡，并分别出任使团副使和正使，具有一定的代表性；二是他留有详细的朝贡日记，以便我们做比较精确的考察。

策彦周良，日本京都人，号怡斋、谦斋，临济宗梦窗派僧。天龙寺妙智院第三世。九岁侍西山妙智院心翁，十八岁剃度后参天龙寺之心翁等安而嗣其法。明世宗嘉靖十七年（1538 年）十二月，奉其幕府将军足利义晴（1511—1550 年）之命，以副使身份与正使湖心硕鼎抵北京完成朝贡使命，著有《初渡集》。嘉靖二十六年（1547 年）则以正使身份再度来华。唯因贡期未及，明朝当局不准登陆，乃在定海附近之岙山等候贡期，至嘉靖二十八年方才完成其贡，时撰《再渡集》。

策彦周良在明期间，在各地都有购物活动的记录。现以他首次朝贡日记《初渡集》为据，就陶瓷品的购买情况以时间为序整理为表 1。

表 1　策彦周良第一次购买的中国陶瓷

时间	地点	物品及价格
嘉靖十八年八月十日	宁波	碎器①香炉一个（银五分）、小瓶一对（三钱六分）
嘉靖十八年十一月十六日	苏州府	杯盆十个
嘉靖十八年十一月廿九日	云阳驿	小皿十个、茶碗两个
嘉靖十九年七月廿六日	仪真驿	青茶碗三个（一个八厘）、小茶碗二个（一分五厘）
嘉靖十九年八月十九日	姑苏驿	青茶碗杯一个（五厘）
嘉靖十九年八月廿一日	姑苏驿	瓶一个（二钱一分）
嘉靖十九年八月廿六日	平望驿	柏叶小皿五个
嘉靖十九年九月廿七日	宁波	白取皿②十个、白切立皿③十个、白胁皿④十个
嘉靖十九年九月廿八日	宁波	大取皿十个、切立十个、青切立十个、圆瓶一对（银四钱）
嘉靖十九年十月四日	宁波	皿十个
嘉靖十九年十月廿三日	宁波	手盐皿十个
嘉靖十九年十一月九日	宁波	芙蓉杯三个并筒一个
嘉靖十九年十一月十一日	宁波	定器⑤大四个、小八个
嘉靖十九年十一月十二日	宁波	小碎器皿十个
嘉靖十九年十一月十六日	宁波	碎器芙蓉杯一个（银三分）

续表

时间	地点	物品及价格
嘉靖十九年十二月二日	宁波	四角碎器皿四个（银二钱五分）
嘉靖十九年十二月三日	宁波	土物⑥水续一个（二分）
嘉靖十九年十二月六日	宁波	碎器芙蓉杯一个（银三分）
嘉靖二十年三月十七日	宁波	青茶碗皿二十个
嘉靖二十年四月六日	宁波	天目台一个（三分三厘）
嘉靖二十年四月十四日	宁波	酢盐皿三百个（银二钱五分五厘）
嘉靖二十年四月十九日	宁波	天目台三个
嘉靖二十年四月二十日	宁波	兰花瓷器茶碗三十个、兰花瓷器皿百个
嘉靖二十年四月廿六日	宁波	白菊皿二十个
嘉靖二十年五月二日	宁波	碎器二号大皿十个、白菊盐皿十个（一钱）
嘉靖二十年五月三日	宁波	白菊盐小皿十个（八分）
嘉靖二十年五月十七日	宁波	盐皿四十个

注：上表根据《初渡集》同日条整理而成。

①碎器：一种釉层有裂纹花样的瓷器。始于宋代。有开片、冰裂、佰圾碎等名目。

②取皿：小碟子。

③切立皿：一种竖立的装饰盘子。

④胁皿：一种类似托盘的碟子。

⑤定器：日常使用的餐具之类。

⑥土物：土俑。

从表1可知，策彦周良购买的陶瓷品种类主要包括茶碗、杯皿、瓶筒、台子等，尤其是茶碗和各种器皿居多，颜色偏爱青白。而茶碗有青瓷、兰花纹之类，器皿多描菊花纹，台子（盏托）以天目为主。购买地点除登陆地宁波外，也不乏北上运河而途径的各驿站。还有一点值得注意的是，策彦周良在第二次朝贡期间，所购的陶瓷品相比第一次来说少得多，取而代之的是药材、丝绸等物。

3. 民间贸易

明代施行海禁政策，贸易港被限于宁波、泉州、广州三地。可是，随着生产力的不断扩大和大航海时代的到来，利用三港之外的港口进行私人贸易愈趋活跃化，福建九龙江河口的月港就是其中一个重要据点。

明代陶瓷流播日本品种繁多，路径不一。尤其是明末，每年都有大量的中国瓷器运往日本。仅以福建地区为例，其境内的漳州窑行销日本，形成了以日本为主要市场的生产格局。同时，福建民窑的蓬勃发展并大量外销日本，对日本的制陶业产生了深刻影响。不仅如此，中国陶瓷向日本的输入，由原来被当做贵族瓷、礼品瓷进口的景德镇瓷器在这一时期转为福建陶瓷的大量输入，使中国陶瓷在日本的使用趋向平民化、日用化。尤其在明末清初，这种现象更为明显，它对日本的经济、生活、文化产生了重要影响。[11]

表 2　1641—1652 年中国瓷器输往日本情况一览

时间	输出地点	品种	数量（个）
1641. 6. 26	福建安平	茶碗	1400
		茶壶	47
1641. 7. 1	福建安平	茶壶	70
1641. 7. 4	福建安平	瓷器	1000
		茶壶	80
1641. 7. 10	福建福州	茶碗	5000
1641. 7. 22	福建福州	茶壶	710
1641. 7. 23	福建福州	茶壶	1127
1641. 7. 25	不明	茶壶	576
1642. 7. 1	福建福州	茶壶	78
1642. 10. 16	各港口	瓷器	50 000
		茶壶	130
		茶道具	20 000
1643. 6. 8	江苏南京	瓷器	11 包
1643. 6. 11	福建福州	茶壶	若干
1643. 9. 1	不明	茶壶	若干
1644. 2. 15	福建福州	茶壶	若干
1644. 2. 16	福建福州	茶壶	若干
1644. 3. 15	江苏南京	粗瓷器	若干
1644. 3. 19	北部中国	粗瓷器	若干
1644. 5. 20	福建福州	茶壶、瓷器	若干
1644. 6. 26	福建漳州	粗瓷器	若干
1644. 7. 8	福建漳州	瓷器	若干
1644. 7. 15	福建福州	瓷器	若干
1644. 7. 29	江苏南京	瓷器	若干
1644. 8. 13	北部中国	瓷器	若干
1644. 8. 19	福建安平	瓷器	若干
1644. 8. 30	福建安平	瓷器	若干
1644	不明	瓷器	6478
		茶壶	1682
1645	不明	瓷制钵	229 000
		茶壶	433
		大型粗瓷器	40
1646. 4. 20	福建福州	粗瓷器	若干
1646. 4. 30	福建福州	茶壶	若干
1646. 8. 1	福建泉州	各种瓷器	1020
1646. 8. 30	福建福州	瓷器	若干
1651	浙江舟山	粗陶器皿	若干
		土制药壶	若干
1652. 3. 16	不明	各种粗瓷器	567 包

注：根据林仁川：《明末清初私人海上贸易》，上海：上海华东师范大学出版社，1987 年，第 221 – 227 页的表格整理而成。

（二）技术传习

1. 藤四郎与“春庆烧”

据文献记载，日本陶器的前身“须惠器”在5世纪末已经相当成熟，之后8世纪出现的釉陶“奈良三彩”，足足要比中国迟了千年左右。从奈良时代到平安时代，这种低温烧制的釉陶曾是日本陶器史上的主角。之后产业衰弱，日本的制陶业进入了漫长的黑暗期。而带领日本冲破黑暗、迎来制陶产业黎明的是13世纪的“春庆烧”。

日本贞应二年（1223年），濑户出生的加藤四郎左卫门春庆（俗称藤四郎）随同僧人道元入宋，在宋期间，藤四郎习得了宋朝的制陶技术，并于五年后的日本安贞元年（1227年）归国。归国后的藤四郎，首次在尾张（爱知）的濑户开始了中国宋朝风格的陶器生产，即“春庆烧”，也称“濑户烧”。受其影响，日本各地制陶业得以发展，形成了“六大古窑”并行的局面，即濑户、常滑、信乐、丹波、越前、备前等六窑。[12]然而，真正给日本陶瓷业带来革命的，是明朝的技术。

2. 祥瑞五郎太夫与有田烧

根据日本《肥前陶磁史考》的记载，伊势国（三重县）人伊东五郎太夫祥瑞于日本永正八年（1511年）随遣明使来到中国，在景德镇习得先进的陶瓷技术后，于1513年回国。也有学者认为五郎太夫也到过宁波，因为宁波当时是著名的越窑青瓷产地。1513年6月准备回国时，他的宁波友人李春亭特赋《诗送居士五良太夫归日本》相赠，诗云：“敬将玉帛覲天颜，回首扶桑杳渺间。舡泊古鄞三佛地，杯传新酒四明山。黄梅细雨江头别，帆引清风海上还。明到贤王应有问，八方职贡溢朝班。”回到日本后的五郎太夫在肥前有田附近开窑，又在奈良近处的录脊山中烧制彩陶。[13]五郎太夫烧制的陶瓷质地缜密，釉色纯白有光泽，形质优美，被称之为“有田烧”。

但是，关于有田烧的来历中日争论很多，五郎太夫祥瑞也给我们留下不少未解之谜。有人认为他名字中的“祥瑞”是中国陶瓷产地的名称，也有主张说是他在中国的师傅名字，甚至认为日本陶瓷史上的五郎太夫并非此五郎太夫，而是另有他人。诸说纷纭，莫衷一是。但是，就众多遣明使的其中一员带回明朝的陶瓷技术这一事件，并不能轻易否认。换言之，以景德镇为代表的明朝辉煌灿烂的陶瓷艺术对日本产生影响也是情理之事。

有意思的是，《肥前陶磁史考》还记载说，日本文禄三年（1594年）18岁的祥瑞之孙五郎太夫也来到中国学习陶瓷技术，直到日本元和二年（1616年）四十岁的时候才回国。

同一家族两位五郎太夫，究竟孰是孰非，还待进一步考证。但无论是哪位，他的制陶技术源于明朝，因而得以在日本陶瓷史上留名这一点估计可信。

日本庆长三年（1598年），被佐贺藩主锅岛直茂掳来的朝鲜陶工李参平在肥前有田的泉山发现白瓷矿，并成功烧制了瓷器。这也被称为是日本最早的瓷器烧制。受此刺激，有田一带的制陶者纷纷向瓷器制造转变。而佐贺伊万里一位姓东岛的人在长崎从一位中国人那里学得烧制瓷器的技术，之后又将制法传授给了柿右卫门（1590—1666 年）。柿右卫门把中朝的制瓷技术进行了研究，成功创制了“赤绘瓷器”的伊万里烧。

3. 长次郎与“乐烧”

日本天正十七年（1589 年），一位名叫长次郎的京都人烧制成功一种温文尔雅的陶瓷，史称“乐烧”，据称它也是受明朝技术的影响创制而来。因为长次郎之父是东渡日本的明朝瓦匠工阿米夜（又称饴屋、饴八、阿米也），母亲是一位比丘尼。长次郎因擅长制瓦而被茶道大家千利休赏识，并在千利休的指导下创制成功乐烧茶碗，风靡一时。乐烧茶碗的问世，为日本佗茶的发展产生了很大影响。

图 2　长次郎的代表作“黑乐茶碗”

4. 美浓桃山陶与漳州窑

与日本桃山时代的佗茶文化相适应的美浓烧在日本陶瓷史、茶道史上引人注目。它的出现，使得佗茶器具以输入陶瓷为主体的唐物向和物发生转变。然后，这种在日本桃山文化中发挥作用的美浓烧，也是受到了中国南部华南三彩及漳州窑的影响，日本陶器中把画描绘于器物表面的革新随即展开。[11]

5. 陈元赟与“元赟烧”

陈元赟（1587—1671 年），名珦，又称陈五官（因排行第五），字义都，士昇，号既白山人、芝山、升庵、菊秀轩等，浙江杭州人。死后葬于日本名古屋建中寺。

明万历四十七年（1619 年），陈元赟随日本商舶到日本长崎。本拟待商舶贸易完了后，随船返回。但因患痢疾，不得不滞留长崎疗养，并以向日本人讲授书法维持生计，同时兼习日语。

留居长崎的陈元赟得到当时长门（今山口县）藩主毛利辉元的优待，遂赴长门。日本宽永二年（1625 年）四月，陈元赟北上江户（今东京），曾在国昌寺教人习中国少林拳法。宽永十五年（1638 年），他被尾张初代藩主德川义直聘请为尾张藩儒官，之后一直受到礼遇。

陈元赟除精通拳技武功，擅长诗文、书法、绘画、医学之外，还是一位烧制陶器精于建筑的名手。“元赟烧”为当时名古屋的特产，秀丽雅致，尤以茶器为上品，对日本茶道有影响，“陈氏茶道”也因此而风行一时。

三、明代时期中国陶瓷在日本国内的流向

从明朝源源不断输入的中国陶瓷，在日本国内究竟是如何流通和被消费的？试看以下两例。

1410 年 6 月 29 日，时任日向、大隅、萨摩三国守护的岛津元久献给足利义持和足利义嗣的唐物有：缎子 20 端、雕漆盘

5 枚、绢 100 匹、绘画 10 幅、青花瓷钵 2 个。送给京都各寺院的有：黄铜花瓶 3 个、香炉 10 个、瓷器 900 件等。[14]

根据日本室町时期文献《荫凉轩日录》的记载，1492 年 7 月 19 日，即将出任遣明副使的苇洲等缘谒见将军足利义材，并献上青瓷花瓶、堆红盆等唐物。而义材颁赐遣明正使天泽等恩、副使苇洲以表文和勘合。

从以上两例可见，中国陶瓷在室町时代大名和将军之间的礼尚往来中扮演着重要角色。日本学者关周一对室町时期唐物在京都的消费有着较为深入的调研，他的结论如下。

第一，幕府将军的收藏品即“御物”或称“东山御物”。室町时代，在收藏以陶瓷品为中心的众多人群中，室町幕府将军绝对是榜上有名。通过足利义满、足利义教、足利义政几代将军的不懈努力，将军家所藏的舶来品（主要来自中国和朝鲜）达到了惊人的数目，甚至是幕府财政的重要支柱之一。

根据伊藤东涯《蚂蟥锯茶瓯记》（1727 年）的记载，现由日本东京国立博物馆收藏的国家级重要文物“青瓷葵口碗”也曾是足利义政的藏品之一。此碗为浙江龙泉窑所产。1175 年，日本武臣平重盛向宁波阿育王寺施舍黄金，该寺长老拙庵德光作为还礼，赠送给平重盛这只龙泉青瓷中的精品茶碗。传至足利义政之手时，此碗的底部和壁部已出现裂纹。因此，义政托人将此碗带回中国，希望明朝能够按照原样再做一个。但当时的龙泉窑已经烧制不出类似产品，中国工匠只好用锯子把裂纹补好，再次传回日本。不料这奇特的经历，使得此茶碗获得了更好的文物价值。

足利义政以后，幕府经济陷入窘境，这些贴有“东山御物”标签的珍品沦为出卖品，虽杯水车薪却也维持了一阵摇摇欲坠的幕府经济。

第二，仪式、法会、节日、宴会等场所的室内摆件。

第三，赠品、贡品。上至天皇、院政、将军，下至大臣、大名、富商，都藏有不少唐物。这些唐物经常作为上给下的赐物或下给上的贡品来使用。这其中也包括琉球王国献给幕府的物品在内。

第四，寺院日常用品。遣明使中，僧人占据重要地位，因此从明朝输入的陶瓷器在各大寺院中较为常见，这从上述天龙寺僧策彦周良的购买情况也可窥知一斑。

第五，唐物展览、唐物市场。因唐物受到众人追捧，可又一物难求，所以随之出现了中国物品的展览会或交易市场。[7]

第六，其他用途。如在幕府经济困难之际，唐物就曾充作假性货币促进了经济流通。[4]

总之，明朝陶瓷流入日本后，其传播和消费的渠道多样。迄今为止日本的考古发现，除了北海道以外，其他地区几乎都发掘了明代的陶瓷品，详情见表 3 和表 4。

表3　日本出土的明代陶瓷一览

编号	遗址出土地	性质	陶瓷品种	时代
1	浦添城址	城馆	宋元明青瓷、白瓷，明青花瓷，釉陶等一批	宋瓷少见，以元明 陶瓷为主
2	伊祖城址	城馆	青瓷残片一批	元明为主
3	棚原城址	城馆	青瓷残片一批	元明为主
4	保荣茂城址	城馆	青瓷残片一批	元明为主
5	伊计城址	城馆	青瓷残片、白瓷残片	元明为主
6	恩纳城址	城馆	青瓷残片一批	元明为主
7	具志川城址	城馆	青瓷、白瓷一批	元明
8	南山遗址	城馆	元明时期无纹青瓷最多，白瓷、明代青花瓷器、三彩鸟形水注、天目等	宋元明
9	今归仁城址	城馆	青瓷、白瓷一批，明青花1600片等	元明
10	胜连城址	城馆	元青花250片，白的黑花磁州窑系青瓷残片、白瓷残片、明青花、五彩等	元明
11	石垣岛山原	集落	大批元明青瓷、明青花，少数白瓷	明
12	石垣岛新川	集落	青瓷、“利市”印吕宋壶残片	元明
13	鹿儿岛郡吉田村本城上城城址	城馆	青瓷、白瓷一批	宋元明
14	滨之馆遗址（上益城郡矢部町）	居馆	青瓷片500件、元青花2片、白瓷等	南宋若干，元明青瓷是主流
15	阿苏郡阿苏町古坊中	祭祀关联	青瓷片50件	宋元明
16	草户千轩遗址（广岛县）	地方城镇	出土宋元明陶瓷超过15 000片，大部分为青瓷、白瓷碗皿钵类	宋元明
17	尾道市土堂一丁目		青瓷、白瓷片，白瓷印花双鸟纹碗片、天目碗片	宋元明
18	尾高城址（鸟取县）	城馆	元青花器台1片，青瓷、白瓷残片等	元明
19	朝仓氏居馆（福井县）	居馆	元青花9片、明五彩碗、青瓷等一批	明
20	重竹遗址（岐埠县）		青瓷划花纹、莲瓣纹碗片、白瓷碗、白瓷覆烧皿、青花等	宋元明
21	千叠敷遗址（岐埠县）		青瓷、白瓷等明青花	明
22	葛西城址（东京都葛饰区）	城馆	元青花器台1件、明青花等	明
23	歌舞伎遗址（群马县新田郡）		青瓷、白瓷、天目、明青花等	宋元明

续表

编号	遗址出土地	性质	陶瓷品种	时代
24	滨町屋敷内遗址（太田市滨町）	屋敷地	青瓷、白瓷、明青花等	元明
25	本宿乡土遗址	集落	青瓷6片、白瓷2片、青白瓷4片、天目1片	宋元明
26	元岛名遗址（高崎市）	集落	青瓷7片、黑釉2片	宋元明
27	上栗须寺前遗址（藤冈市）	寺院址	青瓷缟莲瓣纹唐草纹碗1件、青瓷缟莲瓣纹小皿1件、青瓷莲唐草纹印花小皿1片、白瓷小皿3片、白瓷角杯5片	元明
28	男体山顶遗址（枥木县）	祭祀址	青瓷片、白瓷片若干	宋元明
29	安子岛遗址（福岛县）	城馆	青白瓷梅瓶1件、白瓷壶1件，青瓷碗、盘、花瓶等5片	元明
30	八谷馆址（宫城县）	城馆	青瓷片、白瓷片一批	元明
31	黑川城址	城馆	青瓷片、白瓷片	元明
32	十三港遗址（青森县）	城馆	青瓷碗皿片一批	元明
33	二沼遗址（北津轻郡）	城馆	青瓷片	元明
34	尻八馆遗址（青森市）	城馆	青瓷片	元明

注：根据苌岚：《7—14世纪中日文化交流的考古学研究》，北京：中国社会科学出版社，2001年，第84－103页的“附表3”制成。

表4　日本部分博物馆所藏元明时期的陶瓷品

<table>
<tr><th colspan="2">文物名</th><th>作者</th><th>时代</th><th>藏地</th></tr>
<tr><td colspan="2">南蛮水指</td><td>中国南方</td><td>16世纪</td><td rowspan="14">德川美术馆</td></tr>
<tr><td colspan="2">唐草纹染付茶碗</td><td>不明</td><td>16世纪</td></tr>
<tr><td colspan="2">吉祥纹染付手桶形水指</td><td>宁波</td><td>16—17世纪</td></tr>
<tr><td colspan="2">唐子纹染付仙盏瓶</td><td>不明</td><td>明朝嘉靖年间</td></tr>
<tr><td colspan="2">芭蕉纹青瓷仙盏瓶</td><td>不明</td><td>15世纪</td></tr>
<tr><td colspan="2">唐子纹金襕手仙盏瓶</td><td>不明</td><td>明朝嘉靖年间</td></tr>
<tr><td colspan="2">居布袋图堆朱香盒</td><td>不明</td><td>15世纪</td></tr>
<tr><td colspan="2">牡丹纹红花绿叶香盒</td><td>不明</td><td>16世纪</td></tr>
<tr><td colspan="2">祥瑞八角香盒</td><td>景德镇</td><td>17世纪</td></tr>
<tr><td rowspan="3">青瓷三具足</td><td>香炉</td><td>不明</td><td>14世纪</td></tr>
<tr><td>烛台</td><td>不明</td><td>16—17世纪</td></tr>
<tr><td>花生</td><td>不明</td><td>14—15世纪</td></tr>
<tr><td colspan="2">唐花唐草草纹螺钿稜花形天目台</td><td>不明</td><td>14—15世纪</td></tr>
<tr><td colspan="2">菊花纹青瓷盘</td><td>龙泉</td><td>14—15世纪</td></tr>
</table>

续表

文物名	作者	时代	藏地
青花宝相华唐草纹深钵	景德镇	明初	热海美术馆
红地绿彩唐子纹角钵	景德镇	明朝嘉靖年间	
金襕手四方仙盏瓶	景德镇	明朝嘉靖年间	
金襕手瓢形瓶	景德镇	明	
青花五彩鱼藻纹共盖壶	景德镇	明朝嘉靖年间	
五彩透雕龙纹长方盒子	景德镇	万历年间	
祥瑞蜜柑水指	不明	明末	
青瓷木瓜形香炉	不明	15—16 世纪	南禅寺
青瓷石叠纹香炉	不明	15—16 世纪	
青瓷算木纹香炉	不明	15—16 世纪	
屈轮堆朱天目盒	不明	15—16 世纪	
茶壶	不明	明	野村美术馆
茶壶	不明	明	毛利博物馆
山水人物螺钿天目台	不明	明	
黑漆涂天目台	不明	明	
唐物丸壶茶壶	不明	元明	
唐物大海茶壶	不明	元明	
唐物文琳茶壶	不明	元明	
唐物筐耳茶壶	不明	元明	
茶壶玉虫	不明	明	
黄褐釉五耳壶	不明	元明	

注：上表乃笔者根据日本各文物展览的图册编辑而成。

四、结语

我们知道，在日本的国宝目录中，陶瓷类只有 14 件，而来自中国的物品就占了 8 件。尽管不多，但足见中国陶瓷对日本文化的重要性和影响程度。这 8 件中国文物，正如上文考察所示，它是中日之间陶瓷的实物传播留给我们的历史见证和宝贵遗产。实物传播中的每一件器物就像是一粒稻米，也许大部分都已被消耗，存世者寥若晨星。正因如此，越发显得宝贵。

而技术传习则犹如稻种，一旦落地就可繁衍生息，代代相传。因此，文化的传承，对人们生活的改变后者显得更为重要。这也是日本瓷器享誉世界的原因所在。

明代中期葡萄牙人贩瓷器到欧洲，称其商品名曰 Chinaware，即“支那瓦”。支那瓦者，实为中国陶也。晚清时期省略 ware，才小写其字头，简称为 china，同时获得瓷器之义。与此相对应的是，英语中的“japan”一词，一时成为瓷器之代称。在欧美世界看来，同处东亚的中日两国皆可称为“陶瓷之国”，这也表明了中日两国之间在陶瓷业上的密切联系。而明代就是我们研究中日陶瓷文化交流的重要时代之一。

参考文献

[1] 吉田兼好. 徒然草. 文东译. 北京：中国长安出版社，2009：107.

[2] Charlotte Von Verschuer. モノが語る 日本対外交流史 七~一六世紀. 河内春人译. 藤原书店，2011：136.

[3] 郑若曾. 筹海图. 北京：中华书局，2007：198-201.

[4] 滕军，等. 中日文化交流史考察与研究. 北京：北京大学出版社，2011.

[5] 姚世麟. 见只编 卷上. 北京：商务印书馆，1936：67.

[6] 村井章介. 日明関係史研究入門-アジアのなかの遣明船. 勉诚出版，2015：426-427.

[7] 关周一. 中世の唐物と伝来技術. 吉川弘文馆，2015.

[8] 汤谷稔. 日明勘合貿易史料. 国书刊行会，1983：446-449.

[9] 田中健夫. 対外関係と文化交流. 思文阁，1982.

[10] 森克己，沼田次郎. 対外関係史. 山川出版社，1978：87-91.

[11] 庄景辉. 泉州港考古与海外交通史研究. 长沙：岳麓书社，2005.

[12] 郑彭年. 日本中国文化摄取史. 杭州：杭州大学出版社，1999：145-146.

[13] 王慕民，张伟，何灿浩. 宁波与日本经济文化交流史. 北京：海洋出版社，2006：198-199.

[14] 关周一. 唐物の流通と消費//国立歴史民俗博物館研究報告 92 号，2002：97-101.

日本陶瓷之路研究述论

王新艳 修 斌
（中国海洋大学 文学与新闻传播学院）

摘 要 本文梳理80多年来日本对陶瓷之路的研究历史，尝试探讨东海航线不同于海上丝绸之路西洋与南洋航线的特征。日本在陶瓷之路的研究方面经历了由中国陶瓷到陶瓷交流的转变，正式提出并发展“陶瓷之路”。其间呈现出两个明显的特征：一是实地调查和实物资料的收集分析与研究成果的多寡有正比例的关系；二是日本对陶瓷之路的研究主要集中在西洋航线和南洋航线，对于东洋航线虽有涉及，但并未深入展开。

关键词 日本；陶瓷之路；东海航线；海上丝绸之路

在中西文化交流的研究史中，（陆上）丝绸之路，海上丝绸之路，陶瓷之路，是三个重要的关键词。其中海上丝绸之路①与陶瓷之路均由日本学者系统论证并使用，并随之被学术界普遍接受和使用。中国陶瓷及其传播从19世纪后期就引起德国、英国、法国、埃及等各国考古学家、历史学家、民俗学家、文化交流史学家等多领域学者的关注。作为陶瓷之路上与中国同属东亚、历史上受中国文化影响最深的日本自然也极早投入到相关的研究与调查中。自20世纪30年代开始以中尾万三和小山富士夫的研究为代表，到“陶瓷之路”“海上丝绸之路”的提出，再到“新陶瓷之路”被发现，日本对陶瓷之路的研究和认识经历了怎样的一个历程？每个阶段具有怎样的特征？本文带着这两个问题，梳理80多年来日本对陶瓷之路的研究历史，尝试探讨东海航线不同于海上丝绸之路西洋与南洋航线的特征。

从时间的维度上来讲，按照日本对陶瓷之路研究的不同程度笔者尝试将其划分为以下三个阶段。

一、20世纪30—40年代：从陶瓷到陶瓷交流

（一）代表人物及其研究成果

日本学界最早关注中国陶器与东西文化交流的关系是在20世纪20年代后期至20世纪30年代，其代表人物是中尾万三（1882—1936年）和小山富士夫（1900—1975年）。

① 最先提出海上丝绸之路的概念雏形的并不是日本学者，而是法国的汉学家沙畹（Edauord Chawannes，1865—1918年），在他所著的《西突厥史料》中提出：“丝路有陆、海两道，北道出康居，南道为通印度诸港之海道。”只是，沙畹并没有对海道的丝路继续展开研究。

被誉为“中国古陶瓷先驱”的中尾万三不仅是药物学家，而且对中国古陶瓷颇有研究，其著作《支那陶瓷源流图考》[1]用图片的形式，运用中国古籍和自然科学的方法探求唐宋时代中国古陶瓷的源流。并在日本学界首先关注到中国陶瓷在文化交流中的表现，1924 年完成著作《西域系支那古陶瓷的考察》[2]。

进入到 20 世纪 30 年代，小山富士夫成为这一时期研究中国陶瓷与东西文化交流的又一代表人物。1939 年，小山氏在日本《考古学杂志》上以《埃及·福斯塔特出土的陶瓷片》[3]为题翻译并介绍了美国马歇尔·普拉马的论文，同时明确指出 20 世纪上半叶中近东出土的中国陶瓷器研究的重要性。不过在完成这篇论文时，小山并未到过埃及·福斯塔特遗址，而且也没有进行过实物资料的调查。当然，小山对中国陶瓷器的热爱与关注早在 20 世纪 20 年代就表现出来了。当年考入东京商科大学（现一桥大学）的小山，于 1923 年中途退学，开始了制陶和研究古陶瓷的生活。1930 年结识在日留学的郭沫若，并在其帮助下于 20 世纪 30 年代中期踏访中国各地的古窑址，1941 年发现定窑古遗址在中国陶瓷研究史上具有重要意义，且在次年发表了至今仍受到学界高度评价的《支那青瓷史稿》。这本史稿的主要是针对中国青瓷的静态研究。

（二）缺少实地调查与实物资料的阶段

由此可见，这一时期他们对中国陶瓷的关注及研究多是基于欧美及俄罗斯探险队和考古学者在中近东的考古发现，而非基于亲身实地考察。尽管小山氏有过踏访中国古窑址的调查经历，但建立在实地调查基础上的研究成果主要集中在中国陶瓷本身，对中国陶瓷在中西文化交流过程中所扮演的角色及表现关注多是基于文献与欧美学者的实地调查资料。直到 1964 年小山氏才第一次到达埃及福斯塔特遗址进行实地调查。

缺少实地调查和实物资料，导致这一阶段日本在中国陶瓷与东西文化交流的关系的研究方面相对落后于欧美俄等西方国家。尤其是英国在此领域的研究领先一步。早在 1921 年英国就已经成立了东洋陶瓷学会，斯坦因等人远赴 Khara – Khoto（黑城，位于今内蒙古境内）搜集中国陶瓷片，后又根据伊朗、伊拉克、埃及、土耳其等地出土的中国陶瓷器，提出了中国陶瓷器流入伊斯兰国家的路线设想，通过英国东洋陶瓷学会会刊发表了大量的论文。而日本在这一时期的研究仅仅局限在上述中尾、小山等极个别的学者中。

不过，虽然有数的日本学者在本阶段的研究中对中国陶瓷与东西文化交流没有提出系统且创新性的发现，但为后来日本中国陶瓷（史）的研究提供了一个重要视角和方向，即在东西文化交流的线上审读陶瓷，而非局限于一国。这在东亚各国中已属于先进水平。

二、20 世纪 50—80 年代：陶瓷之路与海上丝绸之路的提出与发展

（一）代表人物及其研究成果

20 世纪 40 年代末至 50 年代初，“二战”战后初期，由于东亚考古学会战时在中国东北地区及朝鲜半岛进行的考古学、民俗学的调查被迫中断，于是相关研究者不得不将学术调查的舞台转到中近东地区。

因此这一时期在日本国内成立了许多中近东调查团。如1955年京都大学成立的以水野清一教授为中心的“京都大学伊朗·阿富汗·巴基斯坦调查团”①，1956年成立的由江上波夫任团长的“东京大学伊拉克·伊朗调查团”②。正是在这样的背景下，日本学界有机会近距离接触和收集中近东的陶瓷实物资料。

当时在京都大学成立的调查团除上述的“伊朗·阿富汗·巴基斯坦调查团”之外，还有一支由人类学家、植物学家、地质学家共同组成的“哈剌和林·兴都库什山学术探险队”③。这支探险队里有一位日后成为陶瓷研究的著名专家——冈崎敬（1923—1990年），他利用本次调查的机会，踏访了巴基斯坦·阿富汗·伊朗的陶瓷遗址和已出土的陶瓷片。归国后，在《世界陶瓷全集》第15卷·海外篇中发表了一篇题为《从陶瓷看东西文化交涉史》的论文，在论文中举明朝使节带骆驼商队将陶瓷器赠送给帖木儿王的事例，正式指出陶瓷是东西文化交流的重要载体。这次研究视角的转变，得益于19世纪末20世纪初英国、德国、美国、埃及、俄国等的先行考古调查，也是战后日本在东亚地区的尴尬地位所带来的正面影响。

另外，在京都大学的“伊朗·阿富汗·巴基斯坦调查团”中也有一位学者开始关注中国陶瓷器在西亚的影响，即吉田光邦氏（1921—1991年）。宇宙物理学出身的吉田氏凭借对陶瓷器的浓厚兴趣，自1956年开始先后经过三次挑战，终于于1964年登上霍尔木兹岛，搜集到中国陶瓷片80余片，完成《波斯的陶瓷器》《西亚的技术1964》等书。通过在西亚搜集到的中国陶瓷片尝试分析陶瓷的东西交流史，并使之成为一门专门的学问。那么，在陶瓷的交流史中经过了怎样的传播路径，就成为研究交流史必须要解决的一个问题。

接下来，1964年日本出光美术馆成立出光中东调查团，先后于1964年和1966年对中东地区进行了两次调查。第一次考察时考古学出身④的三上次男（1907—1987年）和小山富士夫担任团长。调查团将调查研究的重点首先集中在早已被英国、法国、美国、埃及等国考古学家关注的福斯塔特遗址。一则因为这一处遗址陶瓷片是当时出土数量最多的，二则因为欧美考古学家虽然对遗址进行了发掘调查，但并没有进行详细分类研究。

出光中东调查团率先将出土的六七十万片陶瓷进行分类，经过四个月的时间小山氏分辨整理中国陶瓷器，三上氏分辨整理伊斯兰陶瓷。关于这次调查的经历和成果，在《陶瓷之路——探寻东西文明交流的接点》一书中均有体现。在此之前，三上氏还作为驻外研究员被派往印度、南亚、西亚、欧洲等地进行考察，尤其是在南印度巨石墓调查时，散落在周边的中国陶瓷

---

① 以调查佛教遗址为主，调查团简称为“伊·阿·巴调查团”。

② 主要在幼发拉底河流域针对文明社会以前生产经济的源头展开调查。

③ 这支探险队由两队人员构成，一队为今西锦司带领的哈剌和林队；另一队由木原均率领，负责调查小麦种子的来源，命名为兴都库什山队。

④ 三上次男毕业于东京帝国大学文学院史学科，最初的研究方向集中在东北亚考古学和金代史学，而在陶瓷研究方面还比较薄弱。

片勾起了三上氏对中国陶瓷与东西文化交流的好奇。1969 年，包含以上所有调查成果的《陶瓷之路——探寻东西文明交流的接点》一书正式出版。在书中，三上第一次完整梳理了中国陶瓷所及之处——“中国陶瓷的大量被发现，起始于邻国的日本、朝鲜、印度支那诸国，以及菲律宾、印度尼西亚等东南亚各岛（中略），南亚的印度、锡兰岛，也遍及了西亚整个地域。不仅如此，在非洲东海岸各地也都先后出土了中国陶瓷，在西西里岛或西班牙也很容易找到”[4]。涵盖东亚、南亚、东南亚、西亚乃至地中海世界的中国陶瓷分布区域，也画出了当时以中国为中心的东西文化交流路线图。由于陶瓷本身体重、易碎等客观限制，加之八九世纪以后海上航路逐渐成为东西贸易主要通道的大背景，中国陶瓷输往西方世界的途径逐渐以海路为主，三上将这条海路称为“陶瓷之路”。之后，三上还分别以区域为关注点，著有《波斯的陶器》[5]《中国陶瓷史研究》[6]等书，“陶瓷之路”也逐渐被学者接受并使用。

对于连接东西方文化交流的海上通道，同时代的三杉隆敏（1929—）也在其著作《探索海上丝绸之路》一书中首次称之为“海上丝绸之路”。海上丝绸之路的概念，以区别（陆上）丝绸之路，学术界现已接受了该说法。海上丝绸之路是对丝绸之路概念的延伸，三杉氏指出，（海上丝绸之路）秦汉时期就有通航，到了唐宋时最为昌盛，除了丝绸，也运出瓷器、糖、五金等货物，运入的则有香料、药材、宝石等。宋代以后，瓷器取代丝绸位居出口物品中的最大宗。因此，三杉曾在《海上丝绸之路》自序中写道“（三上）先生将这条路称为‘陶瓷之路’，实际上与我的‘海上丝绸之路’是同义词”。[7]因此，虽然从严格意义上讲，海上丝绸之路与陶瓷之路并不能完全等同，但就海上中西文化交流史中瓷器的代表性而言，我们完全可以用瓷器之路来描述当时中西文化交流的海上通道。后来三杉氏陆续以“海上丝绸之路”完成了多部著作。如《海上丝绸之路——大航海时代的陶瓷·冒险》[8]、《海上丝绸之路事典》[9]等。

（二）领先世界研究水平的阶段

这一阶段的研究以日本国内各个调查团奔赴中近东、南亚、东南亚等地的实地调查拉开帷幕，因此彻底解决了在第一阶段存在的实地调查不足、实物资料欠缺等问题。虽然这些调查团成立的背景并非完全出于自觉，但自冈崎敬开始，日本对中国陶瓷的研究范围正式突破中国国内及东亚区域，转而将目光投向西亚。

随后，经过三上次男和三杉隆敏等研究者的努力，中国与中近东的陶瓷贸易路线逐渐清晰，他们所做的无论是分类辨识陶瓷片的实践努力，还是从理论上创新性地提出“陶瓷之路”与“海上丝绸之路”，都显然赶超了欧美俄等西方国家。“当时的日本，在中国陶瓷器东西交流方面的研究和调查，其视野之广即使称之为世界领袖也不为过”[10]。并且在他们的影响下，20 世纪 70 年代以后也出现了一大批如长谷部乐雨、家岛彦一、辛岛升、西田宏子、龟井明德、佐佐木达夫等研究者，这些研究者从不同角度丰富着“陶瓷之路”“海上丝绸之路”的研究，共同创造了日本陶瓷之路研究的高潮。

三、20世纪90年代至今：新陶瓷之路的提出

（一）代表人物及其研究成果

自20世纪90年代末，中国青花瓷逐渐受到国内外学者及陶瓷爱好者的推崇。关于青花瓷为什么会突然在元朝出现并迅速繁荣，曾一度成为各国陶瓷研究者的课题之一。日本长谷部乐雨通过考察其工艺，谨慎提出青花瓷诞生于14世纪初期的观点。

但弓场纪知（1947—）在福斯塔特遗迹整理中国陶瓷片时，有机会经手更多伊斯兰陶瓷。发现在釉质上绘图的工艺在伊斯兰陶瓷中也甚为流行。在纯色坯体上是否有各式纹样的分界线却是在9世纪。因此弓场纪知大胆提出在9世纪中国与中近东同时开始生产釉下彩陶瓷器。但也同时提出了一个问题：到底谁是老师，谁是学生。一直以来，我们都认为陶瓷之路上虽然有互动，尤其到了青花瓷时代，其花色花样明显受到伊斯兰世界和佛教的影响，但其中心毫无疑问是中国。但弓场在研究中认为中国产白瓷青花的颜料到底是国产还是中近东产还有待探讨。因此不能单纯认为青花瓷的产生只与中国陶瓷发展有关，它其实是世界陶瓷工艺交流的产物。

弓场最突出的一个研究成果与日本陶瓷研究高潮阶段将重点集中在海路不同，他在考察青花瓷的传播路径时发现，中亚地区的草原世界在青花瓷的流通中占有重要地位。在内蒙古的集宁路遗迹和燕家梁遗迹，新疆的伊犁古城等均有青花瓷出土，虽然数量较少，但作为陶瓷之路在草原世界的延伸，弓场称之为“新陶瓷之路”，并认为明确这条内陆交易路线是今后的课题之一。由此完成《青花之路——中国陶瓷讲述的东西交流》一书，成为日本青花瓷研究史上标志性的著作。

（二）研究视野进一步拓展与深入的阶段

这一时期的研究，虽不似第二阶段有大量突破性和理论性的进展，但随着世界各地中国陶瓷片的断断续续出土，除了对传统陶瓷之路路径及陶瓷传播种类作补充之外，在研究上也更加注重细节。

同时一般认为陶瓷之路经过发展主要形成了三大航线：东洋航线由中国沿海港口至朝鲜、日本；南洋航线由中国沿海港口至东南亚诸国；西洋航线由中国沿海港口至南亚、阿拉伯和东非沿海诸国。在中亚草原内陆国家的传播虽然没有通过海路，但既然本文在描述东西方陶瓷文化交流时采用“陶瓷之路”的说法，而不是“海上丝绸之路”，那么中亚航线有必要被纳入进来。笔者想，弓场纪知之所以将陶瓷器在草原世界的传播称之为“新陶瓷之路”也是基于这样的考虑吧。

四、结论

通过以上梳理与分析可以看出，日本在陶瓷之路的研究方面经历了由中国陶瓷到陶瓷交流的转变，正式提出并发展“陶瓷之路”。努力拓展“陶瓷之路”分为三个阶段，其间呈现出以下两个明显的特征。

第一，实地调查和实物资料的收集分析与研究成果的多寡有正比例的关系。在第一阶段，由于实地调查的经验不足，有关东西方陶瓷器交流的研究只能建立在欧

美等西方国家的考古发掘基础之上，没有取得实质性成果，仅仅是提供了一个角度。第二阶段之所以能达到陶瓷之路研究的高潮，恰恰又是得益于几次大规模的调查和几支人员构成多样化的调查队。对于个人研究成果，也都是基于实地调查之上。以至于第三阶段的代表学者——弓场纪知曾在《青花之路——中国陶瓷讲述的东西交流》后记中明确说明："不接触几个遗址和陶瓷器，没有地图、年表是无法完成（论文的）"，"之所以能完成本书，首先是与有机会多次亲眼看到中国陶瓷，多次赴海外调查（分不开的）"。[10]

第二，日本对陶瓷之路的研究主要集中在西洋航线和南洋航线，对于东洋航线虽有涉及，但并未深入展开。这其中除日本身处东洋航线之上，在研究日本陶瓷史的同时势必也会涉及中国陶瓷之外，应该还与东洋航线的特殊性相关。

那么东洋航线与西洋、南洋航线相比其特殊性主要体现何处？这是笔者今后继续要解决的课题。

参考文献

[1] 中尾萬三. 支那陶磁源流圖考. 匋雅会，1922.

[2] 中尾萬三. 西域系支那古陶磁の考察. 出版不明，1924.

[3] 小山富士夫. エジプト? フォスタット出土の陶磁片. 考古学雑誌，1939.

[4] 三上次男. 陶磁の道—東西文明の接点をたずねて—. 岩波新書，1969.

[5] 三上次男. プルシアの陶器. 中央公論美術出版，1969.

[6] 三上次男. 中国陶磁史研究. 中央公論美術出版，1989.

[7] 三杉隆敏. 海のシルクロード. 恒文社，1976.

[8] 三杉隆敏. 海のシルクロード——太航海時代のセラミック? アドベンチャー. きょうせい，1989.

[9] 三杉隆敏. 海のシルクロードを調べる事典. 芙蓉書房出版，2006.

[10] 弓場紀知. 青花の道—中国陶磁器が語る東西交流. 日本放送出版協会，2008.

海洋文化研究

活在艾伯华《中国民间故事类型》里的“钟敬文与曹松叶”

桥谷（马场）英子
（日本新潟大学）

摘　要　《中国民间故事类型》是德国学者艾伯华（1909—1989年）在八十年前写成的，其内容有20世纪二三十年代中国出版的民俗相关著作里出现的民间故事，以及曹松叶搜集的金华民间故事，结构则利用了钟敬文的《型式》。该书可以说是1920年至1935年间中国民俗学隆盛时期的成就，但自它诞生后在中国一直没有受到重视。因为出版的时间恰逢日本开始侵略中国的时期，国际交流由此中断，德文原著不能马上为中国相关领域的研究者拿到，就这样被埋没了，直至1999年才译成中文。但现在，学术界开始对民国时期的研究、著作再评价，文献的再版也在进行之中，当年艾伯华参考的文献也比以前容易到手了。笔者认为艾伯华的《中国民间故事类型》与钟敬文的《型式》作为民国时期的中国民俗学成就之一，应该得到重视，并给予客观的再评价。

关键词　民俗学；艾伯华；民间故事类型；钟敬文

一、中国的民间故事类型

“民间故事类型”的比较是民间故事研究，尤其是进行国际性比较研究的便利方法，国际上多使用ATU分类系统①。

中国的民间故事分类法主要有以下四种。

①钟敬文“中国民间故事类型”《民俗学集镌》1，1931（日语译文“中国民谭型式”《民俗学》5卷11号、1933日本）简称《型式》

②W. Eberhard：TYPEN CHINESICHER VOLKSMÄRCHEN（FFC120，1937）艾伯华《中国民间故事类型》商务印书馆1999

③丁乃通《中国民间故事类型索引》中国民间文艺出版社1986（FFC223 A Type Index of Chinese Folktales 1978的译本）

④金荣华《中国民间故事类型索引》中国口传文学学会2007台湾

本稿在论述①②之前，首先简单地论述一下③④。

① ATU分类系统：1910年由阿尔奈和汤普森（Antti Arne，Stith Thompson）创立的民间故事类型索引（AT分类法），后由乌泽尔（Hans－Jorg Uther）增补，成为阿尔奈－汤普森－乌泽尔（Arne－Thompson－Uther）体系，即ATU分类系统。

③总体来说，是以 AT 分类法对应汉语的方式编写而成的，用欧美的语言来查询其所对应的汉语，非常方便。这种方式虽是勉强来配合国际分类法的基准，但书中比较全面地收集了从民国到20世纪60年代前半叶，直到“文革”前的中国的民间故事。书中还有少数民族的故事，但所列举的故事都没有地名记载。关于丁乃通分类法的特征和其中存在的问题，加藤千代的文章里论述得很详细。①

④由台湾出版，是③修订版。分类法的构成一方面依据 ATU 分类系统，类型的名称基本上采用中国通用的题名，以弥补③的欠缺之处。文献资料只用了《民间故事集成》（2007年以前出版的）和《中国民间故事大系》两套故事集成，举出故事类型的概要和资料，但并没有记载故事情节。

二、钟敬文“中国民谭型式”

下面来介绍①的“中国民谭型式”，钟敬文在序言中是这样概述的：

……1927年、我和友人杨成志先生合译了“印欧民谭型式”，当时想把中国的民谭照样来整理一下，该不是无意义的吧。1928年中山大学历史语言研究所在粤成立，谋出集刊第一期。我即提出“中国民谭型式”的题目。但只在忙碌中草就了数型，中断进行。后来，赵景深先生似曾来函提议过大家分力合作，我也有事想起此中断的可惜。但兴味既弛，便成长期的悬搁。去年（1930年）夏，神经衰落过甚，决然辞去浙大的教职，来就省立民众教育实验学校民间文学的讲席。因为常常浏览国内民谭一类书籍之故，所以整理型式的心思又有了。信手草写两三个，以填塞此间《民俗周刊》（杭州民俗学会）的空白。本拟等写成一百个左右时，略加修订，印一单行本以问世。但数月来，写到了原定数目一半的型式，又只好中断了。但它终算有了相当的收成呢！虽然是那样薄弱与粗糙。……

最后他还说：“自印欧民谭型式刊行之后，有些人珍爱备至，常用以为写作民谭论文援引的文典。但有些人却很鄙薄它，以为全为无用处。这篇文字发表时不知要惹起如前或更上的看待否？”

钟敬文将未完的“中国民谭型式”特意发表在《中国民俗学会》第一次出版的论丛——《民俗学集镌》1 的附录中，那是足够珍爱和自信的表现吧。此后，钟敬文让好友周学晋翻译成日语发表在日本的《民俗学》5 卷 11 号（1933）上。同在这一时期《民俗学》5 卷 1 号以汉语原文的形式刊登了娄子匡的《中国民俗学的运动的昨夜与今晨》一文。当时日本的《民俗学》杂志刊载的论文有德文也有英文，并不需要译成日语。钟敬文特意用日语发表，是想让日本的研究者更好地了解中国的民间故事类型，我们能强烈地感受到他的这样一种意图。回应这种意图的仅有一人，那是后来编集《日

① 加藤千代：《中国民间故事的类型索引——艾伯华的书评和丁乃通的反驳》，口承文艺研究 10 号，1987 年。

本民间故事集成（之后改成大成）》的关敬吾①。有意思的是，10 年之后的 1943 年，角川源义②在东京一家旧书店偶然买到了《民俗学集镌》，读了《中国民谭型式》就发现其中很多故事与日本的故事惊人地相似，对此他非常感兴趣，尝试先注上连续的号码从头开始翻译成日文。当时角川可能不知在日本的《民俗学》上是有译文的。他尝试先注上连续号码，也是一种很正确的处理方式。因为没有号码不是类型索引。角川有文学家的敏锐感觉，也因此发现了钟敬文“中国民谭型式”的意义吧。

实际上在中国国内情况也跟日本情况一样，几乎无人关注钟敬文的这个“型式”。

钟敬文的“型式”，是在每天整理由读者从各地寄来的很多民间故事的过程中归纳出来的。它模仿《印欧民间故事型式表》的形式，只列出类型名称和故事情节的构成，并对中国国内广泛流传的故事作恰当的提示，在这方面钟敬文煞费苦心，没有涉及类似的故事、流传的地域、故事情节的异同之处、历史的考察和说明等。可以说正是这种简洁的故事情节的整理，才是钟敬文“型式”的真正价值所在。同时以《蛇郎故事试探》为首篇，他写了大量的研究论文。这些论文说明，简洁的“型式”是钟敬文十多年的研究成果支撑下的产物。钟敬文的“型式”及与类型相关的论文一览，参照“附录”。

钟敬文的“型式”约由五十则故事组成，这些故事没有连续号码。这种“型式”的整理关注的是各则故事的历史和地理上的传播，并没有俯瞰中国民间故事整体情况，对故事的构造、特征进行系统的说明。在这点上，和意欲展现中国文明特质的艾伯华的“类型”肯定是不同的。

三、艾伯华和艾伯华的“类型”

艾伯华（1909—1989 年），出生于德国波茨坦，在柏林大学学习了中国学与民族学。1933 年，以“中国汉代的宇宙论”为题取得博士学位之后，1934 年夏天来到中国，大概待了一年时间。在此之前，1932 年 8 月中国民俗学会所编的《民俗学集镌》二辑中已经登载了他的中译论文《中国古代诸神》。1933 年刊行的《民间月刊》二卷中，刊登了他与当时负责中国民俗学会编集的娄子匡的三封书信，由此得知艾伯华来中国以前，与杭州的中国民俗学会就有了交换杂志、著书等频繁地联络和交流。经上海进入中国的艾伯华（或许先去了杭州），来到了位于浙江省中部——他认为积淀着中国古文明的金华，并拜访了在他的代表作《中国民间故事类型》的献词里所提到的曹松叶。在曹松叶的引导之下，艾伯华参观了当地的庙宇等。离别之时，曹松叶承诺艾伯华将原稿整理之后寄送到北京，艾伯华由此得到了曹松叶搜集的民间故事资料。另一方面，他自己也在丽水等地进行了民间故事的调查，之后经杭州去了北京。在北京大学，他一边担任德语教师，一边在华北地区进行调查，这样大概持续了一年时间，1935 年夏

① 1989—1990 年。民俗学家。师从于柳田国男，在民间故事的研究方面，与主张“一国民俗学”的柳田对立。

② 1917—1975 年。师从折口信夫，日本文学家，俳句诗人。创立角川书店。

天就踏上了回国之路。

在中国逗留期间，艾伯华还用心收集了当时在中国各地出版的民俗学，以及与民间故事相关的资料。这样搜集活动对当时的中国人来说反而很难做到。

中国的民俗学特别是民间故事的研究是从20世纪20年代初开始的，始于北京大学的歌谣研究会，经广东的中山大学，再到杭州的中国民俗学会，活动的中心转移了好几次。浙江、福建、广东、四川、江苏、江西等各地方的民俗学会也开始组建，并创办了相应的机关杂志。特别是绍兴的陶茂康所编的《民间月刊》，是一大型杂志，内容也很丰富，它成为中国民俗学会在杭州成立后的机关杂志。当时，在上海北新书局出版了40多册著以“林兰”[①]名的民间故事集。但是到了1934年，钟敬文留学日本，林兰系列丛书的出版也结束了，此后相关的活动急速衰减。艾伯华很幸运在最能吸收中国人出成果的时期，生活在中国，并根据那时收集的资料整理出版了《中国民间故事类型》，可以说继承了民国时期中国民间故事研究的丰富成果。钟敬文和艾伯华错过了相遇的机会，仅仅数月之隔，实在是运气不佳。

以在中国收集的资料为基础，艾伯华回国两年后，1937年在芬兰的赫尔辛基出版了《中国民间故事类型》［为民俗学丛书（FFC）的其中一册、原著为德语］，当时他才28岁，还很年轻。艾伯华又在这一年，避开以前惯用的从中国的古典文集中查找的方式，而从自己在中国收集的资料中选编了137则“具有生命力的民间故事”，译成英文以“Chinese Fairy Tales and Folk - Tales”（London，Kegan Paul）为书名在伦敦出版。这本书与《中国民间故事类型》相结合，可以了解中国民间故事的概况，鉴于这种考虑，在欧美地区这两本书一直被作为中国民间故事研究的基本参考书利用着。

前面讲述的钟敬文的“型式”，以及曹松叶搜集的金华一带的民间故事资料，对《中国民间故事类型》的编成起到了很重要的作用。

钟敬文的“型式”，如前所述，虽没有考虑整体的构成形式，但各种类型都是以大量的类似的故事为基础总结出来的，艾伯华在包括笑话在内的约250种类型的框架结构中，把钟敬文“型式”原封不动地利用组合的，大概占有五分之一。另外，在艾伯华的《中国民间故事类型》中，各个类型的例话（同类故事）的出处、地域、故事情节的变化、历史等的详细说明，其结构基本上模仿“蛇郎故事试探”（《民俗学集镌》2）等钟敬文所写的论文形式，可以说是建立在钟敬文的研究基础上的。1999年终得出版的中文版《中国民间故事类型》的序言中，钟敬文说：“我对中国民间故事类型的制作活动，后来因为学术上的注意点和对故事类型的作用的看法有些变化，没有一直进行下去。想不到，这种工作却由一位西方青年学者把它完成了，而且完成得那么漂亮！这就是艾伯华博士于1937年用德语写成，并在芬兰首都发表的这部著作。”

1937年虽说即将开始战争，但关于艾

① 北新书局老板李小峰夫人的名字，实际上是以赵景深为主的集团编辑。

伯华《中国民间故事类型》的出版一事，估计当时也很快能知道吧。但是钟敬文先生又是什么时候得到《中国民间故事类型》的德语原著的呢？因为原著是德语，不翻译的话中国的读者无法阅读。我1979年在北京时，经常拜访钟敬文先生，但跟他交谈时，没有进一步地了解关于当时民间故事“类型”的一些情况，比如他是什么时候拿到艾伯华的德语原著的，现在想起来实在有些后悔。总之，钟敬文先生一直强烈地渴望艾伯华的《中国民间故事类型》的中译本出现。对于曹松叶的贡献，艾伯华在其著作开篇的献词等处，作了感谢和说明，至于钟敬文名字只在引用文献的著者里出现而已。如果1934年两人能直接会面的话，艾伯华对钟敬文的感情就两样了吧。钟敬文于1936年6月，在日本的《同仁》杂志中说：“前年博士来华作学术考察，适余已去国。彼至杭州，不见余，颇有惋惜意。事后友人周君书以告余。君来我去两岑差，殊国神交一面迟。闻说藕花湖畔路，怀人东望立多时。”

饭仓照平编写《中国民间故事集》时，在解说中对各则故事的类型作了注，有钟敬文的类型的，就放在艾伯华的类型之前，做了一种提示。这是明确表示两人的“类型”有关系的唯一一例。

通过附录的类型名一览可以清楚地看到，艾伯华没有采用钟敬文的类型的，只有一个与董永传说相关的“孝子得妻”型。

四、关于曹松叶

艾伯华的《中国民间故事类型》，其类型的故事情节构成、类型的解说条目的创建等，各类型的框架形成方面，很大部分继承了钟敬文研究成果，而从出生于金华的曹松叶那里，艾伯华得到了由曹松叶实实在在地从本土搜集的五百个左右的故事。艾伯华认为位于保留原中华文明的浙江省中部的金华，是搜集民间故事最理想的、典型的地域。他对于提供给他这些贵重资料的曹松叶，在他著作的谢词中反复表示感谢。曹松叶所提供的全部资料由艾伯华译成德语后保管着，原本在柏林空袭中烧毁了，而他以后编辑论文集是与他的论点有关的材料从曹松叶的资料中挑选译成德语或英语，这些最后都公开发表了。

在我开始研究艾伯华的类型的20世纪80年代，曹松叶在中国民俗学界已是一位完全被遗忘的人物。而再看当初中山大学的杂志《民俗周刊》、杭州的中国民俗学会的机关杂志《民间月刊》，可知曹松叶那时发表了很多以民俗调查为基础的调查报告、论文等，可见在当时的中国民俗学会中他也是为数不多的研究者之一。我很想找寻曹松叶离开民俗学界后的消息。但20世纪80年代，到中国各地旅行还不那么自由的年代里，作为一个外国人很难进行调查。2000年在《民国时期中国的民间故事研究》为题的调查开始时，笔者在郑土有老师（现复旦大学教授）的陪同下，由当地的黄子奇先生做向导，找到了曹松叶的小女儿曹桂环女士以及与曹松叶有过交往的人，并作了交谈。从他们那里听说曹松叶在当地是位非常出色的教育学者，备受尊敬，懂得德语、日语，做事谨慎而又有节制，等等，颇有意思。只是，他把与民间故事相关的资料全部交给了艾伯华，1934年以后也停止了民俗相关的研究，其中的原因未能知晓。

这次，难得用网络搜索了一下曹松叶曾经工作过的义乌中学的主页，发现上面有曹松叶的履历。还点击了同时出现的另几条关键信息："宋元明清书院概况"《国立中山大学语言历史学研究所周刊》第十集，第113期（1930）、《中华人民史》商务印书馆1933，等一部分民国时期著作得以复刻，由此说明中国学界对于民国时期的研究确实开始了复权和再评价。要是这样的话，当时怎么找也没有找到的他的著作《金华各属谜语》第1集，或许也会重见天日吧，我很期待。

钟敬文多年的期望最后实现了，艾伯华的《中国民间故事类型》原著自出版后经过了60年，到了1999年终于出版了它的中译本。然而这个译本并不是那么理想。在应该写为《曹松叶资料》的地方，大部分都错写成《曹子建集》——译者连开头的献词也没注意到，我觉得很遗憾。而这次看网上的信息，却有写着艾伯华的《中国民间故事类型》是与曹松叶共同编著的——这也是错误的，《中国民间故事类型》是艾伯华的著作，与曹松叶无关，他只是提供资料者——这是看了艾伯华的献词之后没读原著就随意作出的评价导致的。

本稿最初打算探讨曹松叶所提供的资料的意义，但考虑到篇幅，只能在以后的论文中再作探讨了。对于"作为民俗学者的曹松叶"的再评价，对于艾伯华的"类型"作为一个中华民国时期的研究成果公正地得以再评价，我期待着……此篇论文就此搁笔吧。

附录

（1）以下为钟敬文的《型式》对应艾伯华的《中国民间故事类型》顺序号一览表，记载如下：

（钟敬文的《型式》条目和艾伯华的《中国民间故事类型》几乎所有都有对应。可见艾伯华高度评价钟敬文的《型式》。）

钟敬文的《型式》与艾伯华的《中国民间故事类型》对应关系一览

钟敬文《型式》	艾伯华《中国民间故事类型》	钟敬文《型式》	艾伯华《中国民间故事类型》
虎与鹿	3 老虎和鹿	蛇郎	31 蛇郎
怕漏	10 怕漏	牛郎	34 天鹅处女
老虎母亲（或外婆）	11 老虎外婆（老虎和孩子们）	螺女	35 田螺娘
猫狗报恩	13 乐于助人的动物；猫和狗	孝子得妻（董永）?	
老虎精	14 肯帮忙的动物（母鸡和公鸡）	熊妻	38 熊人公
蜈蚣报恩	18 蛇报恩	求如愿	39 海龙王满足愿望
蛇吞象	19 蛇吞象	吹箫 第一式	40 龙宫吹箫
燕子报恩	24 燕子报恩	蛤蟆儿子 第二式	42 青蛙皇帝
人为财死	26 太阳国	蛤蟆儿子 第一式	43 蛤蟆儿子
偷听话	28 动物听话	龙蛋	61 龙蛋
狗耕田	30 狗耕田	卖鱼人遇仙	107 渔人遇仙

续表

钟敬文《型式》	艾伯华《中国民间故事类型》
猴娃娘	119 猴儿娘
云中落绣鞋	122 云中落绣鞋
求活佛	125 问佛
水鬼与渔夫	132 渔夫和淹死鬼
彭祖 第二式	155 彭祖之死
彭祖 第一式	156 彭祖不死
吹箫 第二式	157 不见黄河心不死
罗隐	161 罗隐
撒谎成功	190 占卦（有言必中）
大话	191 谎话连篇
秃子猜谜	192 穷汉娶妻
亨夫福女儿	193 千金小姐嫁乞丐
皮匠驸马	194 鞋匠成了驸马
百鸟衣	195 百鸟衣
三句遗嘱	200 三句遗嘱
三句好话	
十个怪孩子	208 十个兄弟
书呆子掉文	笑话 3 蠢秀才
三女婿	笑话 6 傻女婿 6 三个女婿
悭吝的父亲	笑话 25 吝啬鬼
择婿	笑话 29 择偶 2
顽皮的儿子（或媳妇）?	笑话 1 傻子 1 傻孩子
傻妻	笑话 7 傻媳妇 2
呆女婿　第一式	笑话 6 傻女婿 1 祝寿 1
呆女婿　第二式	笑话 6 傻女婿 1 祝寿 2
呆女婿　第三式	笑话 6 傻女婿 1 祝寿 3
呆女婿　第四式	笑话 6 傻女婿 1 祝寿 4
呆女婿　第五式	笑话 6 傻女婿 1 祝寿 5
吃白饭	笑话 11 徐文长
说大话的女婿?	笑话 28 聪明的女人 2 完美的回答

（2）下面为各种类型及与它相对应的该类型研究论文一览（按照文章的发表时间排序）。

（●为选编入《钟敬文民间文学论集（下）》的文章）

●马头娘传说辨（《（中山大学）民间文艺》1927 年 6 期）1927 年 12 月 EB45 蚕

●中国古代几个鸟的传说 1927 年 10 月、1928 年 5 月付记（编入《民间文艺丛话》中山大学民俗丛书）EB83 鸟的起源

●读《三公主》（《（中山大学）民俗》6）1928 年 5 月（EB122 云中落绣鞋、言及形式谭）

●呆女婿故事试说（《（中山大学）民俗》7）1928 年 5 月 EB 笑话 6 傻女婿

●中国印欧民间故事之相似（《文学周报》6 卷）1928 年 7 月指出“印欧民间故事类型索引”里的故事与中国故事的相似之处。提到关于“美女和野兽”类型，赵景深感言“与从（中国的）妇人那儿所听到的故事的相似之处是如此之多，真不可思议”。

●田螺精（《民众教育季刊》1 – 1）1930 年 8 月 EB35 田螺妻

●水灾传说（《民众教育季刊》1 – 2）1930 年 9 月 EB47 大洪水

●中国的地方传说（《民俗学集镌》1）1931 年 7 月 EB68 一个晚上的工作

●蛤蟆儿子（《民众教育季刊》2 – 2）1932 年 6 月 EB43 蛤蟆儿子

●蛇郎故事试探（《民俗学集镌》2）

1932 年 8 月 EB31 蛇郎

●老虎与外婆儿故事考察（《民间月刊》2－1）1932 年 10 月 EB14 乐于助人的动物（母鸡和公鸡）（赵景深认为与格林故事相类似）

○老虎外婆（《民间月刊》2－2“老虎外婆故事专辑”）1932 年 11 月 EB11 老虎和孩子们

●中国的植物起源神话（《民众教育季刊》3－1）1933 年 1 月 EB85 植物的起源

●中国的天鹅处女型故事（《民众教育季刊》3－1）1933 年 1 月 EB34 天鹅处女

●种族起源神话（《民众教育季刊》3－1）1933 年 1 月 EB41 狗的传说

●老獭稚型传说的发生地——三个分布于朝鲜、越南及中国的同型传说的发生地试断（《艺风》2－12）1934 年 10 月 EB112 与精怪的关系

○槃瓠神话的考察（日语）（日本《同仁》2，3，4）1936 年 2，3，4 月 EB41 狗的传说

○谈论“狗耕田”型故事的试探（宁波出版[①]《民俗周刊》2－3）EB30 狗耕田

（毛久燕　译）

---

① 宁波的《民俗周刊》因主编娄子匡调职杭州之故，仅办三期便停刊了。现已难以寻觅。

“海丝”区域文化共同体建构略论①

黄家庭　崔海东
（浙江海洋大学　东海发展研究院；江苏科技大学　马克思主义学院）

摘　要　打造“海丝”文化共同体，是强化国家软实力、促进国家安全的需要，是加强“海丝”区域互信合作，维护地区和平与安全、繁荣与稳定的需要。虽然“海丝”区域有着文化的地域性差异，但是从以往的交往历史来看，也有着诸多文化互动的成功经验。打造“海丝”文化共同体，要坚持以下原则：一是以和为贵，和而不同；二是并行不悖，坚持多元共存，共同繁荣；三是求同存异，文化整合，提炼、共塑“海丝”共同价值观；四是辩证发展，坚持儒家文化为核心，建构“海丝”文化共同体的哲学基础。

关键词　海上丝绸之路；文化共同体；共同价值观；儒家文化

“海上丝绸之路”是由汉朝开辟、后经历代王朝拓展的海上贸易交通线。2013年10月，习近平同志在出访东盟国家时提出，中国愿同东盟国家加强海上合作，发展好海洋合作伙伴关系，共同建设21世纪“海上丝绸之路”。这是党中央立足于推动中国与东盟长远合作发展而制定的战略思维，有利于深化区域合作、促进亚太繁荣和推动全球经济发展。在这其中，打造文化共同体，深化“海丝”沿线国家的交流尤显重要。

一、打造“海丝”文化共同体的优势

尽管“海丝”地区宗教、文化上具有多元性，除了中国文化外，还有印度教文化、佛教文化、伊斯兰教文化以及基督教文化四大文化，但是由于地缘关系，“海丝”各国自古以来就保持着密切的通商贸易和文化交流，它们的文化相互借取、彼此渗透，故在广泛的文化和社会政治生活领域，甚至包括道德言行、风俗习惯等方面，形成许多相同或相近之处。而且，不论是在早期的和平交流，还是在后来反抗西方殖民主义的过程中，早已休戚与共，形成命运共同体，故而打造文化共同体存在着更多的有利条件。

其一，和平交往的历史情感。如《汉书·地理志》记载：“自日南障塞，徐闻、合浦，船行可五月，有都元国，又船行可四月，有邑卢没国，又船行可二十余日，有谌离国，步行可十余日，有夫甘都卢国。自夫甘都卢国船行可二月余，有黄支国，

① 基金项目：浙江海洋大学科研启动经费资助课题《观音圣迹文化研究》阶段性成果（项目编号：21055011715）。

民俗略与珠崖相类，其州广大，户口多，多异物，自武帝以来皆献见。……王莽辅政，欲耀威德，厚遣黄支王，令遣使献生犀牛。自黄支船行可八月到皮宗，船行可二月到日南、象林界云。黄支之南有已程不国，汉之译使自此还矣。"[1] 据学者考据，日南即汉日南郡（今广东境内），徐闻、合浦在今雷州半岛。都元国即今越南沱瀼，邑卢没国即泰国暹罗湾的 Ratburi（今之叻丕），谌离国是缅甸的顿逊（Tenasserim，今译丹那沙林），夫甘都卢是缅甸的卑谬（Prome）及附近的合称。黄支国，则是印度的建志补罗（Kanshipura），即今 Conjeveran，是达罗毗荼人的首都。已程不国为师子国，即今斯里兰卡。[2] 又如隋唐，公元607 年隋炀帝派常俊出使赤土国（今马来半岛东北），赏赐给赤土国国王丝绸5000 段，该国"以舶 30 艘来迎"隆重接待并派王子随常俊来中国访问[3]。而有唐一代，来华朝贡的东南亚国家比前代大大增加。计有环王（占城）、真腊、堕罗钵底、哥罗舍分、盘盘、骠国、弥臣、陀桓、单单、多摩苌、堕婆登、室利佛逝、殊奈、占卑、三佛齐、诃陵、甘卑、甘堂、多蔑、婆罗、婆利、制物、勃泥等二十余国[4]。再如明代，1405—1433 年，郑和七下西洋，东南亚国家向往中土文明，纷纷来朝。1408 年渤泥（今文莱）国王携带妻子儿女等150 多人来到中国，后"体魄托葬中华"，明朝以王礼将他葬于南京安德门外狮子冈[5]。1417 年苏禄国（今菲律宾境内）东王和西王率领 340 多人来中国友好访问，受到明朝政府的隆重接待。当年 10 月苏禄东王在山东德州病逝，明朝皇帝"葬以王礼并亲为文树碑墓道"[5]。后来，他的两位王子也死于中国，他们的后裔就定居在德州并加入中国国籍。

其二，文化互动的成功经验。虽然"海丝"各国有着文化的地域性差异，但是从以往的交往历史来看，也有着诸多文化互动的成功经验。中国的语言文学、思想艺术和政治制度等通过"海上丝绸之路"传到东南亚，对当地文化产生重大影响。如语言文字习俗。菲律宾学者 A. 曼努埃尔从语言上研究中菲关系，认为两国语言本来同出一源，到贸易时代又再相互影响，因此关系极为密切。[6] 为学习中国汉语和汉文化，泰国于1371 年派人到中国"国子监"学习，泰语中保留许多来自汉语的语言词汇[7]。越南自秦至宋一直都是中国的正式领土，更是长期通用汉文汉制。又如儒家文化。元人汪大渊《岛夷志略》记载交趾（今越南）"诵诗读书，谈性理、为文章，皆与中国同，惟言语差异耳"。[8] 这都说明中国儒家文化中的平等、谦让、礼仪等友好思想深刻影响了东南亚人民。佛教中国化是世界文化和平交流成功的典范，而连接古代印度与中国的海上丝绸之路即是成就此文化交流之路。两国僧人多假此路往返①。而且东南亚一度成为佛学中心。如公元 7 世纪爪哇的室利弗逝国，唐代著名僧人往往在此停留，翻译佛经。

① 如东晋法显于晋安帝义熙七年（411 年）从锡兰（今斯里兰卡）回国，遇台风，漂流至耶婆提国（今爪哇），滞留五个月后方航行回到广州。真谛（499—569 年），印度优禅尼国人，精通大乘佛教，南朝梁武帝萧衍（464—549 年）时携带大量梵文经典乘船来到梁都建康。达摩，南天竺人，南朝梁普通年中（520—526 年），自印度航海来到广州，北上至北魏，开创了中国禅宗。

南洋乃至西方的音乐、舞蹈、绘画、雕塑、建筑等艺术，天文、历算、医药等科技知识以及伊斯兰教、基督教等也曾经过海上丝绸之路输入中国。这些生动的历史事实证明"海上丝绸之路"是一条和平友好之路，它见证的是中国人民和东南亚人民真挚的传统友谊。

其三，华人华侨的纽带作用。由于经商等原因，中国人很早就旅居东南亚等地，谓之下南洋。如宋代朱彧《萍洲可谈》卷二"北人（华人）过海外，是岁不归者，谓之住蕃"，甚至"住蕃虽十年不归"。[2]清朝甚至有华人在东南亚西婆罗洲（今西加里曼丹）坤甸成立过兰芳大统制共和国（1776—1886 年）[9]。至 1965 年，东南亚华侨共有 1247.5 万人[2]。据我国侨务部门和相关学界近年来研究统计的数字，东南亚国家中，泰国华侨华人 850 万（2006 年），占当地人口 14%；印尼华侨华人 750 万（2005 年），占当地人口 3.1%；马来西亚华侨华人 710 万（2008 年），占当地人口 26.5%；新加坡华侨华人 270 万（2009 年），占当地人口 75.6%；菲律宾华侨华人 150 万（2004 年），缅甸华侨华人 130 万（2003 年），越南华侨华人 1 263 570 人（2006 年）[10]。由于受中华文化源远流长的影响，华侨华人大都信仰儒、道、释三教等，融通中外政治、经济、文化，熟知所在国的风土人情、社会、法律等，尤其是泰国华人融入主流社会程度最高[11]，可谓是中国与世界各国的交往和合作"天然桥梁"。

二、打造"海丝"文化共同体的基本原则

在当今世界局部冲突不断、暴恐事件层出的现实背景下，在打造"海丝"文化共同体的过程中，我们要坚持和谐发展的交流原则。具体来说，可分下面几个方面。

其一，以和为贵，和而不同，坚持多元共存，共同繁荣。中国文化素来强调化干戈为玉帛，"以和为贵"。西周末年著名思想家史伯认为"和实生物，同则不继。以他平他谓之和，故能丰长而物归之。若以同稗同尽乃弃矣"。《中庸》亦云"道并行而不悖，万物并育而不相害"。"海丝"沿岸国家的文化，当平等对待，一视同仁，不应人为地强分高下、妄论优劣。这种思想在中国可谓源远流长。中国文化具有世界上其他文化类型所罕见的宽容和平特性，历来欢迎各种文化、宗教作和平、健康的交流，历史上几乎没有发生过类似西方的宗教战争，各宗教文化在中国都能寻到自己的合法位置、获得相应的成就。故我们应当把这种并行不悖的原则推广到"海丝"文化共同体。如洪武二年（1369 年），明太祖朱元璋下令编订《皇明祖训》，劝诫后世子孙切勿兴兵外侵[12]，并将朝鲜、日本、大琉球国（指琉球群岛）、小琉球国（指中国台湾）、安南、真腊、暹罗、占城、苏门答腊、西洋（即西洋琐里）、爪哇、澎亨、白花（即苏门答腊巴塔克，《元史》作花面国）、三佛齐、勃泥等十五个海外国家与地区列为"不征之国"[12]，这其中主要是东南亚海丝沿线国家。而郑和七次到达东南亚均"不穷兵、不疲民，而礼乐文明，赫昭异域"[13]。如今马六甲三宝山是中国与马来西亚之间文化交流的重要历史遗迹，这里流传"汉丽宝井"和"三宝井"等许多优美感人的故事。此与西方殖民文化形成鲜明对比。故在今天的

文化交流中，要继承发扬此一优良传统。

其二，求同存异，文化整合，提炼、共塑“海丝”共同价值观。我们要构建的文化共同体，并非自限于保持各文化并存之初级局面，更要求同存异，展开文化整合工作。既要尊重各自固有的文化特性，也要努力从文化传统中寻求彼此的文化共性，这是构建文化共同体的基本前提。所谓文化整合，是指不同的文化相互吸收、融化、调和而趋于一体化的过程。它不是两种或两种以上文化的简单相加，而是一个重新选择的过程，即通过对不同文化的继承、更新和扬弃，促成新的文化范式诞生。价值整合是文化整合中最基本、最重要的一种整合，只有价值观念一致，才会互相理解、协调行为等。文化整合的中心工作即是提炼各文化之精髓，共塑共同价值观。即在文化整合的基础上，实现多元文化的价值统一，并由此提炼新的“东亚价值观”。新“东亚价值观”源于传统，又高于传统，它的特点是超越极端民族主义，提倡多元和谐的区域意识。我们认为，这个核心价值观，可以以中国文化中的“仁”来代表。仁是孔子所开创的儒家的核心价值观，《论语》载：“樊迟问仁。子曰：‘爱人。’”它包括忠、恕两个方面，忠道即是“己欲立而立人，己欲达而达人”，恕道即是“己所不欲，勿施于人”。1993 年 8 月 28 日至 9 月 4 日在美国芝加哥召开的世界宗教议会第二届大会，这次大会讨论、通过并签署了《走向全球伦理宣言》，提出了让各种宗教、各种文化的人都能接受的全球伦理的构想，其中恕道被认为是世界伦理的黄金律，而忠道则为白银律。二者也就是现代政治学中所说的消极自由、积极自由。故忠恕是一贯之道，是一个可以普遍立法的形式性原则。故德国费尔巴哈评孔子的爱人，己所不欲勿施于人，“是最好的、最真实的，同时也是最明显而且最有说服力的”道德原理，“是健全的、纯朴的、正直的、诚实的道德，是渗透到血和肉中的人的道德，而不是虚幻的、伪善的、道貌岸然的道德”[14]。

其三，坚持儒家文化为核心，建构“海丝”文化共同体的哲学基础。和谐发展又绝不是和稀泥，而是“维齐非齐”，辩证发展。在打造“海丝”文化共同体的过程中，我们应当坚持儒家文化（广义）的主体性，重塑它在文化共同体中的核心地位。

首先，儒家文化有这样的历史定位。儒家文化博大精深，不仅是中国文化的主流，也具有人类的普遍意义。以儒家为代表的中国文化是世界上为数不多的几种原生性文化之一，因此具有文化本源的意义。客观考察“海丝”地区的历史发展，不难发现儒学是最有资格成为该共同体的文化背景与思想基础。作为中国的主流，它养育了中国有别于西方的古代文明。作为人类普遍的价值文化，它在东亚地区构建了独特的、成熟的、持久的儒家文化圈。早在 3 世纪以后，中国周围逐渐出现一系列依附于中国的国家，形成多个同构国家环绕一个中心大国的特殊文明古国格局。这些国家在吸收甚至是照搬中国制度文明的基础上走向成熟，靠引进中国文化并使之本土化来建构本文化，结果是在 9 世纪前造就了以中国为核心的东亚文化圈。所以今天打造文化共同体，在某种意义上，更是古老的东亚文化共同体的复兴。

其次，儒家文化有这样的现实能力。余英时先生在考察20世纪末世界若干地区的文化动态后曾指出："今天世界上最坚强的力量既不来自某种共同的阶级意识，也不出于某一特殊的政治理想。惟有民族文化才是最经得起时间考验的精神力量。"[15]儒家文化有能力也有魅力再度成为"海丝"共同体的文化核心。工业东亚现象已充分展示了其现实能力。早先的日本、亚洲四小龙、四小虎等新兴地区走出了不同于西方的现代化道路，美国俄亥俄州威顿伯格大学教授宾·尤即因此高度评价了儒学的现代价值，认为"日本经济在世界独占鳌头，韩国、新加坡及其他国家的欣欣向荣，就足以证明：孔子思想可以作为重建世界的原动力"[16]。而今天中国的伟大复兴更是提供了最强有力的证据。

再次，新的儒家文化核心，并不是对旧制的复制，而是全新的损益。即它是对旧有体系的扬弃，它摒弃掉原有文化价值观中保守落后的方面，而开放地将其他价值体系中优秀的部分加以阐发，继而形成新的价值观，这也就构成了不同文化共同体平等对话共同发展的基础。如对朝贡制的扬弃，既要保持它和平来往、和衷共济的本质，又要剔除它讲求尊卑、礼仪等僵化刻板弊端①，构建新型的平等交往关系。

我们相信，只要海丝诸国同心协力，则其利断金，一定可以成功打造文化共同体，为21世纪海上丝绸之路的壮举再谱华章，也为整个人类社会的发展做出应有的贡献。

三、打造"海丝"文化共同体的重要意义

所谓文化共同体，即在同一核心价值观念的约束和引导下，持有共同的文化记忆、接受大致相同的文化理念、拥有共同的文化精神生活的相对稳定的社会群体。它包括三个要素：共同的文化记忆、共同的文化生活以及共同的文化精神。打造"海丝"地区文化共同体，深化交流具有以下几方面的重要意义。

其一，它是强化国家软实力的需要。党的十八大报告提出了实现"中国梦"以及"扎实推进社会主义文化强国建设"的任务和要求，它的提出，既反映了圆中国文化强国之梦的迫切愿望，也是实现中华民族伟大复兴的必然选择，而打造"海丝"文化共同体，正是对中央这一战略的积极响应。众所周知，"海丝"地区在历史上是中国力量投射的传统区域，然而自

① 如一些学者认为费正清们所说的古代东亚朝贡秩序"在理论上是被中国天子的普世优越性所统一与中心化。其组织方式并不是具有平等地位的统治者之间以领土为单位的统治，而是所有地方政权从属于中国皇帝令人敬畏的中央权威的方式"，其实是简单化处理中国与周边国家关系，并认为中国在和西北游牧民族相处中不适于此体系（张锋：《解构朝贡体系》，载《国际政治科学》2010年第2期）。相对于古代中国，东南亚地区国家的出现较晚，社会各方面发展也较滞后，物质匮乏，人民生活贫困，故朝贡制事实上是中国对东南亚国家的物资、文化输出与资助。故费正清认为："不能说中国朝廷从……朝贡中获得了利润。回赠的皇家礼物通常比那些贡品有价值得多。在中国看来，对于这一贸易的首肯更多的是一种帝国边界的象征和一种使蛮夷们处于某种适当的顺从状态的手段……"（J. K. Faibank and S. Y. Teng. On the Ch'ing Tributary System. Harvard journal of Asiatic Studies, Vol. 6, No. 2, Jun., 1941, p. 140.）

西方殖民主义兴起后，中国不仅退出这些区域，而且同“海丝”各国一起饱受后者的侵凌。故积极打造文化共同体，切实推进“海丝”地区的文化交流，是“中国梦”的合理内涵之一，也是伟大的民族文化复兴的标志之一。孔子早就说过，“远人不服，则修文德以来之，既来之，则安之”，此即揭示了国家交往间文化力量的重要。当今世界各国的交流已从过去的零和博弈趋向非零和博弈，近年来“软实力”成为风靡国际关系领域的最流行的关键词，它深刻地影响了人们对国际关系的看法，使人们从关心领土、军备、武力以及经济等有形的“硬实力”，转向关注文化、价值观等无形的“软实力”。而文化作为软实力的重要来源之一，对国家间相互吸引和互相理解具有重要的作用。今天中国的经济、军事等硬实力已取得了全球瞩目的伟大成就，迫切需要获得与之相匹配的文化软实力，而打造“海丝”文化共同体正是不二之选。中国大打文化牌，在“海丝”地区打造文化共同体，大力营建自己的文化软实力，获得良好、高效的交流机制与平台，可以匹配日益强大的硬实力，加强与周边国家的文化交流，塑造自身的良好形象。

其二，它是促进我国国家安全的需要。今天“海丝”地区不仅是地区政治、外交和安全诸类矛盾的交汇处，也是大国战略博弈、角力的新高地，争夺霸权的“大熔炉”，大国之间相互争斗，争夺主导权，有引发冲突甚至战争的危险[17]。在这样的地缘政治背景下，积极打造“海丝”文化共同体，深化各国交流，显得既迫切而又现实。通过打造文化共同体，加强交流，可以打造平台，构建自己的话语权，有效地传播我们的声音和媒介，可以积极主动地引导国际舆论，减少外界对我们的猜疑，努力营造有利于我国全面复兴的外部舆论氛围，建构和平，促进国家安全。另外也可以进一步密切我国与“海丝”地区国家的联系，培养地区间国家的集体感，使各国认同共同身份，促进共识，并为共同利益而努力，从而推动共建和平稳定、繁荣共建的周边环境，坚定不移地致力于维护世界和平。

其三，它是加强海丝区域安全与合作的需要。文化共同体是安全共同体的基础。在国际政治中，安全与信任从来都是极为稀缺的资源，以权力界定的利益大多数时候都是倾向于零和状态。随着中国快速崛起，美国高调重返亚太，“海丝”地域成为高危地区，在政治和军事上依旧存在许多不确定因素，仍面临着许多传统或非传统安全威胁。故而建立文化共同体，对促进双边关系与互信合作，维护地区和平与安全、繁荣与稳定尤为重要。它可以加强地区间国家间的彼此信任、内在认同，塑造共同价值观，顺利地消除彼此之间长期积累起来的隔阂乃至积怨，加强相互的沟通与理解，进而达到融合统一。可以有效地维护“海丝”地区的安全与和平、繁荣与稳定，最终目标是实现“海丝”沿路国家的和平繁荣与可持续发展。

参考文献

[1] 班固. 汉书 卷二十八 地理志. 北京：中华书局，1962：1671.

[2] 朱杰勤. 东南亚华侨史. 北京：高等教育出

版社，1990.
[3] 魏征. 隋书. 北京：中华书局，2000：1230.
[4] 喻常森. 试论朝贡制度的演变. 南洋问题研究，2000，(1)：57.
[5] 张廷玉. 明史. 北京：中华书局，2000.
[6] 金应熙. 菲律宾史. 开封：河南大学出版社，1990：45.
[7] 葛治伦. 1949 年以前中泰文化交流//周一良. 中外文化交流史. 郑州：河南人民出版社，1987：498.
[8] 汪大渊. 岛夷志略. 北京：中华书局，2000：50.
[9] 罗香林. 西婆罗洲罗芳伯等所建共和国考. 香港：中国学社，1961.
[10] 中国新闻社《世界华商发展报告》课题组. 2008 年世界华商发展报告. 中国新闻社，2009-2-2.
[11] 梁英明. 东南亚史. 北京：人民出版社，2010：5-6.
[12] 申时行. 明会典//四库全书 第 617 册. 上海：上海古籍出版社，1987.
[13] 茅元仪. 武备志 卷二四〇//续修四库全书 第 966 册. 上海：上海古籍出版社，2003：319.
[14] 费尔巴哈. 费尔巴哈哲学著作选集 上卷. 北京：生活·读书·新知三联书店，1959：577-578.
[15] 余英时. 中国思想传统的现代诠释. 南京：江苏人民出版社，2004：36.
[16] 郭洁敏. 东亚价值观的再思考. 国际观察，2007，(3)：8.
[17] 蔡鹏鸿. 启动“21 世纪海上丝绸之路”建设南海和平之海. 当代世界，2015，(2)：28-29.

广西海洋文化对外交流与合作的对策研究[①]

吴小玲[②]
（钦州学院　北部湾海洋文化研究中心）

摘　要　广西开展海洋文化对外交流与合作有着独特的优势。近年来，广西发挥海上丝绸之路的枢纽和门户的优势与作用，实施对外文化交流“多路并举”的方略，“请进来”与“走出去”相结合，利用官方、民间、企业等多种方式实施全方位、多层次、广覆盖地开展海洋文化对外交流与合作活动，成为中国海洋文化走向东盟的前沿窗口。但与“一带一路”倡议实施的要求，与广西“海洋强区”战略所赋予的历史使命和任务相比，还存在着诸多不足。要进一步加强广西海洋文化的对外交流与合作，必须充分利用各种资源，拓展海洋文化对外交流和传播渠道，培育外向型骨干海洋文化企业，制定并实施海洋文化对外交流重大工程项目等。

关键词　广西海洋文化；对外交流与合作；对策

“一带一路”倡议是中国目前全方位对外开放的重大举措。推进“一带一路”建设，需要扩大人文交流，提高文化开放水平，充分发挥以文化人、以文促情、以文建信的重要作用。这就提出了文化如何走出去、如何进行对外交流与合作的问题。

在国家“一带一路”倡议中，广西的定位是构建面向东盟区域的国际通道，打造西南、中南地区开放发展新的战略支点，形成21世纪海上丝绸之路与丝绸之路经济带有机衔接的重要门户。广西与周边的东盟各国具有地缘近、人缘亲、文缘深的比较优势，近年来，广西发挥海上丝绸之路的枢纽和门户的优势，在与东盟各国日益密切的经贸与文化往来中，组织多姿多彩的海洋文化对外交流与合作活动，发挥文化“走出去”的作用，取得了不少成绩，积累了一定的经验，同时也遇到一些问题与矛盾。面对泛北部湾地区各国多元文化日趋激烈的竞争，深入研究具有广西特色的海洋文化对外交流与合作的对策，对增强中国文化“走出去”的成效和力度具有重要现实意义。

---

① 项目基金：广西高校人文社会科学重点研究基地北部湾海洋文化研究中心2015年重大课题“广西参与建设21世纪海上丝绸之路的历史依据与现实对策研究”（2015BMCA01）。

② 作者简介：吴小玲，女，（1966—），钦州学院广西高校人文社会科学重点研究基地“北部湾海洋文化研究中心”执行副主任，教授。

一、广西开展海洋文化对外交流与合作有着独特的优势

广西与东盟国家水陆相连，区位优势独特，民族相近、习俗相似，文化交流历史悠久，拥有特色鲜明的海洋文化，文化资源丰富，在我国实施加快文化“走出去”战略中发挥重要作用。

1. 地理优势

广西地处中国南疆、北部湾北部，海岸线东以英罗港为起点，西对北仑河口，长达 1629 千米，有“一湾连七国”的优势，与东南亚既有陆地相连，又有海洋相连，既背靠我国云南、贵州、四川等大西南地区，又毗邻海南省、广东省及港澳特别行政区，面向越南、泰国等东南亚国家，具有沿海、沿边、沿江的区位优势，是华南经济圈、西南经济圈与东盟经济圈的结合部，是广西和中国西南地区通向东南亚和非洲、欧洲，进入国际市场的最便捷出海通道，是连接中国内陆地区与东盟市场的重要通道与地理中心。目前，广西有防城港、钦州港、北海港等沿海良港，有 25 个沿海沿边开放口岸（其中国家一类口岸 17 个、二类口岸 8 个），还有 25 个边民互市点。北部湾港已开辟了通往新加坡、曼谷、海防、胡志明、巴生等港口的多条国际直达航线，并建立以钦州为基地，覆盖东盟国家 47 个港口城市的中国 - 东盟港口城市合作网络。这不但可以利用东南亚和国内两地资源来开展海洋文化交流与合作，还可以把东南亚和国内的海洋经济与文化资源同广西的地理位置有机结合起来，实现资源的优化配置。

2. 人文优势

广西与东盟国家民族相近、习俗相似，文脉相通，人缘相亲。广西壮族与越南、老挝、泰国的多个民族有民族学上的亲缘关系。由于民族起源、历史传承、地理风习以及文化交流等原因，广西与东盟国家同属于东方文化体系，有较多的文化认同理念和稳定的友好关系，价值观相近，人文交流历史悠久。目前，居住于东盟十国的广西籍华人达 500 万之多。广西沿海地区的风俗文化、建筑风格与东盟国家有诸多相似。

3. 与东盟各国的传统交往基础深厚

自古以来，广西沿海就有较为发达的造船业，是中国对外交往的海上丝绸之路的重要出海港口，是中国与外来文化交流的重要前沿地带。公元前 111 年，汉武帝以合浦港等为始发港开辟了海上丝绸之路。史书上有“自汉武以来，朝贡必由交阯之道”[1]，“南海交通频繁之大港，要不外交广两州”[2]，“南海舶，外国船也，每岁至安南、广州”[3]，“每岁，广州常发铜船过安南货易”[4] 等记载，都是广西沿海与海外进行交往的重要证据。中国丝织品、珠宝从这里远销世界各地，域外物品不断传到中国来，合浦汉墓出土的各式玻璃、水晶、宝石、“马面形”托灯陶俑是明证。宋朝钦州博易场，是越南等国商人前来贸易的重要交易地。到清朝乾隆时期，《廉州府志》描写当时的广西沿海地区是“各国夷商无不航海梯山源源而来，……实为边海第一繁庶地”[5]。1876 年后，北海被辟为通商口岸，各国领事馆、商行、学校、医院、教堂纷纷建立，北海成为西方文化

传入广西的一个窗口。

4. 拥有特色鲜明的海洋文化

广西沿海地区是中国海洋文化的重要发源地之一。自古以来，这里的人们崇海、爱海、敬海，创造了灿烂的渔俗文化、航海文化、海洋文学、海疆文化、伏波文化和海洋生态文化，积淀了丰富的海洋性物质文化遗产，有新石器时代贝丘遗址、古运河、古商道、伏波庙、白龙珍珠城、大型汉墓群、明清城墙遗址、寺庙塔亭、百年老街、西洋建筑群等。还有京族哈节、珠还合浦及三娘湾的神话传说等一大批记录和展示人类海洋精神文化的非物质文化遗产。广西海洋文化有鲜明的南疆特色，有其特有的海洋文化元素如南珠、北部湾渔场、沙滩、礁石、红树林、海岸、海港、渔村、渔船等，还有银滩、涠洲岛等一批国家级海上风景名胜区。

5. 广西拥有多重政策优势，对外交流与合作的基础和能力不断增强

2006 年，南宁被定为举办中国 - 东盟博览会的永久地址，2008 年，《广西北部湾经济区发展规划》将广西北部湾经济区定位为面向东盟的区域性国际经济合作区。2009 年年底，国务院出台了《关于进一步促进广西经济社会发展的若干意见》，明确提出广西是中国面向东盟的重要门户和前沿地带，是西南地区最便捷的出海大通道，在深化与东盟开放合作中具有重要战略地位。2015 年 3 月，国家发布《推动共建丝绸之路经济带和 21 世纪海上丝绸之路的愿景与行动》，提出要“发挥广西与东盟国家陆海相邻的独特优势，加快北部湾经济区和珠江 - 西江经济带开放发展，构建面向东盟区域的国际通道，打造西南、中南地区开放发展新的战略支点，形成 21 世纪海上丝绸之路与丝绸之路经济带有机衔接的重要门户”[6]。广西拥有多重政策叠加的优势，近年来，广西与东盟各国的经贸关系日益紧密。2008 年至 2014 年，广西与东盟贸易额年均增长 32.9%，东盟已连续多年成为广西第一大贸易伙伴、第二大利用外资来源地和广西企业“走出去”的重点地区[7]，为加强双方的文化交流与合作奠定了基础。

二、广西开展海洋文化对外交流与合作的现状

近年来，广西发挥海上丝绸之路的枢纽和门户的优势和作用，实施对外文化交流“多路并举”的方略，“请进来”与“走出去”相结合，利用官方、民间、企业等多种方式全方位、多层次、广覆盖地开展海洋文化对外交流与合作活动，成为中国海洋文化走向东盟的前沿窗口。

1. 搭建海洋文化交流与合作的平台

利用中国 - 东盟博览会、中国 - 东盟文化论坛、中国 - 东盟商务与投资峰会、南宁国际民歌节、泛北部湾经济合作论坛等大型国际会议平台及多边外交平台，广西与东盟国家签订了一系列文化交流合作协议，搭建了多个交流与合作平台，开展了一系列海洋文化交流与合作活动。如“海上新丝路东盟万里行”大型外宣活动、桂版图书宝岛巡回展销活动、中国图书东盟（印尼、泰国）展销活动、第四届中泰广电业务合作座谈会、第五届“中泰友谊歌会 · 美丽 2014”展演活动、2014 中国

(广西) - 新加坡电影周、中越歌曲演唱大赛等。2011 年 4 月，广西制定了“广西与东盟文化合作行动计划”，通过打造文化外宣品牌，建立创新型交流载体，建设开拓性对外文化贸易品牌，扩大文化外交的成果，让广西成为中国文化走向东盟的前沿窗口。中国 - 东盟博览会已在南宁成功举办了十二届、中国 - 东盟文化论坛在南宁成功举办了十届，近几年的主题与文化交流密切相关，如 2013 年第八届中国 - 东盟文化论坛的主题是“对话与合作——非物质文化遗产的保护与传承”，2014 年第九届中国 - 东盟文化论坛就“国际性艺术节的管理与实践”展开讨论，2015 年第十届论坛的主题是“新常态、新合作——东盟共同体建成后的‘10 + 1’文化合作”。

2. *拓展广西海洋文化“走出去”的方式*

通过组织广西文化舟、文化年等活动，不断拓展广西海洋文化“走出去”的方式。2007 年“广西文化舟”在马来西亚举办活动；2011 年，“广西文化舟”赴泰国和中亚四国参加“欢乐春节”演出活动、参加新加坡第 26 届“春到河畔”活动；2012 年，“广西文化舟”赴韩国参加文化年活动[8]。2014 年春节期间，广西派 3 个艺术团分赴毛里塔尼亚、突尼斯、印度、不丹、泰国开展“欢乐春节”演出活动；还组织文化艺术团到悉尼举办“广西文化日”和“2014 悉尼 · 广西文化周”活动；2014 年 7 月，广西在香港举办《瓯骆汉风：广西古代陶制明器展》，广西博物馆参与了“丝路帆远——海上丝绸之路文物精品图片展”在纽约联合国总部展出等[9]。2015 年，广西在马耳他、美国举办“美丽中国 · 美丽广西”海外“欢乐春节”专场活动。[10]通过以上活动，广西较好地融入主办国的活动或节庆，放大了海洋文化传播效应。如 2011 年 5 月，广西北海市歌舞团携大型历史舞剧《碧海丝路》赴马来西亚、斯里兰卡等国进行访问演出，产生了轰动效应。

借助对外网络平台和新闻媒体等新媒体，扩大海洋文化“走出去”的途径。广西建立了中国 - 东盟中心网、北部湾网、南博网、中国 - 东盟协会网、中国 - 东盟在线、中国 - 东盟博览会网等一系列网站，为关注者提供了解中国 - 东盟经济、政治和文化的窗口。广西广电系统采用双向互动的方式与东盟国家广播电视机构合作开展联合报道、节目交换、合作制片和频道落地。[11]广西卫视开办了《聚焦泛北部湾》和《连线东盟》、广西卫星广播开设了《广西与东盟》、广西对外广播开设了《区域合作潮涌广西》等专栏。2007 年，广西邀请东盟国家媒体参加“聚焦广西”广播电视国际采访活动，派记者到东盟进行“中国 - 东盟合作之旅”联合采访。2007 年广西电视台与印尼国家电视台联合举办“山水之约 · 美在巴厘”大型直播文艺晚会；2008 年 9 月，广西主办了“聚焦广西北部湾”国际广播电视联合采访活动。2015 年 8 月，由广西侨办、钦州市、中新社共同举办的“文化中国 · 海外媒体聚焦广西‘一带一路’建设”活动走进钦州坭兴陶产业园。广西广电系统还与泰国、越南、老挝、缅甸等 21 家广播电视媒体签订协议，举办广西电视展播周，形成交流合作机制。广西电视台国际频道、中国国际广播电台的“北部湾之声”采用英语、泰语、越南语、普通话、广东话5种语言播出，覆盖广西沿海、中越边境1020千米边境线和北部湾海域、柬埔寨、马来西亚及泰国东南部地区，搭建中国与东盟信息交流的平台。

3. 积极承接国家级的大型文化交流活动，推动海洋文化交流与合作

2008年起，广西连续多年承办文化部海外“欢乐春节”品牌在印尼、泰国以及韩国的文化交流活动。以制作人梅帅元为核心的广西创作管理运营团队与越南合作建设的下龙湾海上实景演出《越南越美》、与柬埔寨合作建设的吴哥窟实景演出《微笑的高棉》两个项目已列入文化部对外文化贸易重点项目；2008—2011年，广西先后承办由国家新闻出版总署批准在东盟国家举办的中国－东盟书展，开拓东盟文化市场，与越南、泰国、印尼国家出版机构签订战略合作协议，共同开发面向东盟市场的特色文化产品。

4. 开展海洋文化旅游合作

广西与周边各国旅游资源丰富，亚热带和热带滨海旅游特色浓郁，适宜于联合开展观光游览和休闲度假旅游。广西拥有中国（桂林）国际旅游博览会等大型国际性平台，正在筹建中越国际旅游合作区，积极探索与东盟国家的旅游深化合作模式。多年来，广西定期组织“走进东盟——广西旅游国际大篷车”大型宣传促销活动，邀请东盟媒体和旅行社到广西采访和考察，开拓东盟国家客源的文化旅游市场。2011年广西共接待入境旅游者302.79万人次，其中东盟国家旅游者达84.94万人次，占全部外国旅游者人数的49.53%。[12]近年来，东盟地区已经成为广西最大的海外旅游客源地之一。马来西亚、印尼、越南到广西的游客每年都以20%以上的速度增长。广西现已拥有北海—越南下龙湾、防城港—越南下龙湾两条海上旅游航线，现正将其延伸，拟联合打造北海—越南（下龙、岘港、胡志明）—柬埔寨（西哈努克市）—泰国—马来西亚—新加坡—印度尼西亚—文莱—菲律宾—香港—海口—北海的泛北部湾海上跨国邮轮旅游环线等，建设具有丝绸之路特色的国际精品旅游线路和旅游产品。[13]

5. 不断开创与周边国家及地区开展海洋文化交流的方式

广西与周边国家及地区的人员互访逐步增多，各种双边或多边交流活动不断发展，海洋文化交流与合作的机制在不断创新。2006年，广西配合文化部打造的中国－东盟建立对话关系15周年纪念峰会专场文艺晚会“金风送来山水情——风情东南亚·相约在南宁”；以山水实景演出模式开创了广西与东盟交流合作的新境界。近十年来，防城港市利用与越南接壤的区位优势，创造性地开展了组织国际龙舟赛、中越文化艺术交流文艺演出、中国－东盟港口青年联谊晚会、中越边境（东兴—芒街）商贸旅游博览会、中国东兴、越南芒街元宵足球友谊赛、京族哈节等一系列促进文化交流和增进中越边民友谊的活动。自2013年以来，每年农历三月三日，防城港市以“打起陀螺唱起歌”的独特方式，邀请中越两国的京、瑶、壮、苗等族同胞汇聚防城区垌中镇江口村，增进民族情谊

和民间文化交融。2016年5月9日，防城港市江山半岛白浪滩举办“山海放歌”“三月三”歌节，中越两国3万多名各族群众欢聚一堂，举行原生态舞蹈、山歌对唱、采茶舞、广场舞、民乐演奏等节目，京族独弦琴演奏《过桥风吹》、老挝特色歌舞《璋芭蒙捞》、越南歌舞《海屋春顶》、泰国舞蹈《波琅沙岸》等都在此上演。2016年4月，钦州市组团到马来西亚关丹市开展“两市双日”活动，将国家层面的合作延伸到城市之间的交流合作，从产业合作延伸到文化体育艺术的交流合作，从官方合作延伸到民间各个领域的交流合作。

三、对外交流中存在的问题

近年来，广西海洋文化对外交流取得了显著成果，但与“一带一路”倡议实施的要求，与广西“海洋强区”战略所赋予的历史使命和任务相比，还存在着诸多不足。

1. 思想观念上还不够重视

无论是官方层面还是民间层面，广西总体上不够重视海洋文化对外交流与合作。“重经贸交往、轻文化交流”的思想观念仍占有一定的市场，认为发展经济是主流，文化交流无足轻重，举办大型对外文化交流活动，无非是想通过“文化搭台、经济唱戏”，给本地带来直接收益，没有看到文化交流与合作对本地区将会产生的长期效应。对文化走出去的重要性和紧迫性认识不足，对文化走出去的政府职能、主体责任、市场定位认识不清。对“走出去”缺乏长远的战略规划。[14]

2. “走出去”的平台和渠道狭小，运行机制不够灵活，市场化程度偏低

目前，广西的对外文化交流多是以政府派出、随团出访和商业演出三种方式进行，尤其是以前两种形式占主导地位，“走出去”主要是官方的平台，渠道狭小，运作机制不灵活。特别是民间文化交流的规模不大，而且大多为被动式、配角式的交流，积极性没有充分调动，作用未充分体现，需要建立健全文化交流的体制。如广西文化代表团到越南、新加坡、马来西亚、泰国等国的交流活动，都是由政府搭台，这对于推动广西海洋文化走出去起到积极的作用，因为从政府层面上能够更好地实现国与国之间的沟通和协商，能够汇聚各方文化资源、组织起强大阵容走出去。但也要看到，政府行为的文化走出去，更多的是承担外交和政治任务，它所带来的经济利益及推动文化产业发展的作用要进一步商榷。如《碧海丝路》到东南亚、南亚各国的演出等，基本上是外交活动，无法纳入市场化运作。

3. 海洋文化资源品牌塑造的力度不够，精品不多，持续影响力不强

广西由“唱山歌”转向“唱海歌”的时间不长，对海洋文化资源的发掘和培育还停留在初级阶段，优秀海洋文化资源品牌不多，文化精品，还未能有效地以产品为载体开展对外传播文化资源，以精品来开辟海外市场，引起消费者的兴趣，产生持续的影响力。

4. 海洋文化合作的层面还不够深入

广西与周边国家和地区的海洋文化交流与合作还停留在较浅的层次，局限于你

来我往，建立平台、文艺演出、图书展览、广播电视节目交流等，从总体上还缺乏对文化交流有效形式的研究，把文化交流简单地理解为是一种对外宣传，只注重内容，不注重形式，对于如何更好地吸引受众的形式和载体研究不够，未能把广西海洋文化的信息通过完美的形式或者与海洋文化产品的形式很好地结合起来，更好地传播出去。

5. 文化交流的人才不足

目前广西海洋文化国际文化传播方面的专业人才还比较缺乏，特别是既熟悉文化产品生产流程，又了解东盟国际市场运作规则的复合型国际化的高端文化产业人才不多。

四、进一步加强广西海洋文化对外交流与合作的对策

要进一步加强广西海洋文化的对外交流与合作，必须充分利用各种资源，扩大开放，创新改革体制机制，探索新时期“海上丝路”发展模式。积极开展全方位、多层次、广覆盖的对外文化交流，进一步提升广西海洋文化的影响力和竞争力，使广西成为中国－东盟进行文化交流合作的聚集区，成为中华文化走向东盟的主力军和生力军。

（一）拓展海洋文化对外交流和传播渠道

1. 积极参与国家层面的对外文化交流活动，打造外宣文化品牌

要继续承办文化部海外“欢乐春节”品牌在印尼、泰国等东南亚国家的文化交流活动；强化“广西文化舟”、中国－东盟博览会、南宁国际民歌艺术节三大文化品牌的建设，打造广西与东盟文化交流新品牌，向国内外推介广西海洋文化、中国海洋文化，打造广西对外宣传的亮丽品牌，提升广西的国际新形象。

2. 发挥多元载体的文化传播作用

要利用官方、民间、企业等多种方式，举办艺术表演、艺术展览、理论研讨、文化考察、人才培训等活动，推动歌舞、音乐、戏剧、杂技、木偶、书法、民间工艺等海洋文化艺术活动的开展。借助东南亚各国的电视节、艺术节、书展、博览会、文化论坛等平台，积极推介广西海洋文化产品和服务。拓展民间交流合作领域，鼓励人民团体、民间组织、民营企业和个人从事对外文化交流。扩大商业性展演、展映和文化产品销售。加强与东南亚各国和我国香港、台湾、澳门等地区的互访交流，输出一批具有广西北部湾特色和风格的海洋文化精品，实现对外文化交流的品牌化。整合广西海洋文化的民间艺术形式，如北海外沙龙母庙会、伏波庙会、钦州跳岭头、钦州海歌、北海咸水歌、西海歌、京族独弦琴、采茶剧等多种民间艺术形式，组成广西民间艺术团参与国际文化节，推动广西海洋文化对外传播。

3. 加强与世界主要国家的文化交流合作

要重点加强与东南亚、我国港澳台等周边国家和地区的海洋文化交流与合作，推动建设一批经济效益高，社会影响大的人文合作项目，特别是合作建设具有各国特色的海洋文化项目。继续办好中国－东盟博览会、中国－东盟商务与投资峰会、南宁国际民歌艺术节、防城港国际龙舟

赛、北海国际珍珠文化艺术节、钦州国际海豚文化节、京族哈节、中越边境（东兴—芒街）商贸旅游博览会等节庆，开展中国－东盟文化艺术交流文艺演出、中国－东盟港口青年联谊晚会、中国－东盟国际电影季等一系列活动，促进广西沿海地区与周边国家间的经济发展、文化交流。完善政府、企业和相关组织多元合作主体互动机制，联合开发旅游文化资源和开展宣传促销，培育中国－东盟黄金旅游文化线路等精品旅游文化线路产品。以海上旅游、跨境旅游为突破口，扩大与沿线各国的旅客往来，推动建设海上丝绸之路旅游圈。加强广西沿海城市与世界主要国家和地区的友好城市间的文化交流，开展城市间的高层互访、经贸往来、民间交流等活动。双方互办商贸文化节、文化周、艺术周、海洋文物展等工作，把友好城市资源建设成为海洋文化对外交流的主渠道。充分发挥海内外华人的作用，积极参与和支持由他们发起的国际文化活动。

4. 加快与国际旅游文化市场服务标准接轨

按照国际旅游文化市场的通行规则和服务标准，探索建立和完善与之相应的旅游文化市场规则和服务标准体系，重点推行相关行业的国际服务标准和国际质量认证，促进旅游文化经营管理、服务设施和服务技能与国际标准接轨，不断提高旅游文化产业发展的国际化水平。

（二）培育外向型骨干海洋文化企业

完善对外文化贸易制度，依托已有的国内知名对外文化企业和文化产业品牌，整合资源，突出重点，实施“走出去”重大工程项目，积极培育外向型文化企业，发挥其在文化“走出去”中的主导作用，做大做强对外文化贸易品牌，扩大广西海洋文化的覆盖面和影响力。

1. 积极培育外向型骨干海洋文化企业，做大做强对外文化贸易品牌

重点扶持具有广西海洋文化特色的文化艺术、演出展览、电影、电视剧、动画片、出版物、民族音乐舞蹈和杂技等产品和服务的出口，支持动漫游戏、电子出版物等新兴文化产品进入国际市场。发挥国有文化企业在对外文化贸易方面的主导作用，鼓励投资主体多元化，形成一批具有竞争优势的品牌文化企业和企业集团。力争有一批上档次的文化企业和海洋文化项目列入国家文化出口重点目录。组建并支持广西文化出口企业做大做强。支持一批成长性好、带动力强的民营海洋文化出口产业做大做强。鼓励有条件的海洋文化企业在境外设厂和兴办出版社、广播电视网、出版物营销机构等文化实体，购买媒体播出时段，开办广播电视频率频道等文化传媒渠道，设立办事处等驻外联络机构和产品营销网点。依托自治区级文化产业园区（基地），引进一批牵动作用明显的外向型海洋文化企业和机构，形成文化出口规模效应和产业集群效应。鼓励符合条件的海洋文化企业开展对外劳务合作。

2. 培育对外文化中介机构

积极发展从事演出展览、广播影视、新闻出版等业务的对外文化中介机构。支持广西区内文化企业与国际知名演艺、展览、电影、出版中介机构或经纪人、大型

文化传媒集团开展合作，向规模化、品牌化方向发展。培育专业贸易公司和代理公司，构建完整有效的投资信息平台和文化贸易统计分析体系。积极参与中国－东盟文化贸易规则的制定。

3. 推动文化产品和服务出口

充分利用广西北部湾地区的区位优势，推动文化产品和服务出口。扶持文化企业开展跨境服务和国际服务外包，生产制作以外需为取向的文化产品。扩大版权贸易，保持图书、报纸、期刊、音像制品、电子出版物等出口持续快速增长，支持电影、电视剧、纪录片、动画片等出口，扩大印刷外贸加工规模。开发一批在境外长期驻场或巡回演出的演艺产品，积极扩大文化产品和服务出口规模，推动开拓国际市场。深入发掘广西海洋民族文化资源，充分运用高新技术手段提升广西海洋文化产品的表现形式和质量，开发国外受众易于接受的文化产品和服务。加强中国－东盟文化产品和服务交易平台及营销网络建设，办好重点国际性展会。

4. 扩大文化企业对外投资和跨国经营

鼓励具有竞争优势和经营管理能力的文化企业对外投资，兴办海洋文化企业，经营影院、出版社、剧场、书店和报刊、广播电台电视台等。鼓励从事具有广西海洋文化特色的影视作品、出版物、音乐舞蹈、戏曲曲艺、武术杂技和演出展览等文化企业采用多种形式开拓海外市场。吸收外资进入法律法规许可的海洋文化产业领域。鼓励文化单位同东南亚地区有实力的文化机构进行海洋文化项目合作，学习先进制作技术和管理经验。

（三）制定并实施海洋文化对外交流重大工程项目

1. 实施重大海洋文化产业项目带动战略

按照“政府引导、市场运作、分级管理”的原则，以文化企业为主体，加大政策扶持力度，充分调动各方面力量，加快在广西建设一批具有示范效应和产业拉动作用的重大文化产业项目，如广西文化产业城、广西电视台新传媒中心、中国－东盟文化产品物流园区、中国－东盟文化产业（传媒）人才培养基地、中国－东盟数字出版基地（北部湾国家数字出版基地）、钦州坭兴陶文化园、北海（竹林）文化创意产业城、中国－东盟（防城港）国际影视文化产业园等。加快建设一批剧院、图书城、电影院和其他艺术表演场所，借助“中国－东盟博览会”的国际平台，推动品牌的拓展和提升，实现与市场资源的整体战略对接，提高广西海洋文化的国际知名度和市场占有率。支持和加快发展具有广西海洋文化特色的文化产业群。

2. 实施对东南亚及我国港澳台地区文化交流工作基地与合作示范点建设项目，探索新时期“海上丝绸之路”发展模式

在海外举办“广西文化舟”“八桂文化海外行”等品牌活动，开创“海上龙舟”文化品牌，与当年海上丝绸之路沿线各国开展经贸文化合作，在沿线城市建设文化交流工作基地与合作示范点，探索新时期“海上丝绸之路”发展模式。进一步做大做强广西钦州坭兴陶艺有限公司、广西榜样传媒集团有限公司等国家文化产业示范基地和北海国发南珠宫珍珠首饰制造

有限公司等自治区文化产业示范基地。

3. 实施海洋文化对外交流精品项目

充分利用、发掘、整合以汉代海上丝绸之路始发港（合浦）、合浦汉墓群、潭蓬古运河、合浦东坡亭、涠洲岛天主教堂、沿海贝丘遗址、伏波庙、刘永福故居等为代表的历史人文文化，以疍家文化为代表的渔家盐业文化，以京族文化为代表的少数民族文化，以古代港口遗址为代表的海洋港口文化，以大清界碑遗址和古炮台为代表的边海防军事文化，以红树林为代表的海洋湿地生态文化等海洋文化精髓，适时举办北部湾海洋文化论坛、海洋博览会、海洋文化节等文化活动，大力实施海洋文化发展工程。进一步打响“海上实景”演出、南宁国际民歌艺术节、北海水彩画等老品牌，不断打造坭兴陶、长寿文化等新品牌，创作生产一批特色鲜明、立得住、传得开的文学、戏剧、音乐、影视、出版作品。继续扶持广西北部湾书画院和北海水彩画派创作，建设一批书画创作、生产、销售基地。大力发展雕刻、珠宝、奇石等艺术加工产业，重点发展北海合浦“南珠”加工业、北海贝雕和角雕、钦州坭兴陶业和东兴红木艺术品加工业，重点建设一批乡村传统手工艺品生产基地，进一步推动京族服饰和疍家服饰、芒编、竹编、藤编、铜鼓、独弦琴、天琴等特色手工艺发展，不断提高工艺美术业的档次和品位、规模和效益。整合各类艺术资源和工艺资源，以实施工艺美术品牌战略为突破口，进一步提高广西海洋工艺美术品在国内外的知名度和市场占有率。

4. 实施海洋文化教育对外交流与合作项目

加强广西高校与世界主要国家和地区院校间的交流合作，加强双方互派交流学生和教师的项目建设，进一步建立和推进研究型对外交流模式。加强广西高校走进东盟开展汉语培训的项目。加强广西与泰国、老挝、印尼等国大学孔子学院的建设。建设好广西高校的东盟学院。与东南亚各国合作开展技能培训。组织广西高校与越南、泰国、印尼、马来西亚等国共同举办广西国际教育展。支持沿海高校积极探索通过各学科发展基金、对外交流奖学金来实施大学生国际交流计划。

5. 推动广西海洋文化产品和服务出口

鼓励文化企业通过独资、合资、控股、参股等多种形式，在国外兴办海洋文化实体，建立海洋文化营销网点，实现落地经营支持境外舞台艺术精品演出、非物质文化遗产展示等。支持文化企业参加境外艺术节、图书展、影视展等国际文化活动和展会。鼓励广西实景演艺团队开拓国内外市场，推动广西海洋文化产品和服务出口。

总之，在共建“21 世纪海上丝绸之路”背景下，只有进一步开展广西海洋文化的对外交流与合作，才能做好中国与周边国家之间社会文化的互联互通、文化资源的合作与交流，为建设中国 – 东盟共同体文化伙伴关系，发挥文化的软实力和影响力的奠定基础。

参考文献

[1] 欧阳修. 唐书·地理志. 北京：中华书局，1975.

[2] 冯承均. 中国南洋交通史. 北京：商务印书馆，1998：35.

[3] 李肇. 唐国史补 卷下. 上海：上海古籍出版社，1979.

[4] 刘恂. 岭表录异 卷下. 鲁迅校勘. 广州：广东人民出版社，1983：28.
[5] 王家宪. 乾隆《廉州府志》“度廉州海道”. 周硕勋修撰. 广东历代方志集成 · 廉州府部 3. 广州：岭南美术出版社，2009.
[6] 推动共建丝绸之路经济带和21世纪海上丝绸之路的愿景与行动. 人民日报，2015-03-28.
[7] 程群. 东盟连续14年成为广西最大贸易伙伴. 新华网，2014-1-14.
[8] 广西文化“出海”从“文化舟”走向“文化年”. 广西新闻网，2012-05-03.
[9] 2014广西文化亮点回眸. 广西日报，2015-01-29.
[10] 广西壮族自治区文化厅重点工作督查与绩效考评办公室. 广西壮族自治区文化厅2015年度绩效工作情况报告. 广西壮族自治区文化厅，2015/12/10.
[11] 王春林. 广西面向东盟的文化“走出去”模式探析. 学术论坛，2012，(7).
[12] 张斯路. 越南等东盟国家已位居中国游客目的地前十. 国际在线专稿，2012-07-10.
[13] 林艳华，王雪. 印尼《千岛日报》等：广西-东盟旅游交流合作步入快速发展时代. 中新网广西新闻，2014-11-24.
[14] 刘波，白志刚. 我国“文化走出去”的困境及其创新思路. 理论学习，2012，(9).

基于 SWOT 原理发展海岛民宿可行性分析
——以舟山群岛新区为例①

陈 默 刘佳怡
（浙江海洋大学 人文学院）

摘 要 利用 SWOT 分析法，从发展海洋特色海岛民宿的优势（Strengths）、劣势（Weaknesses）、机会（Opportunities）和威胁（Threats）这四个角度来分析其可行性，并从政府、民宿主和行业专家等各个主体出发，进一步提出避免风格同质化、转变经营理念、丰富体验方式、加强统一规划、引进本土海归文创人才等相应的可持续发展策略。论证我国特色海岛民宿如何用品质化与多元化，提高竞争力。

关键词 海岛民宿；SWOT 分析；发展对策

随着习总书记“青山绿水就是金山银山”的论断深入人心，旅游业发展模式的不断更新与转型，民宿这一深度体验的新型旅游业态逐渐在全国各地发展，已成为经济发展的新突破口。

本文将出于以下几个方面考虑，选取舟山群岛新区为样本，利用 SWOT 分析的原理即针对事物内外部各条件的综合分析来寻找事物发展的最优途径，探讨我国海岛民宿发展的可行性。一是从民宿本身来说，在我国，成都、丽江和台湾等地的民宿发展较好，海岛民宿作为民宿发展的一种独特类型，极具探讨性；同时，在亚洲，日本的民宿发展极具代表性，可为国内海岛民宿的发展提供借鉴。二是从国家层面来说，海洋强国战略的实施，我国海洋经济的发展已成为新的经济增长点，民宿是沿海旅游经济增长的新突破口。三是从样本地区来看，舟山群岛是长江三角洲对外开放的海上通道，2015 年 10 月，国际海岛旅游大会在舟山召开；习近平总书记曾在视察该新区城市展示馆时，谈及该新区的开发开放具有重要的战略意义。由此可知，舟山群岛新区发展的典型性、战略性地位和浓厚的海洋文化氛围，可以为我国其余海岛民宿的发展提供借鉴。

一、民宿与海岛民宿

（一）民宿的由来

民宿一词最初源于日本（音 Minshuku），起源于欧美等资本主义国家，随后传入亚洲。它具有以下特征：一是经营规模较小；

① 本文系浙江省哲学社会科学规划项目“生态海岛建设背景下零成本民宿设计研究与实践——以舟山群岛新区涉海村落为例”（编号：16NDJC223YB）的研究成果之一。

二是住宅所有者即经营者；三是可体验当地现有的自然、人文景观；四是注重“慢生活、家服务、趣体验”。

（二）舟山海岛民宿的发展

舟山的民宿发展是在20世纪末。近年来，舟山群岛新区为进一步打造海岛旅游特色，发展海洋经济，海岛民宿作为旅游经济发展的载体，逐渐受到重视，并确定2015—2017年为“民宿推广年”。

目前，舟山海岛民宿仍处于发展薄弱阶段。若想将资源有效整合，成为海岛旅游新的经济增长点，成为保护海洋生态、创新海洋文化的有力举措，仍需进一步探讨、分析与完善。

二、SWOT分析海岛民宿在舟山发展的可行性

SWOT分析于20世纪80年代初被美国教授韦里克提出，四个字母分别代表优势（Strength）、弱势（Weakness）、机会（Opportunity）和威胁（Threat）。通过客观分析企业本身的现实状况，从而制定出相应的战略。[1]

笔者将利用SWOT分析法，从这四个方面来分析海岛民宿在舟山发展的可行性，了解自身的优势、劣势和核心竞争力所在。

（一）优势

1. 本地政策支持

2011年5月18日，舟山市人民政府办公室出台了《关于全面提升发展渔农家乐休闲旅游业的若干意见》（舟政办发〔2011〕67号），对民宿产业的发展提供了相应的目标、措施与优惠措施。在总体规划准许的前提下，使民宿在税收、融资和水电费用等方面可以得到一定的政策优惠。[2]

2015年7月2日，舟山市人民政府办公室出台了《关于促进舟山群岛新区渔农家乐休闲旅游业转型升级的若干意见》（舟政办发〔2015〕62号）。根据意见，全市应积极打造北纬30°海岛特色民宿，开展“民宿推广年”活动。[2]

显然，这一系列政策的出台，为舟山海岛民宿的发展奠定了良好的政策基础。

2. 海岛旅游资源丰富

舟山本地资源极为丰富，以海岛风光、海天佛国与海岛文化而闻名。景区、景点约1000余处，分散于23个岛屿上。相配套的渔农家乐的模式，使得客户群可进一步感受到当地独具特色的生活方式与风土人情，是放归心灵、返璞归真之处所的最佳选择。每年无数境内外游客被吸引着前来体验渔农家乐生活。这一批高品位的旅游资源是舟山海岛民宿与其他地区民宿竞争的优势所在。

3. 消费市场广阔

舟山因位于东南沿海的先天地理位置优势和独特的海岛风光，吸引了一大批游客前来。

据舟山市统计局官网发布的数据可知：2014年，舟山市共接待3398万位游客，旅游收入为338.44亿元。其中，舟山海岛民宿总共接待游客数量达808.60万人次，直接营业总收入达15.92亿元，游客购物总收入达4.81亿元，与2010年相比，分别增长了2.4倍、4.6倍和5.3倍，年均增长速度在这4年间分别为35.4%、54.0%和58.6%，这已经超出预想的全市旅游接

待总人数和旅游总收入的增速。[3]

从舟山市统计局发布的舟山统计年鉴中的游客信息来看，国外游客多来自日本、韩国、菲律宾、新加坡、泰国、俄罗斯、澳大利亚、印尼和马来西亚等国。

4. 房屋与人力资源丰富

笔者曾于今年暑期前往舟山的登步岛和蚂蚁岛进行调研，在调研中发现：由于“大岛建、小岛迁”政策的实施、海岛资源发展遇到“瓶颈”和市区更为优越的条件等因素，使得大量中青年迁往市区居住，岛上人口老龄化严重，传统手艺无人继承，大量房屋闲置，出现“空心村”的现象，昔日海岛生机已不复存在。蚂蚁岛和登步岛，仅仅只是目前舟山小岛普遍存在的问题的一个“缩影”而已。

同时，岛上渔民多以捕鱼为生。休渔期期间，多数渔民收入微薄，待业在家。而休渔期期间正好是暑期旅游的高峰期，若能遵循环保和省钱原则，运用当地海岛原材料将这些闲置的房屋进行零成本改造，这不仅能使当地资源得以有效整合，而且能使当地的原生态自然环境得到保护，还原真正的“民宿”生活。

（二）劣势

1. 民宿同质化现象严重

随着习总书记“两山”理念的深入人心，民宿行业迎来了发展热潮。民宿的复制性处于“井喷”状态，同质化现象严重。一味地复制，使得产品质量堪忧，竞争力下降，服务未能得到保障，回头客自然少之又少。同时，资源利用率随之下降。

据调查，舟山民宿目前主要包括以下三类：一是有 10 余家民宿的设计稍具特色，有其自身的文化内涵与生活美学，与周边海岛风光融为一体；二是经过翻新的新颖民宿，多为模仿地中海风格，缺乏自身特色；三是更多地为无特色的普通装修，缺乏设计风格，因此价格也相对便宜。

2. 民宿主经营理念狭隘

民宿主经营理念的狭隘性主要体现在两方面：服务理念和营销模式。

服务理念方面，由于舟山民宿主多为当地渔农民，利用自家的房屋和附近丰富的旅游资源，投入较低成本用于房屋改造，从而得到一定的经济收入。绝大多数民宿主的初衷即是想通过民宿赚钱，并未考虑到民宿的本质是什么，顾客需要什么，以及自身怎样做才能满足顾客更深层次的需求。让他们从第一产业者成功过渡为第三产业者，显然还需要更多时间与知识的补充。因此，民宿主一般只简单地为顾客提供住房与餐饮服务，不会与他们进行更深一步地交流。这样的服务理念是违背民宿本身要求的，民宿本身就是非常注重民宿主与顾客之间的交流，让顾客得以感受到家庭般的氛围。

营销模式方面，现如今，大多数游客多为自行个体出游的形式，会利用互联网主动寻找景点与住宿点。但舟山民宿主的营销模式仍属传统型的实地销售模式，略显被动，未积极利用“互联网 +”的新型模式，融入互联网营销的优势。

3. 体验方式单一

舟山民宿主多数只为顾客提供简单的住宿与餐饮，并不会主动利用民宿周边的旅游特色，或自行创新体验活动，为顾客提供多样化的体验方式。舟山市统计信息网公布的2010—2013年限额以上住宿业经营情况数据表（表1），间接地表明了这一现象的存在。

表1　限额以上住宿业经营情况

单位：万元

年份	营业额	客房收入	餐费收入	商品销售	其他收入
2010	84 152	35 106	44 329	2029	2688
2011	98 633	41 885	50 889	2389	3470
2012	99 990	45 603	49 904	974	3509
2013	107 123	54 169	48 973	650	3333

基础数据来源：舟山市统计信息网：《统计年鉴2011—2014》，http：//www. zstj. net/Tjnj/Category. aspx。

从以上表格可以看出：舟山市住宿业营业额逐年上升，客房收入和餐费收入占较大比重，商品销售和其他收入所占比例极小。其中，商品销售额呈下降趋势，其他收入波动较小。这间接表明舟山住宿业的附加产业链发展仍需完善，体验方式较单一。

4. 缺乏统一规划

舟山民宿的发展，民宿主多为各自独立经营，行业性知识的相互交流较少。一方面，这有利于保持各自特色；另一方面，不利于行业交流，缺乏统一规划，造成品牌优势不明显。同时，目前舟山民宿的发展带有一定的地区性差异，没有一个共同合作的平台展示舟山民宿资源。

（三）机会

1. “假日经济”的到来

随着节假日制度的改善，未来人们将会有更多的休闲时光。回归乡村，体验民宿与原生态生活，将会成为大家度过假期的主要选择。

2. 国际海岛旅游大会的召开

2015年10月，世界首次举办的海岛旅游大会在舟山朱家尖召开，提高了舟山海岛旅游的宣传力度。在此期间，举办了2015国际（浙江）旅游重大项目投资洽谈会暨民宿高峰论坛和舟山群岛海岛民宿设计创意大赛等活动。为舟山海岛民宿的发展提供了智力支持，打响了舟山海岛民宿品牌。

3. 互联网时代的到来

随着网络时代的到来，民宿+电子商务的模式应运而生。根据当地的民宿主反映，住客除了通过传统渠道入住之外，更多的是利用网上App的渠道得知入住信息。

（四）威胁

1. 旅游资源转化率

舟山群岛有诸多岛屿，其中无人岛占90%以上。由于开发资金短缺、交通不畅、位置分布分散等问题，舟山一大批高价值的旅游资源短时间内无法转化为高质量的旅游产品。

2. 区域竞争压力大

日本和我国台湾均具有海岛风光，且民宿较舟山发展完善，同质竞争压力大；大陆地区乡村旅游发展较早，尤其是云南丽江、四川成都等地的民宿旅游，使其成为强有力的竞争。

三、海岛民宿的发展对策

综合以上SWOT分析，为克服以上劣势、抓住机会，理性面对挑战。笔者将以舟山海岛的实际情况为例，借鉴我国台湾、日本先进的民宿发展模式，进一步提出“避免风格同质化、转变经营理念、丰富体验方式、加强统一规划、引进民宿人才”等相应的可持续发展策略。

（一）避免风格同质化，实现民宿品质化

民宿的设计应遵循生态环保的理念，对其进行统一规划，因地制宜，与当地生活特色、文化景观相匹配。同时，室内配件与设计可利用当地乡土材料，深入发掘文化内涵，充分体现民宿主的文化创意。

正如王跃伟所言：“民宿的设计要突出体现地域特征的文化符号，具体到一个指示牌、一个门把手，都可能成为文化的符号、形象的体现、现实的旅游商品；既与周边环境有机融合，又通过文化符号的提炼、放大与点缀，让住客感触深度体验，从而深受国内外游客的喜好，真正成为民宿精品。”[4]

（二）转变经营理念，实现民宿科学化

1. 服务理念：营造家庭氛围

如今，人们选择短暂远离城市，回归乡村生活，是希望能通过与主人对话，与乡村对话的形式重温儿时情怀。民宿作为“情怀”的载体，拥有一个有情怀的民宿主是必不可少的。

因此，民宿主应主动与客人进行互动，可以通过讲述自己的兴趣爱好或当地风俗拉近彼此之间的距离。用“你回来了”代替“欢迎光临”更为人性化，更能营造家庭氛围，加大回头客的几率。

2. 营销模式：数字化

随着互联网的发展，消费者已经不再是彼此独立的个体，他们由庞大多样的“信息元”整合成了具有同一属性的群体，并能迅速吸引同一属性的人。[5]从图1就可以看出网络科技为民宿业者提供了多元的选择。Lubetkin也发觉经营者的营销模式与民宿顾客的偏好有一定的差距，但是旅游手册、口碑和手机营销是两者运用频率都较高的载体。[6]

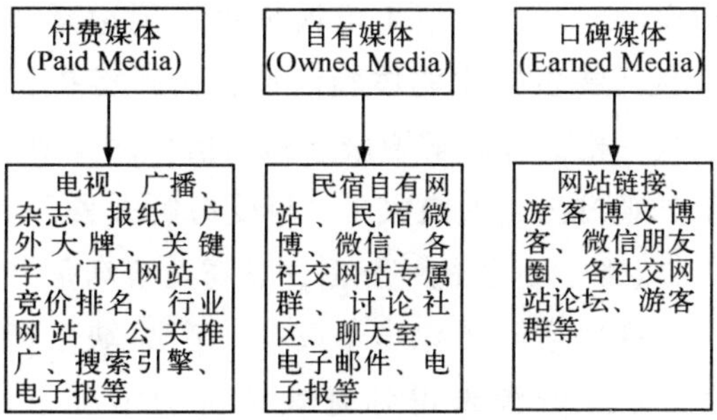

图1　数字营销通路

因此，民宿主应积极利用数字化的优势，发展“民宿＋互联网”的新型营销模式。一方面，民宿主可通过电视、微博、微信等互联网新媒体平台对民宿进行宣传，表达自身对民宿的设计与经营理念，与消费群进行双向互动，掌握主动营销地位；另一方面，拓宽消费渠道，实现民宿由“曝光率”向“购买率”有机转换。

（三）丰富体验方式，实现民宿多元化

为改变舟山海岛民宿体验方式单一的现状，可从以下两方面着手：创新民宿内除住宿和餐饮之外的体验方式，整合民宿周边环境体验活动的配备资源。

民宿内部，民宿主可根据民宿经营理念与故事，开创极具意义的独特主题日或节日，增强民宿主与顾客之间的交流，为其提供一个沟通分享平台，方便日后他们自行结伴再次回到本民宿纪念曾经的感情。其次，民宿主可鼓励顾客自己动手制作纪念品（DIY）。顾客可选择把DIY产品留下，也可选择把寄托一定感情的DIY产品

或者民宿内其余产品（例如顾客觉得舒服的枕头或其他工艺品）带回家，民宿主选择从中收取一定的费用。

周边配套活动，在注重环境卫生、交通条件和相配套增值产品等硬性基础设施建设的同时，民宿主可根据民宿周边环境特色开展多样化的体验活动，为顾客提供别具一格的导游解说服务和租借休闲工具。例如观日出、渔农家乐、享受海鲜大餐等。

（四）加强统一规划，提高民宿竞争力

在民宿同质化竞争突出、产品缺乏特色、房屋资源未得到有效整合的情况下，亟须政府加强统一规划，发挥品牌联动效应和产品集聚效应，提高民宿竞争力。

在选址上，应做到统筹规划、因地制宜。选择有旅游资源潜力的地点或周边已形成特色旅游景点的地点发展民宿，避免民宿主一味地盲目复制，打造民宿的精品化。

在环境上，对卫生环境和安全规范等一系列问题进行监督管理，加强基础设施的建设，让民宿主们有章可循，形成良好的民宿发展氛围。

在特色上，可坚持“一岛一韵，因地制宜”的原则，打造特色品牌，重点建设集海岛风光、海鲜美食为一体的休闲民宿项目，形成一定规模的特色民宿区。

在宣传上，通过整合全市海岛民宿信息资源，创新品牌亮点，积极创办相关节日，举办民宿设计创意大赛等活动提升民宿知名度。通过电视、微博、微信等互联网新媒体平台对民宿进行宣传，编制相关的民宿宣传手册，打造舟山海岛民宿品牌。

（五）引进民宿人才，增强民宿创意性

民宿的灵魂在于民宿主，民宿产品是否独具特色，不仅与建筑设计风格相关，更与其中的文化内涵息息相关。具有文化内涵与生活美学的民宿产品才会牢牢抓住消费者的心理，不会成为“一次性”消费产品。

针对舟山海岛民宿主多为渔农民的现状，可以在保持一定量的由本土渔农民为经营主体的普通民宿，让他们展示渔乡待客之道的同时，引进民宿爱好者或民宿人才，展开特色化经营。

四、结语

笔者基于SWOT分析的原理即根据事物内外部各条件的综合分析来寻找事物发展的最优途径，通过对样本地区实际情况的探讨，结合所查询的相关资料，研究发现：目前，国内海岛民宿行业进入了“洗牌期”，舟山海岛民宿的发展只是国内海岛民宿行业发展情况的一个缩影，通过它折射出的国内海岛民宿行业存在缺乏统一规划、基础设施不完善、同质化竞争突出和产品缺乏特色等民宿行业“通病”。海岛民宿行业今后的蓬勃发展，需遵循习总书记“青山绿水就是金山银山”的经济、文化、生态理念，对行业进行统一规划，以渔民为主体，引入多方社会力量参与，实现涉海村落的保护与活化。同时，避免民宿同质化竞争，打造中国海洋特色文化品牌。利用“互联网+”海岛民宿产业链创新模式推广多样化的海岛民宿体验活动，形成中国海洋经济新的增长点。希望通过此文，给我国海岛民宿的战略性发展提供参考，使我国海岛民宿利用品质化与多元化提高竞争力。

参考文献

[1] 马仁杰，王荣科，左雪梅. 管理学原理. 北京：人民邮电出版社，2013.

[2] 浙江省舟山市人民政府办公室，http：//www. zhoushan. gov. cn.

[3] 舟山市统计年鉴2011—2014. 舟山市统计局，http：//www. zstj. net.

[4] 吴玮. 台湾民宿业发展现状及数字化营销策略研究. 泉州师范学院学报，2015，(5).

[5] Lubetkin M. Bed - and - breakfasts：Advertising and promotion. The Cornell Hotel and Restaurant Administration Quarterly，1999，40，(4)：84 - 90.

[6] 肯特·沃泰姆，伊安·芬卫科. 数字营销——新时代营销人的必修课. 天下杂志，2008.

论毛泽东诗词对中国海洋文学的新发展[①]

范英梅　黄　磊
（大连海洋大学　大连大学）

摘　要　与以往的海洋文学作品相比，毛泽东诗词中江海题材的作品丰富了中国海洋文学的内涵，是中国海洋文学的新发展。毛泽东的江海诗词，始终充满顽强拼搏和锐意进取精神，并将其实施到具体的海洋战略中。

关键词　毛泽东；江海诗词；中国海洋文学

海洋文学是指涉海的文学作品。中国虽然自古是一个以内陆文明为主的国家，但并不缺乏海洋文学，中国古代海洋文学作品对海洋充满了浪漫的想象和赞美。与以往的海洋文学作品相比，毛泽东诗词中江海题材的作品丰富了中国海洋文学的内涵，是中国海洋文学的新发展。

一、中国古代海洋文学的特点

我们首先来看中国古代海洋文学的特点。从古老的神话《山海经》开始，我们的文学史上历朝历代都有丰富的涉海题材的文学作品。以神话传说为主题，充满美好、浪漫的想象是中国古代海洋文学创作主要特征。古人眼中的海是自由、美好的象征。《山海经》中想象了四海龙王。孔子曾说过，“道不行，乘桴浮于海”，庄子更是想象了鲲鹏展翅的壮美意象。秦始皇、汉武帝亲自派人寻找海上仙山。汉代文人多以赋体来展现海洋的魅力，如三国时曹丕的《沧海赋》、王粲的《游海赋》，西晋木华的《海赋》、潘岳的《沧海赋》等。诗歌方面，曹操更是写下了千古名篇《观沧海》来赞美大海巨浪滔天，波澜壮阔的气势。唐代诗人同样充满对海的赞美和想象。李白在年轻气盛、壮志报国的青年时代，曾以海上大鹏自许，期望能振翅高飞，一展宏图大略，报效国家，这在《上李邕》一诗中展现得淋漓尽致：“大鹏一日同风起，扶摇直上九万里。”此外，李白《将进酒》中的“黄河之水天上来，奔流到海不复回”，《行路难》中的“长风破浪会有时，直挂云帆济沧海”，写得雄壮大气，黄河神水一泻千里的雄姿、海之胸怀的博大，一时使人生发许多豪情。韩愈的《南海神广朝碑》描写了唐代祭海的习俗，想象丰富奇特。宋代文人同样充满了对海的想象和吟咏。苏东坡《临江仙·夜归临

① 本文是中国海洋发展研究会基金项目《海上丝绸之路与当代海洋文化建构研究》（项目编号 CAMAJJ201504），大连海洋大学 2016 年党建、思政、统战和文化研究立项课题《海洋题材文艺作品的育人功能研究》阶段性成果。

皋》云“小舟从此逝，江海寄余生”，与孔子“道不行，乘桴浮于海”一样，以大海寄托自己的生命情怀。其《行琼儋间》又云：“眇观大瀛海，坐咏谈天翁。茫茫太仓中，一米谁雌雄。幽怀忽破散，永啸来天风。千山动鳞甲，万谷酣笙钟。……久矣此妙声，不闻蓬莱宫。”充满了乐观的情绪和浪漫的想象。而以婉约著称的女词人李清照，也写下了豪迈浪漫的《渔家傲》。描绘了一幅海天一色的壮丽之景，意境恢宏，气势磅礴。“九万里风鹏正举，风休住，篷舟吹取三山去。”展现了作者的浪漫豪情，希望能借助万里鹏风，把自己带到海外仙境中去。元明清时期，诗歌方面袁可立的《观海市》、王世贞的《和呈峻伯蓬莱六绝》，持续了中国海洋诗歌一贯的浪漫想象。此外，元明清时期，中国文学以戏曲、小说为主要体裁，同样具有丰富涉海体裁的作品。《沙门岛张生煮盐》的人神之恋，《东游记上洞八仙传》的八仙过海，《封神演义》的哪吒闹海，《镜花缘》的海外诸国，《三宝太监西洋记通俗演义》，《东西洋考》的航海记载，《聊斋志异》的罗刹海市都演绎中国海洋文学浪漫的蔚蓝。延续了我国海洋文学一贯的浪漫想象特点。

二、毛泽东诗词对中国海洋文学的继承和发展

毛泽东诗词继承了中国海洋文学浪漫、充满想象的特点。与中国古代诗词一样，毛泽东诗词喜欢运用庄子鲲鹏展翅的意象。如1918年在《七古·送纵宇一郎东行》写下了“鲲鹏击浪，”1930年作的《蝶恋花·从汀州向长沙》又写下了“万丈长缨要把鲲鹏缚”1965年，毛泽东已经七十多岁，还在《念奴娇·鸟儿问答》写下“鲲鹏展翅，九万里，翻动扶摇羊角”。此外，与古人一样，毛泽东也经常想象海的壮阔，1963年《满江红·和郭沫若同志》中写到：“四海翻腾云水怒，五洲震荡风雷激”，1965年《水调歌头·重上井冈山》又写到“可上九天揽月，可下五洋捉鳖，谈笑凯歌还”。从中我们也可以看出，毛泽东诗词在继承了中国古代海洋文学特点的同时，还赋予中国海洋文学新的内容。这就是除了浪漫的想象之外，还有勇于拼搏、锐意创新的精神。“万丈长缨要把鲲鹏缚”“可下五洋捉鳖”这样的气魄在中国古代海洋文学中是罕见的。从小在湘江边长大的毛泽东，一生酷爱游泳，喜欢与江海搏击，从而弥补了中国海洋文学过于浪漫、缺少现实拼搏、开拓精神不足的缺憾。一直以来，与西方海洋文学相比，我们缺少像西方海洋文学那样充满现实拼搏精神的海洋文学作品。毛泽东江海诗词正好弥补了这个缺憾。1918年，毛泽东25岁时便写下了“沧海横流安足虑”。1925年又写到“到中流击水，浪遏飞舟”，这是他青年时代奋勇进取、劈波斩浪的艺术写照。1956年，毛泽东63岁，仍然写下了《水调歌头·游泳》中“不管风吹浪打，胜似闲庭信步”这样的诗句。可以说，毛泽东的江海诗词是对中国海洋文学的新发展。下面我们具体分析《浪淘沙·北戴河》等几首江海题材的作品。

《浪淘沙·北戴河》作于1954年夏，这首词生动描绘了北戴河海滨夏秋之交的壮丽景色，展示了一代伟人前无古人的雄伟气魄和博大胸怀。词的上阕主要写景：

"大雨落幽燕，白浪滔天，秦皇岛外打鱼船。一片汪洋都不见，知向谁边?"一开始就给人们展现出雄浑壮阔的自然景观。词的开篇"大雨落幽燕"就烘托出气势，接着"白浪滔天"，更增加了气势，写出浪声如雷、汹涌澎湃的场面。"大雨""白浪"，一飞落，一腾起，相互激荡，加之浪声滔天，真是声形并茂、气象磅礴。这情景较之曹操《观沧海》中的"水何澹澹，山岛竦峙""秋风萧瑟，洪波涌起"的景象更为惊心动魄。后三句则显示视线由近而远。"一片汪洋都不见，知向谁边"的意境，写出了海之壮阔。《浪淘沙》虽是小令，但以小衬大，将较小的意象置于广阔巨大的空间之中，进一步烘托渲染"白浪滔天"的威猛旷悍，突出风雨中海天浩渺的景象，从而扩大作品的空间容量，显示出一种强烈的宇宙时空感。下阕抒情："往事越千年，魏武挥鞭，东临碣石有遗篇。萧瑟秋风今又是，换了人间。"诗人身处渤海岸边，自然会联想起历史上曹操及其那首著名的《观沧海》。故以一句"往事越千年"穿越时空，展现历史的画面。"魏武挥鞭，东临碣石有遗篇"以一幅生动传神的画面，勾勒出曹操当年策马扬鞭、登山临海的雄姿。诗的主旨将曹操的"秋风萧瑟"升华为"萧瑟秋风今又是，换了人间"，美好的新中国已经诞生了。让人们感受到了一种更为强烈的豪情壮志。因而《浪淘沙·北戴河》具有比《观沧海》更鲜明的时代感、更现实的拼搏精神，这是毛泽东以其壮美的诗篇对中国海洋文学的新贡献。

除这首直接描写海洋的作品之外，毛泽东江河题材的作品，也和其海洋作品一样，表达了同样的气魄和精神。可以作为其海洋作品的补充。我们以《水调歌头·游泳》《七绝·观潮》为例来分析。

《水调歌头·游泳》是毛泽东1956年在武汉畅游长江时的感兴之作。词的上阕描绘了祖国江山雄伟瑰丽的图景，抒发了作者畅游长江的豪情逸兴。"万里长江横渡，极目楚天舒"，既是对游泳的特定环境、空前壮举和豪迈意志的描写，更是一种心灵的呈现。越是写出长江之大，就越是显示出作者藐视天堑的恢宏气度。"不管风吹浪打，胜似闲庭信步，今日得宽余"，写游泳时的镇定和从容，酣畅地表达了驾驭风浪的喜悦和击浪前进的壮志豪情。毛泽东引用《论语》作为上阕的结束句："子在川上曰：逝者如斯夫!"赋予其崭新的意义，直接把中流搏击风浪同社会发展的普遍规律联系起来。是只争朝夕、催人奋进的号角。紧接着，词的下阕展示了一幅社会主义建设的瑰丽图景，描写了在社会主义条件下长江的伟大变革："风樯动，龟蛇静，起宏图。一桥飞架南北，天堑变通途。更立西江石壁，截断巫山云雨，高峡出平湖。神女应无恙，当惊世界殊。""风樯动，龟蛇静，起宏图"，开头三句，以"风"字起，紧接着上阕意脉，瞩目两岸景色：江上是风吹千帆齐飞动，两岸是龟蛇二山静相望，进而转写中国人民在风浪滚滚的大江上，开始了实施全面改造长江的宏伟计划。一"动"一"静"，相映成趣，"起"则耸然挺拔，发起新意，充分表现了今天中国人民建设祖国、改变山河的豪迈气概。又由眼前景象引起了对未来景象的展望："一桥飞架南北，天堑变通途。更立西江石壁，截断巫山云雨，高峡出平潮。”写出了一桥贯通大江南北的历史意义。“更立”三句，思绪遥远，神游三峡，一幅壮丽神奇的理想图景在词中展现出来。作者通过写在长江中游泳的感受，抒发了迎着大风大浪前进的革命豪情，讴歌了我国人民改造山河、建设祖国的伟大业绩。结合当时的时代背景，1956 年中国农业、手工业、资本主义工商业的社会主义改造基本完成，社会主义建设出现了突飞猛进的新局面。我们可以看到毛泽东江海诗词所展现的现实拼搏进取精神。毛泽东江海诗词所展现的建设江海，改造江海的气魄，在古人的海洋文学中是罕见的。

毛泽东 1957 年又写下《七绝 · 观潮》：“千里波涛滚滚来，雪花飞向钓鱼台。人山纷赞阵容阔，铁马从容杀敌回。”毛泽东观赏浙江省钱塘江口的涌潮，眼前汹涌，海塘相撞的场面，激起了毛泽东无数豪情。这首词从头至尾，气势如虹，不仅写出了钱塘潮的气势，也写出了毛泽东江海诗词一贯的现实拼搏进取精神。“千里波涛滚滚来，雪花飞向钓鱼台”一句，具体描绘钱塘江潮涌的气势：“千里”指水域之宽，“滚滚来”指波浪之急；“千里”写波涛水域的面积，“滚滚来”写波涛的速度和气势。实现了多角度、多侧面地壮写涌潮，给人留下深刻印象。钱塘江的入海口浪潮高达三五米，落差可达八九米，惊心动魄，势极雄豪。“千里波涛滚滚来”恰好写出了钱塘江大海般的气势。“雪花飞向钓鱼台”，想象浪涛沿江而上，不可阻挡，一直飞向钓鱼台，写尽了涌潮的磅礴气势。由景物写到现实。“人山纷赞阵容阔，铁马从容杀敌回”写人山人海的观潮者纷纷赞扬涌潮的阵势阔大、气势恢宏，就好像那雄师劲旅胜利凯旋，受到人们前呼后拥的欢迎。“铁马从容杀敌回”的诗句，是由陆游的“夜阑卧听风吹雨，铁马冰河入梦来”化出的，是毛泽东观潮的总体感受。毛泽东戎马一生，由观潮自然想到“十万军声”。“从容”二字，写出了他乘风破浪、无所畏惧的气魄。结合当时的背景来看，1957 年社会主义革命和建设在继续健康发展的形势下，于整风过程中出现所谓“大鸣大放”的局面，但总的看来形势还是好的，国民经济出现前所未有的好势头，以第一个五年计划为标志，大规模的经济建设已全面展开，政通人和，国泰民安，社会安定。毛泽东不仅赞美了祖国的大好河山，而且由观潮联想到社会主义革命和建设事业，将像钱塘江涌潮那样势不可挡地前进，经过第一个五年计划，第二个五年计划……经过 50 年即 10 个五年计划，把祖国建设成为伟大的社会主义国家。毛泽东的这首词也是对当时国家蓬勃发展景象的展现。以钱塘一带来写国家的建设形势，也有其历史渊源，“钱塘自古繁华”，北宋著名词人柳永就曾写下《望海潮》的著名词作，盛赞钱塘一带的繁华景象。毛泽东以古喻今，寄托了对祖国建设的坚定信心和美好祝愿。

三、毛泽东江海诗词与国家海洋战略

通过上述分析，我们可以看出，毛泽东的江海诗词，始终充满顽强拼搏和锐意进取精神。毛泽东不仅在诗词中表达这种顽强拼搏和锐意进取精神，而且将其实施到具体的海洋战略中。

中华人民共和国成立后，毛泽东十分重视发展海洋事业和海军建设。1954 年 10

月 18 日，毛泽东讲话指出："中国是个大国，要有强大的陆、海、空军。我国有那样长的海岸线，一定要建设强大的海军。"1964 年，在国务院下成立直属的海洋局，直属国务院领导。国家海洋局成立以后，为国防建设和国民经济发展做出了很多贡献。毛泽东的海洋战略具有深远的历史意义和现实意义，正如有研究者所指出的毛泽东海洋战略的深刻内涵是："以保卫国家安全为第一要务，以推动经济发展为根本追求，以促进世界和平为重要目标。毛泽东海防建设思想既关注现实又着眼未来，既立足中国又面向世界，体现出强烈的爱国精神和鲜明的时代特征，需要我们认真学习，代代传扬。"

中国开始深刻认识到海洋的重要性，我国海洋文学的创作进入到一个崭新的时代，描写海边生活、海洋战斗、现代海军、海员人生、海洋科幻与生态等的小说，体现出与我国对海洋的开发与认识的同步性。

21 世纪是海洋世纪。2003 年，由国务院印发施行的《全国海洋经济发展规划纲要》提出了建设海洋强国的奋斗目标，为我国今后一个时期的海洋发展指明了方向。2012 年，党的十八大提出"建设海洋强国"的战略目标，为弘扬中华海洋文化起到积极促进作用。2013 年 7 月，习近平总书记指出"要着眼于中国特色社会主义事业发展全局，统筹国内国际两个大局，坚持陆海统筹，坚持走依海富国、以海强国、人海和谐、合作共赢的发展道路，通过和平、发展、合作、共赢方式，扎实推进海洋强国建设"的战略思想。2013 年 10 月，习近平在印尼国会演讲中提出建设 21 世纪海上丝绸之路的构想。中共十八届三中全会决定指出："加快同周边国家和区域基础设施互联互通建设，推进丝绸之路经济带、海上丝绸之路建设，形成全方位开放新格局。"这些都是毛泽东海洋战略思想的继承和发展。这样好的发展态势，促进我们深入思考海洋建设，思考如何将海洋精神融入社会主义核心价值观，更好地促进国家的全面发展。

参考文献

邓刚. 迷人的海. 沈阳：春风文艺出版社，1984.

段汉武，范谊丰. 海洋文学研究文集. 北京：海洋出版社版，2009.

毛泽东. 毛泽东军事文集. 北京：中央文献出版社，1993.

毛泽东. 毛泽东诗词集. 北京：中央文献出版社，1996.

曲金良. 中国海洋文化史长编. 青岛：中国海洋大学出版社，2008.

温勇. 毛泽东海防战略思想及其时代价值. 党的文献，2014，(6).

吴主助. 海洋文学名作选读. 北京：人民交通出版社，1992.

新华社. 习近平在中共中央政治局集体学习时强调：依海富国 以海强国. 人民日报海外版，2013 - 8 - 1 第 1 版.

杨国桢. 瀛海方程：中国海洋发展理论和历史文化. 北京：海洋出版社，2008.

朱自强. 海洋文学. 青岛：中国海洋大学出版社，2012.

钓鱼岛海域海上搜救问题简析

尹 虎

（浙江工商大学 东亚研究院）

摘 要 海上搜救工作是一个国家综合国力、公共服务能力和水平的集中体现，提高钓鱼岛海域海上救助能力不仅能够保障东海渔民的生命和经济安全，也有助于维护我国对钓鱼岛及其海域的行政权和司法管辖权。构建钓鱼岛海域海上搜救体系将会有力推动我国海难搜救力量从沿海到远海的发展进程，又能完善海上搜救机制，应进一步提高我国海上搜救力量的专业化、现代化水平。

关键词 钓鱼岛；海上搜救；东海渔民

海上搜救全名为海上搜寻与救助(Search and Rescue at Sea)，指的是任何海上救助力量在获得海上遇险信息后所采取的搜寻和救援行动，它由搜寻和海上救助两部分组成。[1]改革开放以来，我国的海上搜救实力取得了长远的发展，搜救成功率处于较高水平，有效地保证了各类遇险人员的生命安全，保护了海洋环境。然而，我国对海上突发事件的应对能力仍与广大人民的期望有一定差距，还有待进一步提高。

2012 年 9 月，日本实施钓鱼岛“国有化”以来，中日关系极度恶化。在此背景下，钓鱼岛海域的海上搜救活动超出其单纯的“救助活动”和“公益事业”的内涵，渐渐体现出与钓鱼岛的行政权、司法管辖权密切相关的特征。这一局面对我国海上搜救力量的建设和发展提出了新的要求，同时给予了新思路及启迪。

一、提高钓鱼岛海域海上搜救能力的必要性

（一）保护东海渔民权益的需要

东海渔民是我国东海主权的宣扬者、捍卫者。近年来随着日本的不断挑衅，中日间围绕东海油田、钓鱼岛权属的冲突不断升级并长期化。在这样的政治背景下，东海渔民以持续、和平的打鱼活动回应着日本的挑衅，也向世界宣示着我国对钓鱼岛无可争议的主权地位。此外，东海海洋渔业资源开发是一项具有探索性、社会性和挑战性的大工程。东海渔民正是推动东海海洋渔业资源开发的主力军，在东海经济开发战略中发挥着重要的作用。

然而，在东海、钓鱼岛海域，渔民的安全和权益常常受到海难的威胁。渔民遭遇海难，往往很难即时得到救助。单一的普通渔船对其进行的合同救助力量较为单薄，且效果无法保证。因此，国家主管机关有必要进一步加强对钓鱼岛海域海难的救助力度，确保东海渔民的权益。

（二）维护行政管控权的需要

根据救助人的不同身份，海难救助可分为海难民事救助与海难行政救助。行政救助有利于强化争议海域内的行政管辖权，进而维护海洋权益。[2]日本在钓鱼岛及附近海域部署了强大的巡逻力量，试图通过迅速、高效的搜救行动来展现其对钓鱼岛的行政管控。

2013年1月18日，韩国渔船“3005黄金号”在钓鱼岛海域发生火灾之时，中日两国曾共同参与搜救，此次共同行动中，日方出动多架直升机，利用海空合作的优势，营救了韩国落水船员[3]。2014年1月2日，一名中国男子乘坐热气球从福建省福清市飞至钓鱼岛附近时坠海，日本海上保安厅将其救起，并移交给了在钓鱼岛海域巡航的中国海警。[4]2016年8月11日，中国福建渔船“闽晋渔05891”与希腊货船“ANANGEL COURAGE”在钓鱼岛海域相撞。日本海上安保厅的巡逻船又一次迅速赶到，救助了中国6名船员。[5]可以说，日本在钓鱼岛海域对海难的行政救助能力非常强，中国处于明显劣势。

值得一提的是，《1979年国际海上搜寻救助公约》第3条就“进入或通过”别国海域进行了规定，要求“缔约方应批准其他缔约方的救助单位只是为了搜寻发生海难的地点和救助该海难中遇险人员的目的，立即进入或越过其领海或领土”。这一规定在该公约中属于建议性规定，并不具有强制性。尽管如此，在我国搜救力量不能及时、有效地对海难进行救助时，日本的搜救力量完全可以依照这一公约，进入靠近于我国一侧的东海水域实施救助活动。这一举动显然会对我国维护钓鱼岛及其附属岛屿领土主权的形象带来消极影响。为了维护领土完整，有关部门应尽快加强钓鱼岛海域的海上搜救能力。

（三）维护司法管辖权的需要

成功的海难救助能够维护司法管辖权。2014年9月24日，“闽霞渔01971”船舶在钓鱼岛海域与巴拿马籍货轮“YUSHOHARUNA”号相撞，东海舰队的“福州”舰迅速赶赴救援。由此，中国取得了处理此次海难的主导权。2016年3月13日，最高人民法院院长周强在全国人大进行最高法工作报告中表示，厦门海事法院会依法审理“闽霞渔01003”船舶碰撞案。周强主张：此案不仅彰显中国政府对钓鱼岛海域的司法管辖权，也将成为我国对钓鱼岛海域行使司法管辖权的典型案例。[6]2016年3月14日，日本内阁官房长官菅义伟在记者会上，对中方的这一决定提出了抗议，并主张，无论从国际法还是历史来看，钓鱼岛都是“日本固有领土”，目前由日本“有效控制”。对中方单方面对该海域发生的海难事故进行审判是不合理的。[7]

由此可见，钓鱼岛海域上的海难搜救与司法管辖权密切关联。如果此次中国没能对“闽霞渔01971轮”碰撞事故进行有效救助，就不会有主张钓鱼岛海域司法管辖权的好机会。值得注意的是，日本今后也有可能利用钓鱼岛海域的海难事故，以同样的手法，主张其对钓鱼岛海域的司法管辖权。为了不给日本口实，我国相关部门应加强对钓鱼岛海域海上搜救力度。

二、我国海难搜救力量的组成

（一）专业搜救力量

钓鱼岛海域专业搜救力量是交通部救助系统的专业搜救船舶和搜救飞机。交通部东海救助局是钓鱼岛海域专业搜救工作的主要责任单位。它的救助辖区北起江苏连云港，南至福建东山岛，跨江苏、浙江、福建、上海三省一市，大陆海岸线长7202千米。东海救助局在连云港、上海、宁波、温州、福州、厦门等地设置基地，并组建了以救助船队、应急反应救助队、救助飞行队为核心力量的搜救体系。尽管浙江省海上搜救中心、福建省海上救助中心、上海市海上救助中心等省级部门的主要任务是近海救助工作，但因地理因素和海上遇难人员归属等问题，在钓鱼岛海域搜救工作中发挥着不可忽视的重要作用。

在目前的体制下，各省、市海上搜救中心机构的成员基本上均由当地政府的相关部门、军队以及相关涉海单位组成，总指挥（或称为中心主任）一般由省、市的行政副职（分管副省长、副市长或秘书长）担任，主要依靠行政命令来确保搜救工作的开展。这种体制在避免资源的浪费和精简编制方面体现出优势。

钓鱼岛“国有化”以来，在中日钓鱼岛争端升温的背景下，东海救助局和东海沿岸各省的搜救中心强化了对钓鱼岛海域海难的救助力度，并取得了一定成绩。例如，2014年9月19日，福建渔船在钓鱼岛海域失事，4名船员落水的事故发生后，东海救助局立即联络东海舰队、海警部门，请求帮助的同时，派出“东海救112”搜救船赶赴海难现场。了解到落水的大陆渔民被台湾“顺利宏”渔船救起，移交到台湾海巡署基隆舰后，东海救助局又积极与台湾中华搜救协会取得联系，最终成功将遇难的福建渔民接回。[8]而且，在“闽霞渔01003”船舶在钓鱼岛海域沉没的海难事故（2014年6月27日）中，东海救助局也迅速投入搜救工作，与宁德海上搜救中心、东海舰队、民间搜救船只一同救助了遇难船员，体现出其在钓鱼岛海域搜救活动中的重要地位。[9]

（二）海军力量

在钓鱼岛争端升温并持续，中国远海搜救力量薄弱的局面下，东海舰队参与钓鱼岛海域海难搜救行动的次数也开始增多。海军舰艇依靠速度优势和机动性，在搜救工作中取得了优异成绩，并做出了巨大贡献。东海舰队不仅在上述2014年6月28日发生的“闽霞渔01971”船舶碰撞事故中成功救助遇难船员，还在上述“闽霞渔01003”沉没事故和“9·19福建渔船钓鱼岛海域沉没事件”中也分别派出两艘舰艇协助东海救助局开展搜救工作。当前而言，东海舰队是我国在钓鱼岛海域海难救助工作中最具实力的搜救力量。在我国专业搜救部门增强其实力，完全构建钓鱼岛海域海上搜救体系之前，这一局面还将维持一段时间。

（三）民间搜救力量

参与海难搜救的民间搜救力量，多为事发海域附近的商船和渔船，因此，能在最短的时间奔赴事故地点展开救援，此种迅捷是政府搜救力量无法比拟的。例如，在“闽霞渔01003”沉没事故和“9·19福建渔船钓鱼岛海域沉没事件”中，尽管东海救助局、东海舰队、海警部队等搜救力量参与到了救助行动中，但第一时间赶到事故现场，救起遇难船员的是附近的民间船只，体现出海难搜救行动中民间搜救力量的重要地位。此外，“闽霞渔01078”船舶还参与了“闽霞渔01003”沉没后部分失踪船员的搜寻行动。

我国《海上搜救应急预案》第5.11条“社会力量动员与参与”也就针对民间力量参与海上搜救作出的规定，为民间力量参与钓鱼岛海域的搜救工作打下了基础。毋庸置疑，有效把握和管理民间搜救力量将有助于我国提高搜救实力和效率。

（四）其他行政搜救力量

海警（国家海洋局）、海巡（交通部海事局）、渔政（农业部渔业局）的公务船舶和航空器是钓鱼岛海域搜寻工作重要的补充力量。海警也曾参与“9·19福建渔船钓鱼岛海域沉没事件”的救助行动。尽管其在钓鱼岛巡航途中“偶然”遇到这一事故，但海警编队表现出对搜救活动的重视，采取了迅速的应急策略，提高了此次搜救活动的效率。预计随着钓鱼岛海域海难搜救机制的构建，海警的搜救作用将进一步凸显。

虽然近年来“海巡”和“渔政”未曾在钓鱼岛海域搜救行动中崭露头角，但作为我国海上不可或缺的执法力量，它们有着严格的纪律和优良的传统，其公务船舶和航空器在钓鱼岛维权行动中也曾发挥了积极作用。想必只要有完善的制度和法律依据，并接受相应的培训，这些海上执法力量完全可以成为不可忽视的搜救力量。

三、我国海难搜救活动在钓鱼岛海域所面临的局面

（一）远海搜救力量依然薄弱

1. 信息、通信系统的不完善

我国海上搜救力量的搜救信息化程度与发达国家相比，有着较大差距。美国海岸警卫队早已建成全球可视的监控系统，可以帮助其确定搜救范围。日本也建立起了覆盖其临海的24小时监控系统。尽管我国已在东海地区的近海水域初步形成了信息、通信上的管控机制，但还未能在远海水域形成有效的搜救体系，体现出这一领域的不足。

2. 远海航空搜救实力欠缺

我国的海上搜救力量主要分布在沿海水域，海空立体搜救体系仅限于沿海区域。相比之下，发达国家能够利用直升机和固定翼飞机，对远海区域的海难地域进行定位，迅速展开搜救活动。我国不仅需要完善沿海海空立体搜救体系，还需在远海水域的搜救中加大航空力量的作用，推动远海立体搜救体系的构建。

3. 搜救能力偏弱

我国大多数公务船艇抗风浪能力差，导致在钓鱼岛海域上的搜救能力偏弱。因此，钓鱼岛海域上的应急救援不得不依靠海军舰艇来完成。虽然我国已开始大力引进国外先进的搜救设备，同时积极开展对搜救技术的自行研发，但真正形成远海水域高效率、高层次的搜救能力还需一段时间。

4. 海难搜救人员的专业水平较低

海难搜救是一门涉及海洋、渔业、公共管理、气象、医疗等多方知识面，对专

业性要求较高的技能。然而，参与海难搜救的海警、海事、渔业的执法人员和民间商船、渔船的船员大多数都没有受过专业的救助技能培训和训练，这也是导致我国远海搜救实力大打折扣的主要原因。

（二）海上搜救力量未能形成多方协调的局面

我国的海上搜救管理体制虽然已建立起来，但还存在诸多问题。其中，海上搜救管理组织权责不对称，专业搜救力量地位不够突出等是最为棘手的问题。钓鱼岛海域海难搜救组织体系内各成员职能条块分割，缺乏必要的职能集成。东海救助局等东海沿岸专业搜救部门与海事系统职责界限不清，与海军、渔业、气象等部门联络也不理想，再加上各部门注重局部利益，使得协调东海区域搜救力量并不容易。职责分散导致整个海上搜救系统协调能力不强，影响海上搜救的效率。[10]究其协调工作不够有序，主要因为各部门不属于同一系统，在钓鱼岛海域实际的应急过程中难免会出现“多山头”指挥现象。

（三）海上搜救立法的不足

专业搜救部门（东海救助局、各省市搜救中心）在组织、协调及指挥各方搜救力量开展行动时，没有法律保障和制约，在一定程度上影响了其应急搜救工作的效能。由于在先行的法律法规中，没有专门针对海上搜救的法律，在实际搜救过程中，不能对救助方、被救助方和各方搜救力量应履行的权利与义务做明确的设定，也不利于救助协作的实施。

而且，因没有与国际相关法规接轨，同时考虑日本、我国台湾等地区政治因素的搜救法律，往往会导致不符合国际惯例，不利于中外、两岸关系的救助活动。

四、提高钓鱼岛海域海难搜救能力的方案

（一）构建钓鱼岛海域海空立体搜救体系

飞机是发达国家普遍使用的海上搜救重要装备。运用飞机实施海上救助，具有出动快速、机动性强、受天气影响小、视野开阔、搜寻范围广、救助成功率高等特点，是海上搜救高效手段之一。2003 年 3 月 15 日，中国上海高东海仁救助机场正式投入使用，这标志着中国开始进入海空立体搜救时代。经过十几年的发展，我国的海空立体救助体系已覆盖 100 海里内所有重要航线和海上设施，2020 年其监管范围将会推广到 200 海里。[11]

然而，与发达国家相比，我国当前的海空立体搜救能力还存在较大的差距。尽管东海救助局已装备 S－76C 型和 EC－225 型专业救助直升机，但其数量不多，而且，高东直升机场和舟山飞行救助基地均距离钓鱼岛海域较远。因此，我国航空搜救力量目前仍不能有效覆盖及管控钓鱼岛海域。

在此背景下，我国应加快远海重点水域海上搜救站点、专业救助船舶和航空器停靠点建设，加大空中搜救力量的建设，早日在钓鱼岛海域构建全方位、全天候运行、快速反应的海空立体搜救体系。例如，在浙江省的南麂岛上建立搜救机场或利用已有的军方基地实施救助活动也是值得考虑的选项。

（二）强化科技引导，建立科学的信息化海上搜救体系

海上搜救是一项专业性很强的工作，没有先进的搜救装备，很难适应千变万化

的海上搜救工作。美国和日本已建立起覆盖其临海的 24 小时监控系统和信息网络。我国应早日把现有的 AIS 系统、VTS 系统、CCTV 系统、船舶动态系统、船舶登记系统集成起来，实现全程跟踪和支持的钓鱼岛海域搜救体系。同时，我国还需构建海上搜救信息联络、搜救单位合作、搜救资源共享、搜救培训演练的常态机制。以此整合政府各部门、军队、港口、航运企业等各方资源，实现在搜救钓鱼岛海域海难过程中的信息共享和资源整合。[12]

（三）以东海救助局为核心，强化多方协调

较之于发达国家，我国海上搜救体系比较复杂，纵向形成了国家、省、市三级海上搜救组织体系，横向又有军队武警、专业搜救力量、海事相关政府部门、社会力量等独立组织。目前而言，这种体系不利于钓鱼岛海域搜救效率和指挥层次的提高。钓鱼岛海域搜救行动属于远海救助，不仅需要高度的专业性，还存在与日方的竞争关系。因此，制定行动方案时必须同时考虑有关法律法规或国际公约的限制，对其决策的科学性要求较高。在当前，除了东海救助局，很难找到其他专业部门来具体负责钓鱼岛海域海难搜救工作。

在钓鱼岛海域的搜救中，东海救助局应加强其主导作用，迅速对险情和事故的危险程度、影响范围等作出科学的评估，并及时将搜救相关情况报告有关部门，组织制定和修正搜救行动方案，具体实施协调搜救行动。

（四）加强省际合作与交流

钓鱼岛海域的海难搜救工作，从地理上而言，与浙江、福建、上海、台湾等地方搜救力量有着密切关系。在实际的搜救工作中，常常会出现难以确定遇难地点的具体位置，或者一些遇难事故出现在两个不同责任搜救区域之间的情况。因此，加强各地方之间搜救协调指挥人员的互动学习和交流，推动海峡两岸搜救实务研讨会，可以有效提高危机管理和搜救水平的能力。建立区域性联动搜救机制，也应为今后重点推动的任务。[13]

（五）完善钓鱼岛海域搜救工作的法律

目前没有海上搜救立法的支持，搜救中心在组织、协调及指挥各方应急力量开展搜救行动时没有法律保障和制约，在一定程度上影响了应急工作的效能，迫切需要应急行动从法律上予以规范和调整。从国家的角度来说，应该尽快出台《国家海上搜救条例》，以明确各海上搜救中心以及地方政府的责任和义务，并完善水上搜救应急预案，做到面对海上险情有准备，搜救过程有程序。

此外，钓鱼岛海域的海难搜救往往涉及日本和我国台湾地区，因此，有必要将此海域的事故，统一归结到特定的海事法庭来进行特殊处理，科学、谨慎地处理每一步法律程序。

（六）指导和奖励民间海上搜救力量

民间救助力量是海上搜救力量的重要组成部分，在钓鱼岛海域海难搜救活动中起着重要的作用。然而，民间搜救力量通常在搜救专业知识、搜救通讯联络、搜救法规方面知之甚少。为此，对于民间海上搜救力量，一方面需因势利导，激励其积极参与海上搜救；另一方面，需从专业角度给予引导和培训。钓鱼岛海域的搜救工作，与日本、我国台湾地区密切相关，涉外问题更应向相关渔

民、船员具体解释和指导。

此外，船舶、船上设施和设备往往会在海上救助中遭受一定损害，救助还会产生燃油和救援物资的消耗。如果民间救助力量因海上救助产生的消耗和遭受的损失得不到补偿，势必影响其参与海上救助的积极性。[14]我国早在2007年就颁布了《海（水）上搜救奖励专项资金管理暂行办法》，对在搜救行动中做出突出贡献的社会搜救力量进行奖励。钓鱼岛海域的搜救活动关系到对国家主权以及行政、司法权的维护，其奖励对象应更加广泛，奖励力度也需进一步加大。

（七）设立海上搜救基金

为解决海上搜救经费不足，可以建立海上搜救基金。利用此基金能够购买必要的搜救设备，也可以对参与海上搜救活动的社会船舶进行经济补偿和奖励，以此提高海上搜救的力度和积极性。[15]作为一种公益性的政府行为，海上搜救对生命的救助，航行安全的保障，为社会的安定起着重大的作用，而其带来的经济效益也非常大，能在很大程度上挽回海上事故所造成的经济损失，海上搜救基金的建立能够有力宣传这些优点，进一步引起社会各界的重视。

总体而言，海上搜救工作是一个国家综合国力、公共服务能力和水平的集中体现。一个国家综合国力强，搜救水平必然高，反之亦然。提高钓鱼岛海域海上救助能力不仅能够保障东海渔民的生命和经济安全，也有助于维护我国对钓鱼岛及其附属岛屿海域的行政权和司法管辖权。而且，构建钓鱼岛海域海上搜救体系的努力将会有力推动我国海难搜救力量从沿海到远海的发展进程，又能完善海上搜救机制，可谓一举多得。因此，我们应认真对待钓鱼岛海域搜救问题，加大相关研究，进一步提高我国海上搜救力量的专业化、现代化水平。

参考文献

[1] 张晓青. 浅析海上救助与救捞的区别. 法制与社会，2017，(3)：101.

[2] 于杰. 国家主管机关海难救助法律问题研究. 大连：大连海事大学，2013：62 – 63.

[3] 韩渔船在钓鱼岛海域起火 中日迅速展开援救. 环球网，2013 – 1 – 18.

[4] 中国男子坐热气球在钓鱼岛附近坠海 被日方救起. 人民网，2014 – 1 – 2.

[5] 钓鱼岛附近中国渔船与希腊货船相撞 8 名中国船员下落不明. 环球网，2016 – 8 – 11.

[6] 周强：审理闽霞渔 01971 轮碰撞案彰显对钓鱼岛海域司法管辖权. 中国新闻网，2016 – 3 – 13.

[7] 日本抗议中国法院审理钓鱼岛海域船舶碰撞案（1）. 观察者网，2016 – 3 – 16.

[8] 两岸携手营救钓鱼岛海域失事渔船 054A 军舰护驾. 中国青年网，2014 – 9 – 19.

[9] 我一艘渔船在钓鱼岛海域沉没，我两艘海警船展开搜救. 南方日报，2014 – 06 – 28.

[10] 张营军. 海上搜救体系存在的问题与对策建议. 中国经贸，2016，(5)：101.

[11] 沈琦. 我海空立体救助指挥体系研究. 上海：上海海事大学，2005：11.

[12] 徐永辉. 福建省海上搜救问题研究. 大连：大连海事大学，2013：36.

[13] 王威. 海上搜救存在问题及对策研究. 南通航运职业技术学院学报，2012，(3)：62 – 63.

[14] 向力. 南海搜救机制的现实抉择—基于南海海难事故的实证分析. 海南大学学报，2014，(6)：56.

[15] 应建国际海上搜救合作机制. 北京日报，2014 – 03 – 19.

清代康熙、乾隆、嘉庆朝普陀山的僧粮和僧田

毛久燕
（浙江海洋大学　东海发展研究院）

摘　要　清代普陀山观音道场的复兴，是从康熙二十三年（1684 年）皇帝御旨“弛海禁”开始的。舟山群岛上又可以住人了，普陀山香火重盛。僧侣日渐增多，口粮成了山中头等大事。为此，普陀山高僧向康熙皇帝奏请。此外，在清乾隆、嘉庆朝，浙江提督陈杰、李长庚、邱良功，以及厦门、广东等武官，为山僧（寺庵）在与普陀山隔海相望的朱家尖围海造田捐赠相当丰厚的资金，间接地解决了僧侣的口粮问题。本文从当年的相关文稿和碑记，看朝廷和地方武官直接或间接地为普陀山解决粮、田、赋三大问题的过程。

关键词　普陀山；僧田；僧粮

一、为解决僧众口粮，普陀山前后两寺住持赴京面奏康熙皇帝

清乾隆朝《重修南海普陀山志·法产》中有一篇《谕旨恩准载运米石出海文稿》，记载了康熙年间，普陀山前后两寺住持为解决僧众口粮，赴京面奏康熙皇帝，并获恩准之事：

康熙四十八年七月初六日，奉朱批上谕。谕管理杭州织造孙文成：顷有普陀山住持和尚二人来京，询问及其寺里过活。奏称这二年，因严禁米石，不许出海，米粮短少，僧众多有散去。此寺乃特旨修造，不比他处。今二僧人回去，必到杭州。尔会同伊等，将一年所用粮米，应需几何，详拟定例具奏。但恐奸民乘便，籴买米石运至别省货卖，浙江米价必至腾贵。故此手书特谕，钦此。八月初六日，性统同心明到杭。经织造孙会议，得普济寺、法雨寺现在僧人共六百六十六众。每人每日食米一升，合算一年，共需用米二千三百九十七石六斗。其米每年陆续运载，巡抚差官查验，给与执照，许放出海，永为定例等因。九月十九日，织造孙具折奏请。奉旨“知道了”，随移咨督抚、提镇，通行文武各衙门，每年遵照放行。[1]

清康熙朝，为防海盗活动，朝廷对海上运米有禁令，作为海岛的普陀山，住寺僧侣也不可以向内陆购买粮食。

僧侣们没有饭吃怎么办？两位高僧就面见皇帝了。

康熙四十八年（1709 年）七月初六日，朝廷传谕杭州织造孙文成：

最近，普陀山有两位住持和尚来京，我问及寺里的生活。奏称这两年因朝廷

“严禁米石不许出海”，寺中缺米粮，僧众多有离开。普陀山是特旨修造的，不比其他地方。两位僧人离京，必到杭州。你会同他们，核定普陀山一年所需粮米，上奏。但要预防奸民乘机籴买粮米，运至别省货卖。不然浙江的米价，必然会上涨。故此手书特谕。

上京面见皇帝的，是普陀山前寺住持绎堂心明（1665—1745 年）和后寺住持别庵性统（1660—1717 年）。绎堂禅师为临济宗天童密云四世法裔潮音通旭（1649—1698 年）法嗣，康熙四十三年（1704 年）继任前寺住持之职。别庵禅师为临济宗高峰三山灯来（1612—1684 年）法嗣，四川籍名僧，康熙二十六年（1687 年）任后寺住持。前寺，即今普济禅寺，明万历三十三年（1605 年）始称“护国永寿普陀禅寺”，康熙三十八年（1699 年）改称“普济禅寺”。后寺，即今法雨禅寺，万历三十四年（1606 年）始称“护国永寿镇海禅寺”，康熙三十八年（1699 年）改称“法雨禅寺”。均为皇帝赐额。

在杭州，绎堂、别庵与孙文成核计，普陀山前、后两寺现有僧人六百六十六名每人每天食米一升（相当于 1.25 斤），全年共需米二千三百九十七石六升（相当于 239 707.5 斤）。并议定，让这些食米陆续运载，经巡抚差官查验之后，给予执照，允许放行出海，永为定例。

九月十九日，织造孙文成把食米的数量和运载方式等向皇帝奏报。皇帝批示“知道了”。孙文成随即移送咨文给督抚、提镇，并行文通知文武各衙门，每年遵照放行。

二、为免征赋税，康熙皇帝派官员丈量普陀山僧侣的田地

康熙皇帝为普陀山解决的，仅仅是普陀山僧斋粮从内陆的合法运入，但购买斋粮的钱还是要寺庵出的，这就如 20 世纪 50 年代起始的百姓口粮一般，要凭政府发给的粮票购买粮食。换句话说，康熙皇帝通过孙文成为普陀山僧解决的只是“粮票”。

那么，购买斋粮的钱从哪里来？对于寺庵来说，固然有香客的捐施，但从久远计，是寺庵要有自己的土地。只是数亩土地的产量并不能满足斋粮，而相当数量的土地，其地价又不是普陀山寺庵所能承担的。于是，山僧们学习民间的办法，进行围海造田，到康熙五十四年（1715 年），普陀山就已经拥有了相当数量的僧田。

编成于康熙五十四年的《康熙定海县志·闾里》记载：

桃花、普陀、朱家尖，皆系僧产。土颇腴。远峙海中，人艰往返。虽展复有年，居民止寥寥十余家。[2]

当时，桃花岛、普陀山岛、朱家尖岛上的田地，都是僧田。

随着田亩的增多，赋税的交纳量也随之增加。还有些是开垦不久的涂田、荡田，尚需经过若干年的去咸过程，才能种植庄稼，但官方已经将此土地统计了，抑或寺庵方已向官府申报田产了——由此也带来缴纳赋税的事。别庵和绎堂两禅师深感无力承担，向朝廷递交了一份开垦田地、求免钱粮的奏折。

清康熙朝《南海普陀山志》“圣恩宽免普陀钱粮碑记”载：

……臣朱轼、孙文成，窃查康熙五十六年十一月十五日准内务府清字咨文，奉旨：将普陀洛迦山普济、法雨二寺和尚心明、性统开垦田地求免钱粮原折，交与织造孙文成与浙江巡抚朱轼，查明妥议，具奏，钦此钦遵等因到。臣遵即会同行。据定海县知县曹秉仁，亲往安期乡、朱家尖、顺母涂地方，查丈寺僧开垦之产，共田地、涂山三十三顷一十五亩三分零，内已报起征田地涂山二十八顷八十二亩五分零，应征银六十一两四钱四分五厘零，米一十四石一斗六合零。又已报升科，尚未起征田地、涂山四顷三十二亩八分，应征银七两一钱三分六厘零，米二石二斗九升六合零。又朱家尖未垦田地一十三顷五十三亩，俱经寺僧筑塘管业，该县逐一丈明，备造清册，详送前来。经臣孙文成奏请，蒙皇上鸿恩，将朱家尖、顺母涂已垦田地三十三顷一十五亩零，未垦荒地一十三顷五十三亩，一概宽免。……臣等谨将饬僧免赋情由勒石，永垂千秋万祀云。

浙江巡抚臣朱轼
杭州织造臣孙文成
恭撰
笔帖式臣舒书
定海镇臣张国
宁台道臣江国桢
宁波府知府臣尚瑶
定海营游击臣宗仁杰
定海县知县臣曹秉仁
宝陀司巡检臣张三友
法雨寺住持臣僧性统
执事臣僧空怀、空明
监造
康熙五十八年五月日
监院臣僧圆玑等　立石
继住臣僧空焱　补刻[3]

朱轼和孙文成按照皇帝的旨意，会同定海县知县曹秉仁（康熙五十五年(1716）任定海知县），亲自前往当时僧田的主要分布岛山——桃花岛（即安期乡）、朱家尖、顺母涂查丈普陀山寺僧筑塘围垦的田地。这些岛山自北往南呈扇形分布于沈家门港的东部洋面。顺母涂岛在朱家尖岛的东面，计水程十里[2]。

丈量的结果和应征钱粮的数目为——“共田地、涂山三十三顷一十五亩三分零，内已报起征田地涂山二十八顷八十二亩五分零，应征银六十一两四钱四分五厘零，米一十四石一斗六合零。又已报升科，尚未起征田地、涂山四顷三十二亩八分，应征银七两一钱三分六厘零，米二石二斗九升六合零。又朱家尖未垦田地一十三顷五十三亩”。

朱轼和孙文成把丈量的结果上奏，康熙五十六年（1717 年）十一月十五日，朝廷下咨文免除普陀山的赋税征银，将“朱家尖、顺母涂已垦田地三十三顷一十五亩零，未垦荒地一十三顷五十三亩，一概宽免”。

康熙五十八年（1719 年）五月，在普陀山前、后两寺各立了一块恩免普陀钱粮碑，以谢帝恩——而促成立碑之事的，还要从公主赐藏经给普陀山为康熙皇帝祈寿说起。

碑文的前部分说道，宽免钱粮的咨文

下达后不久，前寺住持绎堂禅师和后寺僧空怀、空明等又写了一份奏折，通过侍卫魏珠交给十二阿哥。奏折的内容是请康熙皇帝在公主所赐的藏经上御书。

皇帝让十二阿哥会同包衣昂邦（内务府总管）处理此事，议奏需要御书的地方。十二阿哥等人会议之后，认为请皇帝御书不当。其理由，一是明代藏经都是明朝皇帝所送，所有御书亦是随经书带去的；二是如今公主已将经书送到普陀山，再请皇上御书，必须交于内阁衙门用宝，不妥。

鉴于以上两点，十二阿哥等人提议，可以像去年那样移送咨文给孙文成，让他会同地方巡抚等，将之前宽免开垦田地钱粮的数目、情由等内容，以及善为保诵藏经、不许僧人胡乱生事等话刻于碑上，立碑永垂，以这个理由向皇上请旨。

康熙五十七年（1718 年）十月二十日，将议定的内容备文分条陈述，并附上普陀山僧的汉字黄折子，一并交与奏事六品官双全等启奏，皇帝无异议。命令将普济寺僧人心明等所奏汉字黄折子抄录一张，与咨文一同送去。咨文送达后，要亲自与地方巡抚等，将开垦之田地，宽免钱粮之情由、数目，并善为保诵藏经，不许僧人胡乱生事等话写成文，可立石碑。

原文如下——

康熙五十七年十一月二十五日，准内务府移咨内开。康熙五十七年十月二十日，侍卫魏珠将南海普陀洛迦山普济寺僧心明、法雨寺僧空怀空明等所奏汉字黄折子发出，交与十二阿哥。转传旨：将此著阿哥亲自会同包衣昂邦询明，将御书之处议奏，钦此钦遵。臣等会议，得明季藏经，皆是明朝皇帝所送，所有御书，亦随带去。今僧人等虽请御书，然此藏经，乃公主为父皇万寿送去之经，再写御书，必须交于内阁衙门用宝。或可照去岁，移咨孙文成，会同地方巡抚等，将旧年宽免开垦田地钱粮数目情由，并善为保诵藏经，不许僧人胡乱生事，立碑永垂，为此请旨。随于康熙五十七年十月二十日具疏，并汉字黄折子，给与奏事六品官双全等，启奏。奉旨：依议。为此照普济寺僧人心明等所奏汉字黄折子抄录一张，一并咨明前去。到日，尔即亲与地方巡抚等，将开垦之田地，宽免钱粮之情由数目，并善为保诵藏经，不许僧人胡乱生事等语，可立石碑。为此交尔等因，钦此钦遵。[3]

据清道光《重修南海普陀山志》[4]记载，此二碑“碑身高八尺五寸七分，厚九寸七分，宽四尺七寸五分。碑顶高二尺七寸，趺坐身高二尺五分，长七尺一寸”。其中一块碑立于正山门中供的康熙御制碑文旁，另一块碑立于万寿亭内所奉的圣祖仁皇帝御制碑文旁，后均毁于“文革”。

《普陀洛迦新志 · 梵刹》记载了康熙四十二年（1703 年）前后的普陀山僧田。

普济禅寺——

寺产，在朱家尖者，民，一十二亩零。涂，九百四十亩零。丁，一百六十二亩。荡田，一百三十五亩。山，九十一亩零。地，二十一亩零。共一千三百六十一亩零。在桃花山者，民，二十六亩。涂，二十八亩。荡，一十一亩。山，六十亩零。地，一百三十四亩。共二百九十五亩零。[5]

法雨禅寺——

寺产，在朱家尖者，民，四十一亩四。涂，六百三十亩零。荡，二百八十一亩。山，一百零六亩。地，一百二十三亩八。共一千一百八十二亩零。在洞隩庄者，民，四十五亩零。荡，三十三亩二。丁，四十三亩六。在吴榭庄者，民，四十七亩六。在桃花山者，涂，十二亩。荡，六亩。丁，八亩。在芦蒲庄者，民，一亩六。荡，十亩四。在在城庄者，民、田、地共一百二十三亩零。[5]

上述僧田共计约3122亩。按钱粮碑所记，康熙五十六年（1717年）时，普陀山在安期乡、朱家尖、顺母涂的涂田有4668亩，可见自康熙四十二年以来的十几年间至少增加了1000多亩。

钱粮碑中还提到了开垦涂田的升科情况。“升科”，是旧时新垦荒地满一定年限后，照一般田地开始征收钱粮。普陀山寺庵在安期乡、朱家尖、顺母涂的“三十三顷一十五亩三分零（3315.3亩）”涂田有“已报升科起征”和“已报升科未起征”之分。“已报升科起征”，指的是已报官府登记入册的涂田，这类涂田自开垦以来已过了若干年，符合一般田地的标准开始征税。“已报升科未起征”，指的是虽已报官府登记入册，因还不能用于耕作，当然就不用缴税赋了。前者“二十八顷八十二亩五分零（2882.5亩）”，后者“四顷三十二亩八分（432.8亩）”。

三、三位浙江提督及其他武官捐赠普陀山寺庵的围海造堤

舟山自康熙朝展复以来，定海知县缪燧大力推行围海造田。这给普陀山僧带来的启示是——围海造僧田。但是，围海造田首先需要筑海塘，这需要大量的人力、物力、财力，作为出家之人如何负担得起？于是有了地方或省府官员捐助海塘之事。清代道光年间，秦耀曾所编的《重修南海普陀山志》收录了三篇碑记和一篇序文，记载了乾隆、嘉庆年间朱家尖香莲岙和白山头筑海塘之事。

（一）乾隆朝香莲岙筑海塘

《捐筑朱家尖香莲岙海塘序》（秦志卷十六）：

普陀为四大名山之一，五代时有不肯去观音院，历宋、元、明俱发帑金建置，并赐田亩，以为法产。至国朝，圣祖、世宗皇帝宏开法愿，叠赐帑金，珠宫金殿，炳耀海天。复蠲免朱家尖等山租赋，并许运米出海，是诚天恩浩荡，缁流梵顶，所藉以活慧命者也！余奉命巡洋，道经南海。由短姑入三摩地，经妙庄严路，谒金容。回首见林林总总，或坐蒲团，或翻贝叶。或依岩而栖，或踞洞而守。皆阐扬佛教，顶礼圣恩。余问主席了尘：“禅门广众，香积未裕，何以普济也？”答云：“现在人浮于食，二时饘粥，耕获之余，惟赖檀波。有朱家尖香莲浦涂场一片，兴工筑塘堤，可千亩，足济僧众。但工程浩大，非得数千金不能告竣也。”余闻说，即立愿出俸金，并劝各同寅，俾出资共襄其事。于乾隆辛亥年九月初鸠工筑塘。壬子冬，余阅

定海营水阵过朱，但见香莲浦塘碶河道，厘然井井。向之白坟广斥，潮来作海，今居然茂草萋萋，生机勃勃。行见数年蓄淡之后，播嘉种，庆登场，歌大有之年。而缁素云集，欢腾于香积厨之右者，可预卜也已。是役也，余敢曰：“名山灵佛，可种福田，祈祐于大士也，邀誉于浮屠乎？亦惟念圣祖、世宗两朝碑勒煌煌，世产免征，恩膏之渥，予小臣拜扬其休可也。”是为记。

上文是浙江提督陈杰为捐筑朱家尖香莲岙海塘所作的序。陈杰，清朝乾隆七年（1742 年）武进士，官至浙江提督（任期在乾隆五十四年五月至五十八年四月）、江南提督。

陈杰奉命巡洋，途经普陀山，从短姑道头进入三摩地，经妙庄严路，参拜佛祖圣像。他回首看看，发现山中僧人众多——有的坐蒲团，有的翻经书，有的靠着岩石休息，有的坐在洞中修持。就问普济禅寺住持了尘禅师：“这么多僧侣，而香客所施的积蓄并不多，怎么能够保证大家吃饱饭呢?”了尘答道：“现在人多粮食少，一天吃两顿饭，除了（少量）耕作所获的粮食之外，只能靠香客布施了。我们正在谋划，朱家尖香莲浦有一片海涂，如加筑海塘围得一千亩田，就足够僧众的口粮了。但是这项工程浩大，没有数千金是不可能完成的。”陈杰听了了尘的话，决定施捐筑塘。他不仅自己捐施，还劝说同僚也出资捐筑。

捐筑朱家尖香莲岙海塘的工程，从“乾隆辛亥年（五十六年，1791 年）九月初”开始，一年多后，乾隆五十七年（1792 年）冬天，陈杰来检阅定海营的水阵，经过朱家尖，他看到香莲浦的塘碶河道，“厘然井井”，向来布列白色土堆、潮水吞吐的盐碱田，如今居然茂草萋萋，生机勃勃。可以推想，经过数年蓄淡之后，便能耕耘播种，秋收登场，喜庆丰收之年了。僧侣们因口粮充足而欣欣鼓舞的场景，可以期待了。

了尘，乾隆五十一年（1786 年）任普济禅寺住持。为陈杰等人慷慨捐筑海塘之事，他也写了一篇《普济寺香莲岙筑塘碑记》（秦志卷十七），内容如下：

盖闻古今兴废，虽由天定，亦赖人为。故自毁而成者，其功不可忘，其事实堪颂也。南海普陀为大士示现之区，凡我缁衣挂单驻锡，千有余众。向赖朱家尖有田千亩，以奉斋供而济饘粥。迨后风潮汹涌，冲决石堤，良田尽为荒垒。衲孤悬海外，托钵无门。既虑香灯不给，更愁饔飧难支。僧徒星散，渐见凋零。辛亥年，幸逢提宪陈公、镇宪伊公巡视海道，乘风登岸，瞻礼金容。其夜叙谈于永寿桥畔，备陈艰况。蒙发慈悲之善愿，遂捐筑以重耕。募劝当道巨公，各施兼金。衲鸠工庀材，重筑塘堤。不期年而工竣。现在复事耕耘，瘠土又成膏壤。伫看满刹腾欢，含哺鼓腹。诵金经，永护法门不二；礼三宝，长祝圣寿无疆。从此重畅宗风，再理香积，实赖二公之大德也。后之贵官善士，犹能继其志焉，时加修葺，亿万斯年之香火，可以永垂不朽矣。是为记。

文中说到了当时普陀山的境况。山中有僧众千余人，这些人以前都靠朱家尖的良田提供斋粮，但是风潮汹涌过后石堤冲决，如今良田已尽成荒垒。僧人身处孤悬的岛屿之中，即使手托钵盂也没有地方可以去化缘。他们既担心寺庵中的香灯供应不上，更为饭食难以维持而忧愁。僧徒四散而走，逐渐呈现出了凋零之景象。

以上情况，了尘是在夜晚，在普济寺的永寿桥畔向武官们讲述的，并要求他们为此布施。“当道巨公，各施兼金”——武官们都拿出钱来，重筑塘堤的工程也就“不期年而工竣”。海塘加固，耕耘丰收，僧侣们能吃饱饭，诵经也更有力了……

此事发生在清乾隆五十六年，公元1791年。

（二）嘉庆朝香莲岙添筑泥塘

自乾隆朝陈杰等人的捐筑之后，到了嘉庆朝，香莲岙又有过一次添筑，我们从定海知县沈泰等所作的《香莲岙添筑泥塘碑记》可以了解当时的情况。

普陀为观音大士显化道场，接待十方僧众。衣钵饘粥，募化所不给者，赖于力田，以故山无旷土。而对岸朱家尖之香莲隩淤涂，久经筑塘成田。恭值圣朝泽周寰海，惠沛双林，蠲国赋以种福田，锡内帑以光梵宇。灵山之仰荷天庥，盖已久矣。癸酉秋，余来守土，接见方丈，得以备悉梗概。兹前寺方丈融通禀云：“香莲岙涂田旧筑乌石子塘，每遇风潮，不免碱水浸灌。”现蒙厦门提督王、浙江提宪邱、广东提宪李、本县沈，各捐俸银六百元。石塘之外，添筑泥塘一段，瘠区永成沃壤。并奉各提宪钧谕，前寺于收获时，每年分给法雨寺、佛顶山灯油银各十二两。余心钦各提宪之盛举，而乐与图终也，亦分常俸以助合尖焉。融通乞存案卷，并请勒石，以垂久远。从此力穑有秋，红粟聿盈于香积；书词记事，慈云永绕夫穹碑。祝帝道之遐昌，万年无斁；瞻法轮之常转，千劫不磨。是为序。

嘉庆十九年（1814年）秋，沈泰去普陀山视察，接见当时的普济禅寺方丈融通能圆禅师（嘉庆十七年（1812年）任普济禅寺住持）。融通向沈泰禀告说：“朱家尖香莲岙的乌石子海塘，每遇台风天气，免不了海水浸灌入塘。”乌石子塘是乾隆五十六年（1791年）时陈杰捐筑之塘。现在承蒙厦门提督王某、浙江提宪邱某[①]、广东提宪李某，各捐俸银六百元，用于添筑海塘。定海知县沈泰看到提督们的义举，也捐了自己的一部分俸禄。所谓添筑，即在原有的乌石子塘的外面，再添筑一段泥塘。乌石子塘的僧田原为普济禅寺所有，按捐筑海塘的各武官意思——前寺于收获时，每年分给法雨寺、佛顶山灯油银各十二两。

对于沈泰等四位官员捐筑泥塘的善举，融通禅师请求勒石纪念，以垂久远。

沈泰，字荫堂，嘉定人。嘉庆十八年（1813年）擢升为定海知县，在任八年。

（三）嘉庆朝朱家尖白山头筑海塘

定海知县宋如林所作《朱家尖白山头筑塘碑记》：

补陀为海上名山，其地广，其田腴。其为境也，袤延而辽阔；其为寺也，宏敞

① 邱良功：嘉庆十四年（1809年）一月任浙江提督，二十二年三月死于任上。

而幽静可居。故海内之愿为僧者，皆乐归之。旧有田地，特赐免粮，以耕以食，慊然自足。自我朝定鼎以来，俗安于敦庞，人不患夭札。有自食之乐，而无追呼之扰，盖百余年于兹矣。然而僧日以增，田地不加多，非所以安比邱之众也。开辟山田，试垦海涂，亦因所利而利之焉耳。

朱家尖白山头，前住僧朗和开垦荡田，及续恩住持曾于此筑塘，历十七年，得田八百余亩。以潮汐冲激不已，且筑且圮，迄未成功。今浙江提督李公讳长庚慷慨好施予，靖萑苻至山上，偶询及之，遽助以朱提四百，为筑塘资。续恩始得告竣，而来请记于余。

夫补陀两寺上蒙圣眷，百余十年，耕凿免粮之地咸登般若之场，不可谓非厚幸矣。又得公上体圣人之仁，泽及桑门。向之且筑且圮者，今则巩固而无忧。所以利之者，岂浅鲜哉！自后住僧勉之，勿以是为资益色身之具，而以是为资益慧命之端，庶足以副公好善檀施之意，而体前住勤苦立基之心也。

上文记载了浙江提督李长庚捐助海塘之事。

李长庚（1751—1808 年），字超人，号西岩，福建同安（今翔安区马巷镇后滨村）人。乾隆三十六年（1771 年）考取武进士，授蓝翎侍卫，任浙江衢州都司，累升提标游击、太平参将、乐清副将、澎湖副将、福建海坛镇总兵、浙江定海镇总兵、福建水师提督、浙江提督、总统闽浙水师。李长庚的战功，在于征剿海盗。

碑文的开头部分说明了当时普陀山寺庵“开辟山田试垦海涂”的主要原因。普陀山为海上名山，地广田腴。山中的寺院，宽敞而幽静可居，因此全国各地的僧人都乐于皈依此地。普陀山原来就拥有田地，又受到朝廷的特赦免粮，僧人们通过耕作来获取粮食，勉强能够自足吧……然而，僧人日渐增多而田地并没有增加，这不能使僧侣们安心。开辟山田，试垦海涂，是非常有利的事情。

朱家尖白山头的荡田最初是住僧郎和开垦的，后来住持续恩围筑海塘，花了十七年时间，垦田八百余亩。但是，由于潮水的不断冲击，海塘筑了又塌，塌了再筑，一直没有成功。

住僧“朗和”，普陀山历代山志均无出现此名，疑是“朗彻”之误。朗彻，即朗彻性珠禅师，明代万历末年任前寺住持。续恩，即超尘续恩禅师，嘉庆八年（1813 年）任后寺住持。在嘉庆以后普陀山志的续恩传中均提到，朱家尖白山头的荡田为“前住持朗彻首创”。朗彻禅师也曾募捐，修筑了短姑道头至前寺的妙庄严路。

时任浙江提督李长庚慷慨捐助银四百两，作为巩固海塘的资金，以保护塘内的耕田，获得丰收。

李长庚到舟山的第一年秋天，即嘉庆二年（1797 年），曾剿海盗到过普陀山。嘉庆八年（1803 年），蔡牵逃至定海，到普陀山进香，李长庚随后追剿。蔡牵抵挡不了，最后仅以身免，逃往福建海域，李长庚穷追……他与续恩禅师交往颇深，有《僧庵与超尘叙话有怀》诗为证：

扁舟一叶渡横流，几住僧庵问比邱。
入世休嫌尘世累，出家难免俗家愁。
人须阅历才方好，事必经营识始优。

自笑百年斯过半，茫茫苦海度春秋。

诗中描写了李长庚与续恩禅师在庵中叙话之场景，两人畅谈对人生的感怀。李长庚感慨不管是“入世”，或是“出家”，各有难处，自己经历了很多事情之后，如今人生已过一半，还在茫茫苦海中未能找到一条出路。

续恩禅师请当时的定海县令宋如林为李长庚捐助海塘之事写记。

宋如林（生卒年不详），字仁圃，汉军镶黄旗人。乾隆五十九年（1794 年）至嘉庆五年（1800 年）、嘉庆六年至九年（1801—1804 年），两度出任定海知县。李长庚于嘉庆六年十一月至十年四月在浙江提督任上——他资助朱家尖白山头海塘之事，应发生于嘉庆六年至九年间。他为官清廉，判决案子从不鞭打用刑，而断案如神，民众都叫他“宋青天”。嘉庆三年（1798 年），他与李长庚内外结合共剿海盗。李长庚在外，负责与海盗的正面交锋；宋如林于内，负责募乡勇，筑炮台，搜查来往渔户，以防奸民偷偷接济海盗，以断绝海盗的粮食来源。

《朱家尖白山头筑塘碑记》之碑植于法雨寺大殿门首左壁。

四、结语

综上所述，清廷为普陀山直接或间接地解决了粮、田、赋三大问题。围海造田，在现在看来固然有很多争议，尤其是对生态环境的影响，但回看几百年前的清代，将海涂开垦成良田，对寺庵、对地方、对朝廷，都是利好。

对寺庵来说，田产的增加不仅解决了僧人们的口粮，也为普陀山佛教道场在此后的进一步发展提供了重要的经济保障。对地方经济来说，舟山田地少，可耕之田更少，僧侣们围海造田也为舟山农业的发展作出了一定贡献。对朝廷来说，僧众有了僧田能自食其力，在不给朝廷增加额外负担的情况下，便能弘扬佛法，从而实现安定民心、维护政治的稳定。

清代僧人释汉兆①有《顺母涂山》诗，云：

历来蠲赋足斋粮，粒米同餐云水望。
曾说丛林香饭好，钵盂到处福无量。
此地相传顺母涂，僧家也要学农夫。
种来粒粒香厨米，大众同尝道味腴。

诗中说到普陀山僧“学农夫”，在顺母涂的垦田上种植水稻，收获了“道味腴”的“粒粒香厨米”，出现“足斋粮”的升平场面……

参考文献

[1] 许琰. 重修南海普陀山志 卷十. 1740.
[2] 周圣化. 康熙定海县志. 1715.
[3] 裘琏. 南海普陀山志. 康熙刻雍正增修本.
[4] 秦耀曾. 重修南海普陀山志 卷四. 1832.
[5] 王亨彦. 普陀洛迦新志 卷五. 苏州：弘化社，1931.

① 释汉兆（1769—?），字伴霞，号妙香，绍兴观音寺僧。著有《竹窗剩稿》一卷、《妙香诗草》三卷、《妙香诗草》十卷。

浅谈韩国新万金开发及其启示

李春林　姜泰元

（浙江海洋大学　东海发展研究院；韩国群山大学）

摘　要　韩国是我国的近邻，近年来，两国关系不断迈上新台阶，双边贸易额连年攀升。新万金是韩国一项国家级开发项目，被看作是韩国未来的希望。新万金开发建设过程中，注重从中国经济开发区项目借鉴成功的经验，取得了较快的发展。新万金在改善招商引资环境和生态保护方面，取得的成效尤为突出，对我国承担着国家重大发展和改革开放战略任务的国家级新区发展有一定的启示意义。

关键词　韩国新万金；开发；国家级新区；启示

新万金是韩国一项大规模的国策项目，是韩国迄今为止最大规模的项目，韩国以后再出现如此规模项目的可能性极低。韩国人将新万金看做是韩国未来的希望，称之为“百年梦想”。韩国前总统李明博评价新万金是走向世界未来的经济高速通路。韩国政府对新万金的发展定位是建成赶超上海、香港、新加坡的东北亚经贸中心城市，一流的国际化大都市。韩国媒体则称新万金是即将到来的“韩国时代”的象征。[1]

一、新万金的简介

新万金经济区位于环黄海经济圈，地跨韩国全罗北道群山市、金堤市和扶安郡，开发面积达 409 平方千米，相当于首尔面积的三分之二。总投资额超过 22 万亿韩元（约合人民币 1329.3 亿元），包括产业用地、科研用地、生态环境用地、新再生能源用地、复合城市用地、旅游休闲用地、农业用地以及以海洋旅游为主题的古群山群岛等。

（一）新万金填海工程

新万金经济区设立的基础是新万金围海造田工程的实施。新万金围海造田工程是韩国历史上最大围海造田工程。工程的初衷是扩大耕地面积，增加粮食、瓜果、蔬菜的产量。20 世纪 60—80 年代，由于韩国国土中有 70% 是山地，真正能够利用的土地面积仅有 5.6%，且干旱、霜冻等自然灾害不断，粮食缺口严重，但国际粮价波动较大，为此每年都要耗费大量的外汇进口粮食。因此，韩国政府开始提出在黄海沿岸广大滩涂实施系列围海造田计划，新万金围海造田工程就是其中之一，围填区域为锦江、万顷江、东津江的入海处。[2]工程于 2010 年 4 月竣工，先后经历了卢泰愚、金泳三、金大中、卢武铉和李明博等5任总统历时长达20年。工程中的防潮大堤长达33.9千米，被世界吉尼斯组织认证为世界最大的防潮大堤。

（二）新万金——大韩民国绿色希望

20世纪90年代末期，由于农业现代化的加快，韩国粮食产量迅速增长，基本实现了自给自足。新万金围海造田工程的初衷开始遭受质疑，社会上对工程的争议，使新万金的开发也遭遇了不小的波折。环保团体认为，建筑堤坝会损害海边滩涂，严重破坏生态环境。环保团体还鼓动动迁居民和失业渔民加入到反对工程建设的行列中。反对团体和群众的一系列抗议活动，使工程曾一度搁置。韩国中央政府根据反对团体和民众的诉求，对工程规划"三易其稿"，最终出台《关于加快新万金综合开发步伐的总体规划》。社会舆论的穷追不舍，使得新万金开发的环保神经越绷越紧。

新万金水资源组金组长说，国家对新万金的定位是"大韩民国绿色希望"，不仅要做东北亚"经济据点"，还要成为全世界最大、最好的"亲环境工程"。环保，对于新万金来说始终是第一位的。筑造世界最大的防潮大堤所用的沙石量，足以建造20多个埃及大金字塔。为了减少开山炸石导致山体过度开采，工程多靠挖掘周边海域的礁石和海砂为主，并对开挖淡水湖、巷道所出的砂石再利用。

新万金拥有众多世界绿色"世界一流"，如一流的生态空间规划、一流的环境测评体系、一流的生态营养评估方案、一流的饮用水保障系统。单是为了预防水质污染，韩国政府就投入29 000亿韩元（约合人民币175.2亿元），启动45个保障项目，包括智能水质量管理体系、废弃物自动处理系统等，力争"水"无一失。金组长表示，"人在自然面前是渺小的。新万金，将是韩国最大也是最后一个围海工程"。[3]

二、新万金的总体规划和竞争力

（一）新万金的总体规划

新万金以打造东北亚经贸中心、复合型精品国际都市、可持续发展的低碳绿色增长型环保中心地区为目标；以建设超国界经济合作示范城市，开发基于需求的计划城市，放宽限制、给予奖励的专业化城市，世界水准的国际化居住、交流据点城市，充满活力的绿色水滨城市为开发的基本方向；最终建成韩国乃至世界最大的集生态农业、高科技产业、国际旅游观光、国际投资产业、温馨居住、国际经贸与物流于一体的世界级经济贸易自由区。

规划中提到，优先推动韩中经济合作园区。将已进入协商阶段的韩中经济合作园区作为新万金先导项目积极推进，优先考虑建设高附加值食品加工集群、高科技零部件材料集群、韩中研发园区、高档国际海洋旅游休闲区等，由于基于国家间合作的开发无法事先决定具体方案，因此尽可能考虑多种开发方案。运用韩中经济合作园区的成果建设全球经济合作特区，首先开发韩中经济合作特区，推动与美国、欧盟、日本等其他国家的经济合作，从而搞活特区内竞争与合作。[4]

（二）新万金的竞争力

新万金综合开发完成后，将取得巨大经济社会效益，拥有在国家、地缘政治、基础设施、制度层面等的竞争力。新万金的竞争力具体体现在以下几个方面。

第一，扩大了国土面积，由填埋形成409平方千米的新土地，作为国家拥有的无纠纷、无限制状态的土地，可尝试招商投资等多种推动经济发展的举措；每年增加工农业用水资源19亿吨，当地农业用水和工业用水都无问题，还修了水利，可以免除水灾；建立起农业水产品基地，每年可增加食品18.6万吨；[5]未来新再生能源产业和研究设施集中于此，有利于亲环境的绿色能源园区的形成。在新再生能源、尖端原材料等天然资源支持下，建设有活力的尖端高科技产业城市。

第二，地政学位置优越，新万金位于环黄海圈中心，邻近中国，与山东省相距不过几百公里，坐飞机不到1个小时的行程，距北京、上海、天津等大城市也非常近；位于韩国西海岸轴中央部，有利于牵引西海岸地区的发展；是连接唐津、群山、扶安、大佛的西海岸产业带与泰安、安眠岛、边山半岛、新安、木浦的西海岸旅游带的中心交会点。

第三，交通基础设施完善，由国家投资建设机场、主要干线道路、铁路等核心基础设施。目前，新万金机场、新港工程、至全州六车道高速公路等配套工程在建。通过已经完工的湖南线（韩国）KTX，新万金到首尔只需1小时，2小时内可到达韩国全地域。

第四，新万金开发区是韩国唯一中央政府管理的经济特区，新万金开发厅是作为中央行政机关启动的，这个机构是为专门负责新万金项目而单独设立的。此外，韩国政府还为这一国家级开发项目制定《新万金特别法》，开发厅可为投资者树立定制型制度，通过修订税收特例限制法，扩大实施对新万金地区的减税政策，预指定为综合保税区，通过减少对原材料的进出口关税，确保比其他地区更具优势的价格竞争力。

三、边开发边引资，大派“红包”

新万金项目规模大，负担重，长期推进的工作压力大。所以，新万金开发厅努力将项目内部开发计划向投资者，即企业所希望的方向完善，并实施边建设边招商策略。为了让更多的企业在新万金投资，开发厅从多方面派发“红包”。

（一）“韩国制造”“借船出海”

目前，韩国已分别与中国、美国、欧盟等主要经济体签署了自由贸易协定，这使得与这些国家进行贸易时，进出口通关手续简便，还可大大缩短原材料进口与产品出口的通关时间，今后许多产品还将实现“无关税”。在新万金内生产的产品一律按韩国制造计算，可享受“无关税”待遇和优惠。因中国暂未与美国、欧盟签署自由贸易协定，我国出口企业不但享受不了“无关税”待遇，还频繁遭受欧美的报复性关税和反倾销调查。新万金为这些企业规避风险提供了便利，在此设厂就可穿上“韩国制造”的外衣，实现“借船出海”。此外，韩国政府还批准了新万金经贸特区全境享有综合保税区待遇。在这里投资设厂的企业可以通过减免进口原材料的关税，提高自身产品价格的竞争力。

（二）提供定制型投资奖励，改善投资环境

新万金提供符合投资者与企业要求的定制型奖励，将减税、选址、现金支援、

雇佣补贴等奖励合为一体提供，用通过协商自行判断的方式提供奖励，并统一投资支援体系。具体奖励政策有：五年间租税减免，投资金额给予百分之五以内的现金支援，雇佣保证金支援，产业用地100年间低价租赁等。在改善投资环境方面，也有一系列举措。国际企业环境改善领域：改善义务雇佣标准等限制企业活动的劳务规定，解决外国人签证、滞留时间、海关手续等出入境问题。免收或减收开发分摊费、交通环境分摊金等各种分摊费；外国人居住条件改善领域：改善国际学校成立限制，并树立支援方案。扩大外国医疗设施的运营，并改善配套业务范围等。此外，新万金开发厅在中国举办了一系列投资环境说明会和投资推介会，为给中国投资者提供便利，还将开设“中国投资事务所”，并为有投资意向的中国企业提供“一条龙”式服务。

（三）建设韩国最佳无限制区域

全罗北道也可以借助新万金开发的机会，吸引更多的中国企业和个人到韩国投资。所以要求韩国政府放宽中国在韩投资的限制政策，为中国企业在韩国的并购提供宽松的环境和更优质的服务。努力将新万金建设成为韩国最佳无限制区域。新万金优先适用韩国其他特区实施的放宽限制政策，优先适用经济自由区、济州特别自治道等实施的放宽规定，为了投资国及企业的共同发展，推进放宽政策及制度改善。投资5亿美元（约合人民币33.1亿元）以上的投资者可以参加娱乐、博彩等设施的建设。

（四）“国有土地”“终身产权”

由于新万金的土地是由围海垦土形成的，其土地属国家所有，为鼓励海内外企业前来投资，新万金的土地价格降至成本价以下，大大低于韩国任何地区，外国人租赁国有土地最长期限延至100年，甚至还可以减免租赁费用；因土地属国家所有，还可避免经常发生的土地购买纠纷，投资者可以根据自己的意愿充分开发利用资源。在韩国新万金不仅可以以较低价格买到产业用地，而且还享有土地的终身产权。此外，为鼓励投资者在新万金旅游区块投资，韩方实施房地产投资移民制度，并为投资5亿韩元（约合人民币285万元）以上，和居留5年以上的外国人及其家属发放永久性居住绿卡。

（五）中韩经济合作园区

国际经济合作特区是新万金规划的核心，将在2020年前后建成中韩经济合作园区，将在其中起到先行和示范作用。中韩经济合作园区又名“中国谷”，将引进中韩合作互补的产业进驻，将其打造成中韩经济合作的成功典范。园区规划面积为25.8平方千米，韩方投资额约为20万亿韩元（约合人民币1140万元），将重点扶持新材料、新再生能源、生命健康产业等高成长高附加值产业。新万金－中韩产业合作园区与烟台市政府已签署《交流合作协议书》，烟台中韩产业园将立足于烟台资源条件和产业基础，通过与韩国新万金园区探索开发“两国双园”模式。

目前，新万金开发厅已与包括三星集团在内的70多家企业签署了投资谅解备注，并签署了3.6万亿元韩币（约合人民币205.2亿元）的投资合约，也与韩国全国经济人联合会、大韩贸易振兴公社、中小企业中央会和韩国产业银行签署了支持性协议。新万金经济区附近的群山国家产业园区已有包括现代重工、大宇汽车在内的670多家企业在运转，起到很好的辐射效果。[6]

四、对国家级新区发展的启示

新万金开发厅的厅长认为，中国与新加坡共同开发的苏州工业园区是大规模合作园区中最成功的典范。新万金项目可以从苏州工业园区和上海自由贸易区等经济开发区项目中借鉴很多成功的经验，促进中韩新万金经济合作园区的建设。另外，新万金一直注重与中国沿海经济特区的交流合作，2011年就与天津滨海新区的东港保税区签署了友好合作协议。新万金学习我们经验加快发展的同时，其全方位招商引资政策及对生态环境不遗余力的保护，同样对我国国家级新区的发展有一定的启示意义。

（一）设立专门的促进机构，制定《新万金特别法》

新万金是韩国政府直接推进的国家核心项目，为此专门成立中央行政机关新万金开发厅负责新万金的总体开发。之前新万金的开发项目是由多个机构共同促进的，所以存在促进效率低下的问题。而新万金开发厅作为项目专门促进机构，有望构建一个更加完善的促进体制增强促进力，提高新万金开发速度。韩国为国家级开发项目新万金制定了《新万金特别法》，并“三易其稿”，最终出台《关于加快新万金综合开发步伐的总体规划》。这使得新万金的开发有了专门的开发法案和法律作保障。新万金可以基于《新万金特别法》的制度优势，为投资者树立定制型制度，通过修订税收特例限制法，扩大实施对新万金地区的减税政策。

（二）政府给予大力支持，完善交通基础设施

对于新万金的开发，韩国政府有着长远的计划，由国家投资建设世界最长的防潮大堤。2011年新万金综合开发计划一实施，2012年就启动了作为龙头的新万金机场项目，主要干线道路、铁路等核心基础设施建设也都先后开工。建设中的新万金国际港口水深20～25米，可停泊10万吨级货轮，年货运吞吐量500万吨。从新万金国际港口到青岛，直线距离约580千米。这里将有可能取代仁川和釜山两大港口而形成流通的中心，韩国西海岸的经济开发中心和黄海经济圈的经济中心。中央政府除在资金和完善交通基础设施方面给予新万金支持外，还选定新万金成为中韩两国共同开发的中韩自由贸易区产业园韩方唯一入选地区。在放宽外资企业入韩投资限制、海外务工人员自由流动、投资移民等方面，韩国中央政府也给予了新万金更多的自主权利。

（三）发展不忘“亲环境”

新万金被誉为大韩民国绿色希望，曾因环保问题引发过不少争论，有一段时间甚至还被暂停开发过。因此，环保在新万金开发过程中始终被放在第一位。现在，新万金在环保方面是世界一流的。这给了我们沿海的国家级新区一连串的启悟和思考：如在沿海开发中，如何科学划定沿海生态区与经济功能区边界，防止大规模开发带来的景观破碎和污染蔓延；如何尊重自然规律，合理有度地围垦滩涂，保护海洋、滩涂的可持续利用；如何加强对生物

多样性地区和重要湿地的保护与修复，留足生态发展空间；等等。而要找寻这些问题的答案，新万金无疑是面现成的镜子。

（四）全方位招商引资策略

新万金项目规模大，资金投入多，迫切需要加强招商引资。为了推进招商引资工作，新万金开发厅在租税减免、政府补贴、获得条件好的土地等方面，给予投资者众多优惠政策。必要的情况下，新万金开发厅也会修订相关法案与《新万金特别法》。此外，新万金开发厅在国际企业环境改善和外国人居住条件改善方面也做了大量的工作，借用各种机会到国外宣传新万金。总而言之，新万金开发厅正在竭尽全力创造条件，力争实现“无经济活动障碍、无生活不便、无社会文化歧视”的目标，加快招商引资的步伐。同时，让已在新万金投资的企业在最短时间内获取最大利润。

（五）引进高校和科研机构，培养专业人才

新万金开发厅积极引进国内外高校和与开发产业相关的科研院所，为入驻新万金园区的企业培养出各类所需要的专业人才。到目前为止，新万金开发厅相继与全北大学、群山大学和全州纪真大学签署了协议。这三所大学已在或将在新万金兴建新的校区。这些大学的入驻将为培养新万金尖端产业集群、扶持新万金产业园区入驻企业进行人才培训，开展与新万金相关学术与技术信息交流，加强与其他新万金项目共同发展的合作关系，增强新万金的国际知名度等方面发挥重要的作用。

参考文献

［1］眭世俊．韩国的未来——“新万金工程”．华人时刊，2013：43－46.

［2］卢勇．韩国新万金填海工程及其对黄河造陆规划的启发．东北亚论坛，2010：98－104.

［3］林培，蔡炜，黄红芳．新万金，最美当数“亲环境”．新华日报，2012－06－08（A01）．

［4］新万金总体规划．新万金开发厅，http：//cn. saemangeum. go. kr/marster/marster3000/marster3100. htm.

［5］金德洙．关于韩国西海岸地域在新万金滩涂开垦区的开发//2008 中国海洋论坛论文集．韩国群山大学经济通商学部，2012：388－397.

［6］彭茜．韩国新万金经济区将打造中韩经合园区．新华网，2014－9－7.

试论东海青童信仰的圣俗意蕴

黄吉宏

（景德镇陶瓷大学　文化哲学研究中心）

摘　要　东海青童信仰的经法谱系，在道教前史中多有不同的面相。青童曾作为正一威盟张道陵的“保举”，表明其神格较高。到六朝之际的《真诰》《真灵位业图》文本中，青童常常担当“正神”真人神授的灵媒，象征外在不可化约的神圣性，有时又在道法阴阳五行的诚思存想、冥心修道、存形朝真内炼中化成观想“身神”的对象化投影。伴随宋元之际神霄新道派的衍创，青童的入世性品格具象化为降临世间等级化晋阶与辅佐帝王教主的“青华帝君”，即长生大帝君的弟弟。借助金丹南宗性命观修习的勃兴，青童又内化为存想服气的“灌注神”，将内炼丹功，外行雷法的交感存乎于祖炁的一点灵光中，从而达到即心即灵的圣域。主体“动则霹雳，静则金丹”的动静合一，契合交感召神、变化身神以施用的丹法慧通理路。延至明清江南地域道教神祇的信仰上，青童又降身为道教世俗化的功能性俗神，并与民俗择吉朝会、节日崇拜对象相向而行，是道教兼容大小传统，植根于百姓日用、利用厚生精神的体现。青童信仰的认同，昭示着道教由外在仙真、身中神格到俗神化形象的转进。

关键词　青童信仰；正神；身神；世俗神

青童，亦名东海青童君，似与传说中的东华木公、东华帝君、东皇、木公、日元阳父、青童大君、方诸君、东皇公、扶桑大帝等指称有着重要的家族相似性，从信仰的角度看：青童从神话到理性、从天上到人间乃至观身而应的具象，与传统阴阳五行、时方地理等经天纬地安人的思维暗合，并与传说中的西王母与时偕行，表达了华夏文明“依神炼养、因气化神”的这一重合和精神气象。东华，按《黄庭内景经》一名《东华玉篇》注疏：“东华者，方诸宫名也，东海青童君所居也。”[1]与之相对应的西王母传说，按《山海经·大荒西经》：“昆仑之丘，其下有弱水之渊环之。有人戴胜，虎齿，有豹尾，穴处，名曰西王母。”该经又引《禹本纪》将“弱水”称为“醴泉”“瑶池”。青童通过“登山涉水”而入“扶桑”这一仙山圣域得以表征儒家五帝五德说的威加海内之举，如帝颛顼高阳乘龙而至四海之“东至于蟠木”（扶桑）① 青童，无论以外在神圣宫府的“东华方诸宫”，还是神人化的五帝游方四海而至东方神山，以及存思身神所意念的空间隐喻，都表达了青童信仰在神与人之间“观物取象”的朴素思维，即希望在神—仙—人—鬼（归）等上升下降的内外超越情怀中安顿宇宙人生的“生生之德”。

就青童信仰的历时流变与称呼变异的本源价值而论，青童书写从典籍的神圣化文本与人格化文本双向演化中有无一贯的精神取向呢？本文尝试跳出道教俗称张道陵创教的定见，上溯上古汉魏两晋南北朝之际道教经典体系化清整之路，下究明清以来地域性道书山志民俗来推进青童信仰背后的神格与淑世意蕴。青童神格从外到内，再由内发用至外的体用精神，感应道教，不离宗教“心诚则灵”的基本原则。伴随后期道派经系的体系化清整与门派意识的增强而有约定俗成的说法，但基本遵循“内向化”与“外行化”两种不同的路径。

如从早期道教向汉魏六朝神仙道教的演进中，始为张道陵保举的外行化神祇东海小童君，继而在典籍体系化文本中作为掌管地上仙真经系降授的灵媒，甚至早期上清派“内向化”工夫运象存思、内炼口诀与劝导修习等神格导引的意气化，丰富了青童的诗意叙事与神圣位格指向，这在六朝上清派典籍《真诰》中的运象篇、甄命授、协昌期、精神枢等内容中多有体现，这可以算作道教神圣性向世俗性转进的重要一环。

从六朝道教到唐宋道教世俗化变革的突飞猛进，青童同样充当着世俗化功能神祇的重要表征。具体在宋代张君房的《云笈七签》记载的青童形象也逐渐多元化，到了明清随着地域化道教典籍、道教山志的广泛搜集整理与出版，青童形象在不同的文本中又逐渐在传统的“正统”与“民间”信仰中嵌入了民俗化、入世性的品格，此为青童的民间信仰与民俗文化遗产的圣俗兼容提供了重要的“活态化”叙事空间。

一、早期青童信仰位格流变

上相青童君，按现存公认的第一部道经《太平经》记载，是上承皇天金阙后圣太平帝君，下传上宰西城王君《太平复文》的重要神祇。据王明先生《道藏》太平部唐闾丘方远《太平经钞》甲部之伪相关考证：青童君虽不确考，或云东王公，然综合《上清后圣道君列纪》署方诸东宫青童君传弟子王远遊；东海青童君治方诸山，传《太平经圣君秘旨》，又为太平帝君之上相，推断“《圣君秘旨》系青童君传授之书，《后圣道君列纪》乃系转授之经。则《道君列纪》当在《圣君秘

① 孔广森补注：“《海外经》曰：东海中有山焉，名曰度索，上有大桃树，屈蟠三千里，裴骃谓蟠木即此也。”《史记·五帝本纪》：“帝颛顼高阳者，黄帝之孙而昌意之子也。静渊以有谋，疏通而知事；养材以任地，载时以象天，依鬼神以制义，治气以教化，絜诚以祭祀。北至于幽陵，南至于交阯，西至于流沙，东至于蟠木。”北周庾信《周五声调曲·宫调曲四》：“阴陵朝北附，蟠木引东臣。”章炳麟《封建考》：“昔在颛顼，地东至蟠木，南至交趾。蟠木者，一曰榑木，则扶桑也。”参阅清钱大昕：《廿二史考异·史记一·五帝本纪》，上海：上海古籍出版社，2004 年；（清）俞樾：《群经平议·大戴礼记二》，《续修四库全书》影印本。

旨》之后，上距《太平经》书之出世，当愈久远”。[2]

早期青童神格在沟通现世人的有限性与通灵世界的神显中的位格，经历了由弥散型扩张向典籍型聚焦的圣典化过程。在这一过程中，上古神仙信仰、神话传说以及不同的地域世风都为青童信仰的演变提供了历时性的建构资源，青童对后世道教的“得道成仙”与“与道合一”等精神亦有着千丝万缕的联系。这在早期道教宗师的谱系中得以体现，如东海小童君就曾为汉代正一威盟之世俗道教的第一代宗师张道陵做过保举。

道教早期“二十四治”，作为道团传教神圣空间在形成过程中，青童曾作为托言太上老君之名创教并担当过保举的角色。《云台治中内录》言：太上老君传授《云台正治官图》《治山灶鼎》等得四十一代相承，具人名代数记载。其中提到“第六代诸仙别传分散，世绝系治官气并治名。老君念于志学之子，再下平盖山，授张陵为云台治，火芝火仙之经、方术变化、长生不死之药、登升云天之道。敕陵为第六代道之外孙，而东海小童君为陵保举，师太上老君为度师，度云台治。封陵为天师，天师授三百人。唯三人系代行治：张申、王升、李忠。”[1] 1989 年 7 月初，成都市大邑县西门外团结机砖厂发掘出一枚铜质“平盖治都功印”章，印章和铜质印盖，与上述记载金石图章资料记载相符。现均存大邑县文管所，这表明早期张道陵一系的传法世系在“太上老君”之后存在更为广阔的神—人传授之神祇的空间叙事。

汉代张道陵之后的两晋时期，道教民间“东海童子”的俗神化信仰，结合考古与文献如连云港地区孔望山摩崖造像和立体圆锥考古以及湖南长沙桂花园出土晋周芳命妻潘氏衣物券考释，发现相似称号的东海庙“东海童君”与已经普遍存在，侧面说明南朝陶弘景之前有关青童的信仰就在民间获得广泛的心理认同。[3-5]

此后的六朝神仙道教青童，其神圣意象愈加博采众长，如在陶弘景上清派谱系中更多内化为识心修道，返观身神的内炼化具象。如《朝青童君》中的时日方位朝向，《九真行事诀》《五神行事诀》《二十四神行事诀》《五帝杂修行乘龙图》涉及青童身神的观想，与五脏肝神、五方东、五色青和五行甲乙木的对应关系，条贯宋元内丹道法与明清世俗化进程的功能化趋向。按上清《真诰》中青童还曾为南真魏华存升入仙品导引，① 后世《八代宗师左传》中还把上清重要人物陶弘景看作青华小童转世，并通过梦谕形式复降句曲晓以孙游岳，希望他“善护持之”。陶弘景的位格“蓬莱都水监”之职，除《周氏冥通记》外，释志磐《佛祖统纪》卷三十七也有类似记载：“一纪之后但解形去世，为蓬莱都水监耳。隐居乃以草木药可代物命者，著《别行本草》三卷以赎过。”

① 《茅山志》记载有陶弘景从桑林千真受涓子《三元真一经》，受太虚赤真人《消魔经》，晋降魏华存元君家，以三月十八、十二月二日与大司命君茅盈同至茅山推校学道之士仙籍。另《金阙帝君三元真一经》题为“涓子授东海青童君”分别见于《道藏》，第 4 册，第 548 页；第 6 册，第 606 页。陶弘景《登真隐诀卷上》“宝章”，题有“太极帝君宝章东海青童君授涓子以封掌名山也，此亦为剖鲤鱼所得而不言者前符已说也。以朱书素佩之左肘，勿经洿，佩之八年而三一俱见矣”。

青华小童在《真灵位业图》中，即“上相方诸宫青童君”，位列杨许之前，是未来太平盛世“种民”之主“后圣李君”的四辅之一。按《后圣李君列记》云：后圣李君四辅上相方诸宫青童大君，在茅山宗上清经法“上天七传”中担任第五传的角色，比较《周氏冥通记》中弟子神谕师傅陶弘景将为“蓬莱都水监”仙职位次明显有抬高趋势。

按正神、俗神与功能神品类的划分标准：青童在《真灵位业图》中的心理投影与角色仙职位序重排，明显考虑到了社会、神祇谱系诸多要素，是“人为神而立法”。如六朝神仙信仰为主要特征的上清派，一开始就注重直取秦汉方仙、黄老之内景存思清修之术以保持自身“内向化”的贵族化特质，又与灵宝符箓等道派乃至江南地域民俗时令、科仪斋醮互动并进，在上通下达的内圣外行中保持着自身的相对独立性。[6]

二、六朝上清经系中的青童意向

《真诰》在六朝神仙道教与地域文化互动中具有重要的文本价值，不仅对于研究古代茅山上清、灵宝神仙方术遗存和远近庙会、信众朝会求神占卦习俗有重要意义，而且可以追溯东华帝君、“青童君”、先秦楚地传说的“东皇太一”信仰之间的关系，如传说与东岳大帝为兄弟关系，青童有可能为东华帝君的前身。

另一方面，作为灵媒的青童演变可以管窥上清派仙真注重关注身体存思的独特信仰，通过原初华侨、杨羲和许谧、许翽通灵降受，顾欢搜集《真迹》与陶弘景整饬校注书法，也反映了陶弘景在动乱年代“补罅纠谬”，有着对神圣文本的高度认同与灌注的宗教感情。以下以引吉川忠夫等编《真诰校注》[7]具体考察青童的形象。

《运象篇第一》卷一南岳夫人魏华存向弟子说次第位号，青童列居东岳上真卿司明君之下，列第二为“东宫九微真人金阙上相青童大君”。按顾欢搜集《真迹》整理之《无上秘要》原初卷二二《三界宫府品》载：“方诸青宫，右上相青童君治于其内。”《真灵位业图》神仙谱系中次第为第二左位，曰“东海王青华小童君”。位序变化不大，称呼“上青童大君”变为“青华小童君”，而在《上清后圣道君列纪》中“李君上相方诸宫青童君”为“四辅大相”之首。

位序排定，右方诸青童歌再起，宴酣东华，青童登堂入室之情状，按《云笈七签》卷八《释三十九章经》，“青童君乘雕玉之軿，御圆珠之气，登云波之山，入东华之堂”，乘着有帷子的车，腾云驾雾而来。《真诰》卷一二第一二页反面注解“有龟山客来东山”，谓，“东宫上人即青童君，龟山宾即西王母”。道教西王母崇拜由来已久，上溯《山海经》等神话与老子贵柔守雌思想，而此处东宫上人青童君，有可能受汉魏以来阴阳观念、崇阳抑阴而后肇出。

青童君当时的仙道经典有“飞步七元天纲之经在世”。按《太真玉帝四极明科经》卷三所载，《飞步天纲蹑行七元》《白羽黑翮飞行羽经》《天关三图移度七星》的传承为太帝君、太微天帝君所受登空之道传给了南极上元君、太素三元君，再到后世九玄帝君、上相青童君，相传委羽之山有空明之天，是青童君的治所，具体在台州黄岩县，去县三十里。这在《云笈七签》卷二七《天地宫府图》中十大洞天中可印证。具体修炼之法，透过《甄命授第二》中青童君谓问道—为道—用道之真言，劝人修道而拔苦就乐，“道士视情欲于彼泥中，直心念道，可免众苦，亦得道矣”。按《云笈七签》卷九十六《青童大君常吟咏一章》谓：“欲植灭度根，当拔生死栽。沉吟堕九泉，但坐惜形骸。”

修道服日精的方法和口诀，在《协昌期第一》与《协昌期第二》谓：“东海青童君，常以丁卯日，登方诸东华台四望。子以次日常可向日再拜，日出行之，可因此以服日精。”“东海小童”的口诀强调修道成仙需服药与养精固本结合，“道士求仙，勿与女子交，一交而倾一年之药力。若无所服而行房内，减筭三十年”。同时学道要建志令勤，研神令虚，所为所作当令密，这在青童告诫南真魏华存“学道唯须勤密”时也提到，勤则昼夜而无怠，密则非我而不知，可见上清早期主要在小范围内传播，极具隐秘性。

而且青童所传的重要仙籍，很多是先秦之前的文本，按陈国符先生考证，上清太真玉保王、上相大司马，命高晨师“东海玉门青华小童君”所受《高上玉帝外国放品隐元内文》具有奇门遁甲、召治鬼神的功能，“学无此文，则不得游名山，制六国，却甲兵，五老之官不卫身形。为学之本，当勤行五岳，寻受此文，灵威告应，自得道真高上妙法，虽不学而仙也”。此外，《上清外国放品青童内文》还提到比较陌生的系列文本传授：“青童君受高上人六国内文，后学欲游名山，之五岳，入六国，致群仙，制万魔，伏五兵，当受五帝交音内文，佩之六年，得与六国仙官交言，自明三十六国之音也。黄帝受隐元三行，霸天下，通神明，役鬼神，制万灵。夏禹受交音三行，使天下鬼神禀吉凶，知宿命，得补灵仙。曾玄受青洞文三行，匡五龙，游云宫。安阳受九灵音三行，登帝堂，位加仙王。赤精受宝真文，位登四极，出入三清。王乔受苞元隐箓三行，身登上真，总领众仙，出入华房。高上於玄圃西垄金华之宫，以化灵总众内文，以授上相青童君。”

这些糅合了上古半人半神的黄帝历史叙事，自先秦六国以来，游方神仙叙事中的受行真文，与神仙位格的升降情况，为后来上清经的造作与清整提供了宝贵的资源，而且从化灵总众内文的传授与本身的功能来看，青童在众多神仙真人的神圣谱系中位格应当极高。

三、宋代以来官方道藏编撰中的青童书写

青童由保举、正神再到身神的叙事，按《道藏》洞神部方法类《上清金书玉字上经》中《方诸官青童君传》，有逐步内在化的存思观想理路。而且这种“密奉密行”的神圣文本，得来不易，传授时更需要各种机缘与磨炼。

《太上肘后玉经方》记载昔巢居子风雨无阻，奉师礼事东海青童君二十年，才得到口授玄法，手录圣方。按《太平经》记载“后圣李君授青童大君《灵书紫文》，传诀在经者二十有四”中的《灵书紫文》即《皇天上清金阙帝君灵书紫文上经》，具体谓：“方诸东宫东海青童大君，清斋于灵榭丹阙黄房之内三年才从桑林千真，上

诣上清金阙，请受灵书紫文上经。”而且这些经典的降授，还受到上古易、黄老、方仙、天文羲和之术与神话的影响，比如《山海经》中群领男仙的东王公“东华帝君”治所，在《运象篇第三》即八渟山山上乘林真人郁池玄宫，也是扶桑大帝的居所，进一步从《甄命授第一》载汉初的儿歌中“揖金母，拜木公”推测，东华帝君在汉代就已经非常普遍。

东华帝君—扶桑大帝—木公—东王公—日神—安君明之间的关联性，通过文献可以推测早在六朝之前的汉代就已经广为流传，源于碧海之上，理于东方的方位，六种称谓之间彼此有密切的联系。

金母西王母对应的男神木公东王公，往前追溯早期传说葛洪造作的《枕中书》谓：“书为扶桑大帝东王公，号日元阳父扶桑大帝，住在碧梅之中。”《海内十洲记》曰：“扶桑在碧海之中，地方万里，上有太帝宫，太真东王父所治处。地多林木，叶皆如桑。”《仙传拾遗》说他“冠三维之冠，服九色云霞之服，亦号玉皇君”。《真灵位业图》将其排在上清左位，号曰：太微东霞扶桑丹林大帝上道君。似脱胎于日神。《列仙全传》卷一皆称其讳倪，安君明，钟化于碧海之上。到了唐末五代道门领袖杜光庭在其著述《墉城集仙录》中称：“木公生于碧海之上，苍灵之墟，以主阳和之气，理于东方”，“不仅将西王母与东王公相配，共理二气，而养育天地，陶钧万物矣，而且还以她的昆仑山为中心建立了一个汇集了众多女仙的谱系，西王母养群品，天上天下，三界十方，女子之登仙得道者，咸所隶焉”。青童信仰所隐喻的东方道文化的生生气息，不仅在吴地江南区域社会风俗相涵摄，而且漂洋过海，对唐代以来东亚区域宗教与文化交流产生了广泛的影响。[8,9]《日本书纪》之《神武纪》和《本朝文粹》卷三所载都香良的《神仙对策》都有青童信仰的观念。

与此青童阳性对应的阴性神还有较早的神格“女青”以及圣典化的《女青鬼律》等合气之术：这些从思维生成上看极可能受到三代巫女、祝男职位的阴阳匹配观与鬼神崇拜的影响。按早期道教包融五斗米道、上清、灵宝诸法的《太上太玄女青三元品诫拔罪妙经》和《女青鬼律》，以及在早期出土的古代文献买地券、镇墓文中还可看到“女青”这一重要神仙。[10]

就宋代结集的小道藏《云笈七签》而论，聚焦青童的修炼方法，明显继承了六朝上清倡导的清修节行与存思观想术。其神秘性的宗教体验往往通过身体模拟内炼图景，配合天地阴阳、时令季节、五行方位进行，天气好的时候立坛仪启神，采日月天地之精华，融精气神于一身，是道教对日出东方之“服气朝日之法”尊崇的体现。

《朝青童君》[11]载：“东海青童君，常以丁卯日登方诸东华台四望，子以此日常可向日再拜，日出行之至其日时，出于庭坛，施香案，如法乃拜。若所居不早见日者，当视东方昕昕然，即可为之。”方诸山的具体位置在会稽东小近南。“若夏月，日出东北，乃不可每正向日出，要当向山所在为之。值雨雪则于静室中存而朝之。长跪曰：粪土小兆男生姓名谨上启：九微太真玉明青保王金阙上相大司命高晨师东海玉明青华小童道君，某以尘浊罪秽，愿乐清虚，乞沾所望，仰蒙济拔。”

根据日出与否，春夏方位变换方诸山不同的朝拜和偏正角度修炼，对于下雨和下雪时际则主张在“静室”中存想朝请，要心存虔诚，跪拜“东海玉明青华小童道君”启文，根据是否在月令九月巳后，正月巳前行不同的法术而吸日精霞，并且分九次吞咽。

配合《九真行事诀》[11]三五之数，九真之法，青童君化为“青明君”，书写祝文一字之差，由童转明，突出身中之神识的铭心体道，吐纳咽液以养肝导神。第四真午时相应修习存想的身中之肝神：“午时按手如法，存青明君著青衣、巾翠冠，坐肝内，口吐青气绕肝九重，乃叩齿九通，咽液九过，祝曰：‘青明大君，来入我肝，身披青衣，头巾翠冠。左佩虎章，右带龙文。口吐青气，养肝导神。青藏自生，上为天仙，太一护精，抱魄捡魂。’”

实际上，书写符咒—存想身神—炼气还神与道教对人体上、中、下三景的设定观想存思有关。青童君以外向超验之神转逐渐内化为身中的肝神“青明君”。以七七之数，日日勤修，那么经过四十年，许诺可以使身体的“五脏自生，上登上清”。假以《五神行事诀》，[11]“鸡鸣时，向东平坐，临目存青炁从日中来，忽入头泥丸中。泥丸中有两青烟复各从目中出，变成二童子如婴儿，上下青衣，左目童子名飞灵，在我左；右目童子名晨婴，在我右。各吐青炁灌绕我身，洞彻内外。极念良久，叩齿九通，嚥液九过，微祝曰：‘东方上灵，日炁焕青，旦入泥丸，炼脑保形，左变右化，得道之名，使我上朝，太素紫清。’”青童似又变为存想日中而来的“青炁”，幻化成神童飞灵和晨婴，炼脑保形。由上登上清转进上朝太素紫清。待到平旦平座修持，依照《二十四神行事诀》[11]，“闭目内视，握固两膝上，叩齿二十四通，存乎脑神觉元子字道都，形长一寸一分，白衣，发神玄文华字道衡，长二寸一分，玄衣。皮肤神通众仲字道连，长一寸一分，黄衣。目神监生，字道童，长三寸五分，青衣。”青童形象具体化为目神“监生”，而且有名号，大小明确，衣着颜色仍一如青色，为身中上景八神之一。

须指出的是，《九真行事诀》中存想的“肝神青明君”与《二十四神行事诀》中景八神之一的“肝神开君童字字道清，长六寸，青衣”形象大同小异，一明一开，青童君的神圣存思认同犹如道化身神，充满着神秘宗教体验的情感认同与“诚则灵”的法则。五脏肝、心、肺、肾、脾、藏五藏神，对应五方东、南、西、北、中，五色青、赤、白、黑、黄和五行甲乙木、丙丁火、庚辛金、壬癸水、戊己土。同样，通过存思五藏神还可治疗对应器官的病痛，这在《五帝杂修行乘龙图》[11]中可以得到说明，如青童相关的描述“肝，东方，青，其人姓为娄氏，字君明，衣青衣。”“肝神名为青龙，字亹龙子方。”“肝痛思东方青帝君治之。不差，思身中所出将军悉治之。”“东方甲乙者木气，起于肝，其气青。中有神人，姓为娄氏，字君明，衣羽衣，戴绣冠帻。”

青童对应人体肝部位置以及具体存想的中景宫位图，按《上清黄庭内景经·肝部》谓：“肝部之宫翠重里，下有青童神公子。肝东方木位，主青，故曰青童。左位为公子，公子一名含明。上有华盖，故曰下。主诸关镜聪明始。于时主春，青阳之本始。于窍主目，五行之关镜。故曰聪明之始。垂绝念神死复生，存念青衣童子，形如上说。摄魂还魄永无倾。”[11]意念存想紫气东来，身中一派生机。而翡、翠各自的释义，按东汉许慎《说文解字》与班固注解，“翡，赤羽雀也。翠，青羽雀也”，“翡翠形如燕，赤而雄曰翡，青而雌曰翠”。这种糅合人性与物性之雌雄、阴阳、男女之观念，在宋元之后佛教器物造像上也多有其与儒道交涉上“入乡随俗、随机教化”之善导意蕴，典型的如《翡翠童子观音》便是。

四、明清以来青童信仰与民间的世俗化认同

宋元之后历经明代中期《正统道藏》的刊布流通，民间对青童形象的神圣演绎几近由官方垄断并“定于一尊”。而随着道教总体的由盛转衰，《道藏》“三洞四辅①十二部”编撰体例的难以维系，到清代以民间化、山头化的道经书写开始兴盛并与民间包卷变文等交融。众多此类典籍中的青童具象，与六朝上清派早期贵族化与隐秘化的特征相比，明显提升了青童积极入世、自度度人的现实品格。

青童在道教进一步的世俗化演变中担当了民间俗神、功能神信仰与朝会节日吉辰的多重角色。尤其江南新道派为抬升自我地位，对道法术与区域神祇的功能性选择，使得青童在道经中“神道设教”的功能化色彩显著增强。

总体看：六朝到明清青童信仰的演进规律，体现了世家大族贵族化向世俗化，与生活打通的上通下达进路，说明神圣与世俗的共存正是各种宗教的核心问题。[12]期间宋元以来新道派之神霄派的衍创问题上，就充分汲取了上清、天师与东南沿海一代雷神法术的各种教内思想资源，同时又能顺时地借助官方势力来不断发展壮大。如林灵素托词汉天师赵升自任“神霄教主雷霆大判官，东华帝君有难，力当救之”；与宋徽宗进言：“天有九霄，而神霄为最高，其治曰府。神霄玉清王者，上帝之长子，主南方，号长生大帝君，陛下是也，既下降于世，其弟号青华帝君者，主东方，摄领之。己乃府仙卿曰褚慧，亦下降佐帝君之治。”[13]其中青华帝君是长生大帝君的弟弟，与雷霆大判官林灵素共同辅佐下降于人间为神霄派教主的宋徽宗。

如在道门中早晚功课之《全真五祖诰》文本中，青童相关的东华位格承续极高，“大道开先，玄元阐化。教垂今古，示号东华”。并将其配列全真教祖师至上的高位，名为“全真祖师东华紫府辅玄立极大道帝君”，从道派来看，灵宝东华派即是这一时期从灵宝派分衍而出新道派，其崇奉的“玉清元始上帝”“太上灵宝天尊”与“东华上相青童道君”等神与东晋南朝灵宝、上清系宗奉的神祇有直接的谱系渊源。

延至清代，道门立足世俗生活世界的择吉选日，又特别认同各路神仙的诞生、上升、出游、降现、下降，从心理上慰藉

① 神格的经典化与经典的神格化大体可以反映道教对神仙信仰与圣典神化的两种方向。按四辅在早期道教信仰的神格化中对应的神祇分别是：上相方诸宫青童君、上保太丹宫南极元君、上傅白山宫太素真君、上宰西城宫总真王君。此与后世四辅的分类法所指四辅，即太玄部辅助洞真；太平部辅助洞玄；太清部辅助洞神；正一部贯穿各部的说法，含义不同。

吉祥平安、灵念保佑的美好愿望，实现世俗化的入世与善导教化之功。青童与东华、相关东岳信仰亦有相关的表现形式。如《穹窿山志·太上天真朝会诞生下降吉辰》从正月到十二月具体时日仙真的降生、游降、十值斋日和考功日都有记载，而且特别提到雷神的节日，即每一月的初六日"建玉枢会以保一月之安"。

此外，青童相关的节日还有："二月初六日东极东华帝君降生""三月初六日玄洲上卿苏仙君升仙""四月十五日东华洞天正阳灵唯真人诞生""九月初一日太上道君于玉霄璚房金阙上会东华青帝宫案集灵篇""九月初九日东华帝君降现""十月初一成物之日东皇大帝生辰""十二月初三日东厨司命府君同总玉京太极真人东海青童君降现"，[14]对于造福一方百姓之人，道教神祇在民间信仰的节日与是否灵验息息相关。

历代戏曲文学作品中，道教通过唱情或宝书宣讲等方式而不断得以传承，充满了文学的诗意与道教功过劝善格的教化认同。如清代《曲海总目提要》之《遗爱集》记载的常熟县令于宗尧，少年廉吏而雷厉风行，在官五载，忽患痈疽，士民于是邀请当时苏州穹窿山著名羽士施道渊，为其设坛祈保：以道教独特的炼度科仪，借助表牒与东岳左司仙史下接常熟县士民文疏，上奏于玉帝，"玉帝以宗尧本上界五云阁吏。微过谴谪。尘限已满。着回洞霄宫。仍掌修文院事"，上登仙宫文院职事，下享建祠塑像朝拜之位。

从某种意义上说，道教是将超越之路融于当下的现实生活之中，在世俗生活中为人类建立起神圣的世界。[15]上述青童的上升与下降、神圣位格的变换与世俗的人性需求互为表里，寄托了百姓对灵验神祇的功能化关切与日常祈福安胎与善导教化的世俗诉求。

青童信仰的现实品格，在清代全真龙门派的仙真谱系中也有体现，透过从《全真五祖诰》到金盖山派闵一得著述对道谱源流图的灵活变动，从信仰的角度或许更能理解道教兼容并包背后挺立的道派自我意识与人为神立格的主体精神。

《金盖心灯·道谱源流图》所载道祖"东华帝君"有所下降，位列第三，紧跟玄玄皇帝、金阙帝君之后，姓李，名亚，字元阳，号小童君，春秋时人，元朝册封全真大教主东华紫府辅元立极少阳帝君，法录称铁师元阳上帝，世称铁拐李祖师。[16]此外，《三教搜神大全》十一载："东华帝君，纯习在道，气凝寂湛，体无为将欲启迪玄功，生化万物。先以东华至真元气，化而生木公于碧海之上，苍灵之墟，以主阳和之气理于东方，亦号王公焉。与金母皆挺质太元，毓神玄奥于东方溟漠之中。"

青童形象能返本开新，并能因循损益的真精神，在民间新道派不断涌现背景下与民间诸多正俗神格信仰如八仙等融汇，体现了世俗化进程中道教正神、俗神、功能神交替而兼容的多元价值崇拜与宗教关怀，实际也与教派因势利导、随方设教的开放性品格暗合，顺应了召风雷、役鬼神而参赞化育的现实需求，也是清代以来道派自我革新的重要推动力。

五、余语

总体而言，青童渐次俯仰于上清日月二景、阴阳四时、五行五脏的存想神思中，仙道身神的道派位格抬升与朝会吉辰的循环下降，从信仰认同上兼有神灵贴近人的多元诉求与道教圣俗双运的认同感。无论是外在神圣的上清位格与内化诚思身中之神的修道体征，还是相关神霄派下降人间辅佐帝王创教的演变，东方青童首先给人的是一种朝炁升腾的直观形象，通过内守外摄的修法犹如老子崇尚的复归婴孩，天真无邪的童子，赋予人性光辉笃实的意向，希望构筑一个即身超越的身神仙人谱系与隐逸溟漠的精神世界。这种融入民族心理的深层次心理在通往“时”下日常生活甚至政治宣导中也多有投影：在消费主义与市场资本横行下身体哲学无限物化的“时”下，道教青童的个案意蕴管窥，也为重新唤起复兴语境下基于个体对蛋白质身体灵性的存思与超验信仰提供了“道成肉身、即心即灵”的神圣可能。

参考文献

[1] 张君房. 云笈七签. 济南：齐鲁书社，1988.

[2] 中国社会科学院科研局. 王明集. 北京：中国社会科学出版社，2007：146－159.

[3] 俞伟超. 先秦两汉考古论文集. 北京：文物出版社，1985：177.

[4] 史树青. 晋周芳命妻潘氏衣物券考释. 考古通讯，1956，(2).

[5] 刘永霞. 茅山宗师陶弘景的道与术. 北京：社会科学文献出版社，2010：83－86.

[6] 刘志. 魏晋南北朝节日祛灾去病风俗与道教文化. 世界宗教文化，2012，(3)：92－97.

[7] 吉川忠夫，等. 真诰校注. 北京：中国社会科学出版社，2006.

[8] 孙亦平. 吴地道教概述. 世界宗教研究，1994，(3).

[9] 孙亦平. 论道教女仙崇拜的特点——从杜光庭的《墉城集仙录》谈起. 中国道教，2000，(1)：62.

[10] 黄景春. 早期道教神仙女青考. 中国道教，2003，(2)：39－41.

[11] 张君房. 云笈七签. 李永晟点校. 北京：中华书局，2003.

[12] 米尔恰·伊利亚德. 神圣的存在：比较宗教的范型. 晏可佳，姚蓓琴译. 桂林：广西师范大学出版社，2008.

[13] 脱脱，等. 宋史·林灵素传 卷四六二. 中华书局标点本 第39册. 北京：中华书局，1977.

[14] 故宫博物院. 穹窿山志·齐云山志. 海口：海南出版社，2001：137－145.

[15] 孙亦平. 神圣与世俗性之间——论道教在21世纪的发展. 中国道教，2001，(1).

[16] 周燮藩. 三洞拾遗. 合肥：黄山书社，2005.